论美，论爱

柏拉图《费德罗篇》译注

［古希腊］柏拉图 \ 著
孙有蓉 \ 编译

海南出版社

·海口·

论美，论爱：柏拉图《费德罗篇》译注
作者：柏拉图
原文作者：Plato
孙有蓉 | 译注、导读
中文简体字版 © 2020 年由海南出版社有限公司
本书经城邦文化事业股份有限公司【商周出版】授权出版中文简体字版本。
非经书面同意，不得以任何形式任意重制、转载。

版权合同登记号：图字：30-2018-040 号

图书在版编目（CIP）数据

　　论美，论爱：柏拉图《费德罗篇》译注 /（古希腊）
柏拉图著；孙有蓉编译 . —— 海口：海南出版社，
2021.4
　　ISBN 978-7-5443-9682-0

　　Ⅰ . ①论… Ⅱ . ①柏… ②孙… Ⅲ . ①柏拉图 (
Platon 前 427– 前 347) – 哲学思想 – 研究 Ⅳ . ① B502.232

　　中国版本图书馆 CIP 数据核字 (2020) 第 237049 号

论美，论爱：柏拉图《费德罗篇》译注
LUNMEI, LUNAI：BOLATU《FEIDELUO PIAN》YIZHU

作　　者：［古希腊］柏拉图
编　　译：孙有蓉
策划编辑：冉子健
责任编辑：张　雪
责任印制：杨　程
印刷装订：河北盛世彩捷印刷有限公司
读者服务：武　铠
出版发行：海南出版社
总社地址：海口市金盘开发区建设三横路 2 号 邮编：570216
北京地址：北京市朝阳区黄厂路 3 号院 7 号楼 102 室
电　　话：0898-66812392　010-87336670
电子邮箱：hnbook@263.net
经　　销：全国新华书店经销
出版日期：2021 年 4 月第 1 版　2021 年 4 月第 1 次印刷
开　　本：880mm×1230mm　1/32
印　　张：8.25
字　　数：200 千
书　　号：ISBN 978-7-5443-9682-0
定　　价：59.80 元

序

○

　　公元前的一个夏日，一老一少两个贵族在雅典的郊外散步。他们坐在一棵松树下，周围鲜花盛开，脚边流着潺潺溪水。在这宜人的景色中，两个人打开了话匣子：话题从"爱"开始，继而聊到了"迷狂"，又聊了灵魂的不朽和轮回。最后话题一转，两个人又聊起了写作和说话的技巧，也就是古希腊人所说的"修辞学"。

　　——这么一段有点儿"跑题跑不停"的对话，就是《费德罗篇》的大致内容。其中对话的两个人，正是鼎鼎有名的大哲学家苏格拉底和篇名中的"费德罗"。

　　乍一看，这段对话很像现在流行的"文化访谈类节目"：制片人找个景色好的地方，让一位有文化背景的年轻人（费德罗）去采访一位年长的名人（苏格拉底）。他们从一个大众关心又有争议的话题（"应该接受爱你的人，还是不爱你的人？"）聊起，随着话题的深入，他们聊到了"灵魂的升华"这样的哲学话题。最后话题一转，聊起了"说话"这件事，最后二人的声音在徐徐升起的字幕中渐渐淡出。这段场景，被"编导"柏拉图按照他的想法创作出来，写成了脚本，这就是我们今天拿在手里的《费德罗篇》。

几千多年后的我们，为什么还要看两个古希腊人聊天呢？全因为这出节目背后的那个"编导"柏拉图。

就像一个试图了解中国传统思想的人，不会质疑"为什么要读孔子"一样，一个想要了解西方思想的人，一定会把读柏拉图的作品当作进入智慧殿堂的必经之路。柏拉图的价值之一，在于他为很多重要的论题制定了讨论的框架。换句话说，如果一切学术著作都可以看成是作者和学术史的对话，那么柏拉图就相当于为后人写好了每一场对话的开头，他的作品就是后人参与讨论所必经的起点。《费德罗篇》涉及"爱""灵魂""修辞学"等主题，其中关于"灵魂永生"的讨论，便是西方哲学史上经典的命题之一。它还牵涉如何看待生命、伦理和人生意义，牵涉如何践行那句"认识自己"——这也是柏拉图思想的核心。

"认识自己"，这一句给苏格拉底的神谕，不仅成为浓缩了苏格拉底及柏拉图哲学思想的金玉良言，更开辟了一条探索自我的道路。

无论什么时期的人，都在这条道路上不断摸索着。那么，究竟要如何认识自己呢？在柏拉图看来，认识自己的关键在于明确自己想成为什么样的人，其中反映出自己的价值排序。在求学、工作的过程中，当面对突如其来的困扰，当自己的表现没有达到自己期许的状态时，我们常常会不不由自主地反思外在传统所赋予我们的所谓的价值观，这便开始了探寻适合自己的价值体系，寻找自我认同的生命意义的旅程。而当我们认识到自己独特的禀赋，就会根据自己认同的价值观去选择职业，选择自己想要的生活方式，创造出自我认同的幸福人生。

作为柏拉图著作中最容易读的篇目之一，这篇对话录也是阅读西方哲学的入门首选。因为我们不仅可以得到关于西方哲学的重要启迪，还能够领略诸如形而上学、神学、伦理学、人性学、教育学、政治学、文艺学等方面的知识。这也正是几千年来柏拉图的作品被反复地阅读，时至今日仍然为人们所关注的原因。

不过，《费德罗篇》毕竟是几千年前古希腊人的作品，无论是话题的文化背景，还是对话者所处的生活环境，和今天的我们都相去甚远，今天的我们应该如何阅读这篇对话录呢？

既然《费德罗篇》的形式是一场对话，那就意味着我们不能置身事外。这是对话体文献的特别之处。世界上大多数学术著作，都是作者直接表达自己的想法。著作中的每一句话，都可以看成是作者自己的观点。但是《费德罗篇》这样的对话体作品不同，即便文中的话出自柏拉图，我们也无法确定到底是柏拉图本人的观点，还是他对别人观点的记录，甚至是他刻意安排的辩敌。因此，我们与其分辨其中哪些话是属于柏拉图的，还不如说整个对话过程才是柏拉图想呈现给读者的作品。所以阅读柏拉图，最好能进入原始的文本，体验观点在思辨中的流动，而不是期待着最后的一锤定音。

这正是哲学的特别之处。其他学科，比如物理学，牛顿力学就是力学的最佳答案，大多数人只需要学习牛顿定律，就可以解决生活中的大多数问题，用不着去追溯牛顿之前的学术史。而哲学却不是这样，很多哲学问题都没有最佳答案，历代哲学家们面对哲学问题争论不休，可是没有任何人能取得最终的胜利。学习哲学，学的不是最后的一锤定音——因为压根就没有那最后的一锤定音可学，哲学家之间讨论的过程，才是哲学史最精华的部分。而柏拉图正好在《费德罗篇》中将这种讨论过程撰写了出来，前半部分是苏格拉底和费德罗之间的诘问和辩护，后半部分恰似他们的反思与总结，非常适合初涉哲学的人阅读。

孙有蓉老师的译注本是目前《费德罗篇》的唯一一个单独译注本，不仅在正文中提供了大量注释，还配有详尽的导读和附录，对柏拉图对话录中涉及的哲学概念做了介绍，方便读者体验经典哲学的魅力。

林欣浩
2021 年 1 月 22 日

前言

○

　　西方经典族繁不及备载，为何我会钟情于 2 500 年前的这位古希腊哲学家柏拉图的作品来翻译？可能如怀海德所言："2 500 年西洋哲学，只不过是柏拉图哲学一系列脚注而已。"也可能只是单纯受限于译者专业领域，更可能只是无版权书海中不经意的缘分。

　　我为什么要翻译柏拉图对话录？又为何要译注《费德罗篇》？屡屡自问，越是译注深入，越是希冀此书能让更多人与哲学结缘。东西方各有一部经典以对话形式撰写，一部提供人生百解，另一部百思无解。柏拉图思想的特色即在此：重百思，求正解。因为一旦有正解，众人就以为思想已经彻底冻结在此答案当中，殊不知冻结在答案中的思想，若是失去动态和发展只会僵化死去。而失去了灵活度的思想，也使得所谓标准答案，除了在试卷中，嵌不进任何人生境遇。那些看似知识、智慧、功名、幸福、美满、公正、爱情的护身符千变万化地跃然眼前，能以文凭、履历、薪水、娱乐、和谐或玫瑰现身，也能以名声、权力、为所欲为、以眼还眼或欲望示人。如果柏拉图此生有所执着，那大概是致力于厘清所有虚实在排列组合下编织出的生命百态。总结柏拉图思想，大致可概括为：幻象能使人相信，是因为幻象总是夹杂些许真实；真实会让人误解，是因为真实总有虚构的空间，而智慧不过是在厘清万象与其根源而已。

柏拉图《对话录全集》[①]其实早已存在，然而多年以来，也只有一套从英文翻译而成的《对话录全集》中文译本，且有失对希腊文原文的雕琢。除此之外，最为可惜的是这套《对话录全集》只有译文没有注释，无法引导有需要的读者进入其中进行哲学讨论，加上译文着重口语对话，使情境掩盖了讨论中的概念，让人难以用哲学的方式进行阅读。柏拉图的书写方式极为特殊，虽然是对话，却不是对苏格拉底言行的如实记录，而是如同写实小说一般虚实参半。因此，在翻译上不仅需要考虑是否要忠实地呈现其艺术创作层面，例如是否要忠实地还原剧情发展与情境，更要一再提醒自己这是一部哲学著作，需要将"概念""论证"和"定义"刻意凸显出来，避免对话情节掩盖了哲学思想。另外，随着时代的发展与知识的普及，许多国家都会不断重译经典的哲学作品，而这些哲学讨论的发展，也会重新赋予经典新的生命与观点。近年来，陆续有新的对单篇对话录进行译注的作品出版，这些作品也都是由哲学教授重新译注的，在这方面他们贡献良多。《费德罗篇》至今尚未有新的译注，因此我希望在其译注工程上略尽绵薄之力，希望学界能有越来越多的古代哲学资源，让古希腊哲学教学不再只是历史认识，并将柏拉图哲学探问生命的魅力重新放到每个独立思考的灵魂间。当灵魂开始自我反思、与自己对话、与自我辩论时，思想将会更加敏锐活跃。

柏拉图一生没有建立哲学系统、没有思想理论，但他那无止境地提问与质问的方式却确保了思想不倦怠地推陈出新。他的每个提问皆开创了一个问题平台，使后人得以在其基础上不断辩论，

---

① 此处指中文繁体版，简体版为《柏拉图对话录》。——编者注

从而创造出不同的思想系统。当这些思想发展到极限的时候，一场新的提问与质问又会在其中推出新的浪潮。

我之所以选择译注《费德罗篇》，是因为这是一部彻头彻尾、淋漓尽致地呈现柏拉图哲学精神的作品。柏拉图的对话录每篇都有至少一个主题，而《费德罗篇》乍看之下主题是"爱"与"美"，但短短的对话录当中实际谈及了组织思想、写作、修辞、说服他人、道德、行动、命运、生活方式等内容，而在写作的形式上更展现出对话录的弹性：不只对话，还有大量的诗歌、神话、寓言、譬喻、虚构故事，形式与内容皆丰富多元，却很好地构成了一个不断推进的思辩过程，而不会像天女散花般零碎。正因为此对话录思想十分丰富，故其语言和论述并不会太过艰涩，不似《辩士篇》（Sophistes）①或《泰鄂提得斯篇》（Theaetetus）②那样由于论说形式的复杂而难以让所有阅众亲近；不似《理想国篇》那样卷帙浩繁；也不似《飨宴篇》那样主题非常特定，无法借此一窥柏拉图哲学的整体面貌。在这个意义下，《费德罗篇》成了一部十分适合所有读者的对话录，并非因为这是一篇难度较低的对话录，而是因为这是一篇能够陪伴各种读者成长的对话录。《费德罗篇》所触及的反思与哲学问题，更是所有生命必然要扪心自问的课题："什么是爱？""我如何知道对方是否爱我？""我的人生有何追求？""如何得到幸福？"这些课题，只要是有反思能力的生命都会经历，既然或早或晚都要面对，那为何不跟哲学家一起思考、一起面对呢？从这个意义上说，《费德罗篇》所触及的哲学反思定能服务大众。

---

① 一译为《智者篇》。——编者注
② 一译为《泰阿泰德篇》。——编者注

不仅如此，这篇对话录更是极少数有意在作品当中教读者如何思辩、如何判断误导性推论、如何组织思绪的哲学作品，从哲学启蒙与教学的观点上来看，此作品面面俱到。

正由于我深信《费德罗篇》在各方面的考量下都是哲学教育起步的良篇，它也成为我第一年于法国巴黎第一大学哲学系任教时，为大一学生们所选择的古代哲学课程内容。我用了一个学期的时间，不断地就《费德罗篇》与学生分析、论辩。柏拉图用《费德罗篇》做了完美的示范，教我们如何从身处的时代中的各种纷乱、难分真假的言论当中，去提问、独立思索，在这一连串辨真伪、论虚实的讨论中，柏拉图最终将上述对思辩的追寻与执着总结在一个词上：philo-sophia，爱智慧。哲学之大用，不过探寻生命中所爱何为已矣。

《费德罗篇》译注工程浩大，作品能有今日之貌，除了编辑劳苦功高，更有师友一路相伴。在此感谢撰写过程中所有曾经赠言的朋友——简维仪、梁家瑜、何星莹与舍妹孙以伦，以及乌里安·福尼埃的一路支持，更要感谢我的父母对我的栽培与熏陶。除此之外，还要感谢法国巴黎第一大学、法国巴黎高等师范学校迪米特里·穆尔教授的辛苦协助，其让我在译注过程中得到许多助益；感谢台湾大学哲学系教授苑举正老师对我的哲学史启蒙；台湾大学社会系教授赖晓黎老师更在注释与概念讨论上对我帮助良多，在此致谢。

孙有蓉

2017 年 2 月 14 日，写于法国巴黎

目 录

○

附录：论述与写作

——《费德罗篇》教我们如何进行推论思考 / 239

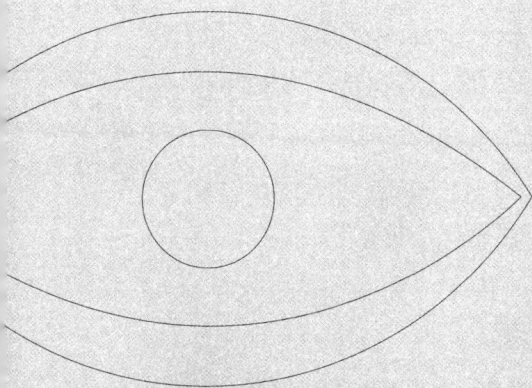

导论

Phaidros

柏拉图（Plato, 前 427—前 347），古希腊人，生于雅典，是苏格拉底①的门徒、亚里士多德②的老师，其在雅典创立的学院③是西方历史上最早的高等学院。历史上称苏格拉底、柏拉图、亚里士多德为"古希腊三哲"。

　　柏拉图在历史上的地位极为显赫，其为苏格拉底的门徒和为苏格拉底撰写对话录的事实家喻户晓，然而，直到今日仍然可见后人将其作品描述为"导师苏格拉底与他人对话的记录"。以上这些事迹看似无误，却隐含着一连串对柏拉图身份的不一致的认识。此刻即凸显出"思辨"与"思辩"能力的重要性。思辨不是思辩，前者明辨是非（"辨"，"区分"之意），后者论辩事理。换句话说，光是思辨，即能区分、判断差异，尚且不够，还需要通过自我辩论的方式来琢磨问题的不同方面。在这个例子当中，柏拉图为苏格拉底的门徒，若其对话录仅为老师与他人对话的记载，并非柏拉图本人的思想，那么柏拉图何以被称为哲学家，而非《对话录》作者，甚至记录者？

---

① 苏格拉底（Socrates, 前 469—前 399），古希腊哲学家。
② 亚里士多德（Aristotle, 前 384—前 322），古希腊哲学家。
③ 学院，即希腊学园，又称雅典学院，是柏拉图于公元前 387 年设立于雅典的一所学校。

柏拉图

门徒柏拉图：对苏格拉底思想的承继

有足够的史料可以证明柏拉图是苏格拉底的学生，且他在 20 岁左右时便与苏格拉底相遇。苏格拉底没有写过任何作品，因此所有跟苏格拉底相关的信息都是从认识他、与他对话过的人所写的作品或文献当中得来的，如色诺芬[①]、阿里斯托芬[②]和柏拉图三人的著作中就有对苏格拉底其人与其思想的丰富描写。然而，此三人笔下的苏格拉底截然不同，尤其在阿里斯托芬的喜剧著作《云》当中，苏格拉底被描绘成一个荒谬诡辩的角色，与柏拉图对话录当中坚持与人论辩事理的形象相差甚远。此外，色诺芬同样撰写过苏格拉底语录，为什么后人将柏拉图的《对话录》视为哲学经典，却只将色诺芬的作品当作文学作品、历史文献呢？而在苏格拉底本身没有留下只言片语的状况下，将柏拉图称为苏格拉底的门徒，又代表了什么？

首先，我们必须自问，是某人的学生、曾在某人门下求学，是否就等同于某人的门徒？"学生"单纯代表有向对方求学的事实，但"门徒"的意义似乎更加深远，暗示了两人的思想之间有所继承、连续或交互。既然苏格拉底未曾有作品传世，后世又如何判定柏拉

[①] 色诺芬（Xenophon，约前 430—约前 355 或前 354），生于雅典的文史学家，曾记录当时的希腊历史，也多次记录苏格拉底的言行。在其著名的作品中，《远征记》是一部以个人经验所撰写的文学作品，《希腊史》描写了公元前 411—公元前 362 年的希腊史，《居鲁士的教育》通过研究波斯帝国的开国国王居鲁士来谈其政治思想。他的作品还有《回忆苏格拉底》《苏格拉底的辩护》《飨宴篇》（与柏拉图某篇对话录同名）。

[②] 阿里斯托芬（Aristophanes，约前 448—前 380），雅典人，古希腊著名喜剧作家。阿里斯托芬的喜剧作品时常涉及当时的人和事件，用喜剧夸张讽刺的方式将其重新呈现，其剧作《云》（Nephélai）即是一出嘲弄、批评苏格拉底的喜剧。

图为苏格拉底的门徒？以下将从三点来讨论柏拉图对苏格拉底思想的继承。

多数描写苏格拉底的历史文献，共同提到的一点就是苏格拉底治学的方式：对话。不管是在色诺芬的回忆录中的样子，还是阿里斯托芬的喜剧里面胡言乱语、到处找茬的形象，苏格拉底都是个以"对话"为主要思想活动的人。苏格拉底之所以坚持只用对话的方式进行哲学思辩，而不将他的思想撰写成文，跟其对知识与哲学的定义有关。苏格拉底否定知识能像商品转手一般传授他人，因此认为，哲学作为探问真理的活动，只能通过对话当中的一来一往、一辩一答孕育出较为明朗、真实的思想。而其弟子柏拉图，毕生著述颇丰，却无一不是以对话录的形式撰写的，由此可见，柏拉图继承了苏格拉底进行哲学活动的形式，认为哲学只能在对话当中进行，知识也只能在对话当中被唤醒。当然，柏拉图并没有全然承袭苏格拉底，不然柏拉图也会跟苏格拉底一样，将毕生精力花在与人辩论上，而非撰写《对话录》并成立雅典学院。柏拉图借助文字虚拟实境的潜力创作出一篇篇对话录来记录自己的思想，用文字来呈现一个理念或哲学问题如何在一来一往的对话中发展、淬炼。最重要的是，在柏拉图的作品中，知识不是一连串辩论探索的结论，而是整个动态的过程。

柏拉图的这种教学方式被称为"辩证式教学"，意在驳斥"训导式教学"。训导式教学基本上就是当下最常使用的教学方式，即在师生之间建立起对立关系，老师负责讲述内容，学生则负责聆听、抄写。这种教学方式将讲述的内容当作知识本体，知识因此如物品一般能够从一端转递到另一端。"辩证法"一词在古希腊文中的词源就有"对话"的意思，"dia-"有"相互"的意思，"lectic"则是"legein"（说话）的变形，从对话到辩证法，柏拉图和苏格拉底并非只是单纯对知识或哲学有着不可传授的信念，这个必须通过对话与辩证触及知识的理念成为整个柏拉图哲学的基础，柏拉图称之为"知识的助产术（maieutic）"[①]。

柏拉图在《泰鄂提得斯篇》当中让主要角色——苏格拉底讲述了"知识的助产术"的作用，更让苏格拉底自诩为"知识的产婆"。在《泰鄂提得斯篇》中，苏格拉底说到自己的母亲是一个产婆，他看过产婆们用各种方式引导产妇诞下婴儿，如让产妇集中注意力、用歌声减轻产妇的痛楚、调整产妇的姿势等。而知识也是一样的，没有人能替他人得到知识，必须由自己用正确的方式获取知识，旁人最多只能在这个过程中加以引导。因此，虽然历经了同样的过程，但有些人中途放弃，有些人培育的方式不对，最后就可能得出四不像的"浊见"。[②]

柏拉图延续苏格拉底功业的第二点在于"驳斥辩士"，柏拉图的学生亚里士多德身上仍然保持这种对辩士的敌对的状态。辩士（sophist），又称诡辩学家，是公元前4世纪开始在古希腊出现的一种身份，与苏格拉底、柏拉图同时代的其他作品也时常会讨论辩士这一角色。我们很难对辩士这一身份下一个明确的定义，但其基本上指的是那些贩售知识、教人演说辩论，或收费帮人上法庭打官司的职业。由此可以明显看出，辩士不仅认为知识可以传递，更认为知识可以贩售，辩士还宣称其拥有所有的知识，且所有内容都能够讲授、教学。柏拉图尽毕生精力，几乎每一则对话录都在寻找一个能定义辩士的概念，也证明了辩士无非是玩弄幻象、企图以假乱真之徒。

读者可能觉得纳闷，为什么辩士的定义能够让柏拉图，甚至亚里

---

① 戴维·塞德利：《柏拉图主义的接生婆——柏拉图戏剧的文本与潜台词》，克拉伦登出版社，2006。

② 《泰鄂提得斯篇》，148e-151d。

士多德讨论一辈子？原因在于，辩士没有办法定义，因为其随着贩售知识的对象的不同、听众的不同、场合的不同，用话语塑造出的形象千变万化，丝毫没有同一性。辩士如千面女郎一般，在不同的面之间不需要连续性、不需要理由，这样一个恒常处于变化中的对象难以用恒定的概念定义。因此，在辩士的问题上，苏格拉底、柏拉图与亚里士多德师徒三人在同一阵线上，尝试凸显出辩士隐藏在话术当中的相互矛盾、模糊真伪的操纵手法。

最后，柏拉图对苏格拉底思想的继承在于其提问的方式。其在对苏格拉底的描绘当中时常提到，苏格拉底会用"何谓某某"来探询定义，例如"何谓正义""何谓知识"等。论辩理念核心组成的提问方式，在希腊文当中表述为"Ti esti"（What is）。柏拉图继承了这种提问方式，因此在每篇对话录当中，都至少能找到一个苏格拉底式提问，因为对柏拉图来说，哲学的目的在于探究每个理念（idea）的全貌，而一个理念必然是抽象、普世的。柏拉图继承了此种提问方式，所以他的哲学思想旨在探询知性、普世的理念，或被他称为"知性形式"或"理型"（intelligible form）的东西。在这个基础上，柏拉图发展出"参与理型"的讨论，认为每个个体都参与了某个理型，因此能够从其身上认知到某种特质，譬如说一个义行必定参与了正义的理型，因此才能从此行动上认知到正义。柏拉图的学生亚里士多德就没有继承这种提问形式，反而换了一种问法，即"何谓此某某"，不再探问普遍、抽象概念的定义，转而询问单个对象，在希腊文中写作"Tode ti"（What is this），因此亚里士多德的整个哲学思想发展重心就与柏拉图走向了不同的方向。

从上述这三点中，我们可以进一步理解，为什么柏拉图能被称为苏格拉底的门徒，而两人又是如何对话的。

作者柏拉图：《对话录》如何体现其思想

　　柏拉图除了苏格拉底门徒的身份之外，同时以作者的身份表现出与老师的相异之处。《对话录》出自柏拉图之手，这点在历史上并无太多争议，有些学者认为除最后一些被收录的信件并非出自柏拉图之手以外，其余 35 篇对话录皆为柏拉图所撰写。柏拉图的对话录当中通常有一个主要的对话人，多数由苏格拉底担任这个角色，但有一部分对话录当中的主辩者并非苏格拉底。有些是主辩者与多人对话（如《飨宴篇》），有些只有主辩者与另一人对话（如《费德罗篇》），而作者柏拉图本身却未曾出现在任何一篇对话录当中。

　　问题由此浮现：若柏拉图所撰写的《对话录》当中，未曾有柏拉图自己的影子，那么我们以何为凭能说《对话录》展现了柏拉图的思想？若作者未曾直接表达自己的思想，那么我们又怎么能将《对话录》归为哲学著作，而非文学或剧本著作？

　　前文中已经说明，柏拉图的《对话录》并非纯然的历史记录，而是一部半真实半虚构的作品。换句话说，《对话录》当中的人物几乎都是历史上真实的人物，零星的讨论也可能真实发生过，但《对话录》却完全诞生于柏拉图的笔下，因为每个理念的呈现与锻造都能够从铺陈当中看出刻意安排、前后呼应的痕迹，就连论证失败与置碍 ① 也能在对话录前后比对出特意安排的意图。《对话录》是一部哲学作品，因

---

① 置碍（aporia），在希腊文中有"死路""窒碍"之意。在柏拉图的思想当中，这个概念被发展成为思辩的方法，用置碍来展现一个问题的极限，用极限来提醒重新反思和提问的重要性。简单来说，当针对某些问题的所有讨论方式最后都窒碍难行时，代表问题问错了，或问问题的方式错了，因此才会导致思想走入死巷。

为作品旨在刻画、琢磨理念的发展，以及理念之间的关系，而不在雕琢人物、情境或探索文字的可能性世界。正因为每篇对话录的环节都是刻意安排的结果，所以阅读的时候必须时时提醒自己，柏拉图让某个人物说出什么言论，也许另有其间接的作用，故不应该将通篇对话内容直接当作柏拉图的思想，否则我们可能只会得到一些相互矛盾的见解。柏拉图的作品因此既是哲学著作，同时也丰富地展现出艺术性，让读者能够以多层次、多义的方式阅读，这也是为什么直到今日人们对《对话录》的诠释与研究仍然非常活跃。柏拉图作为《对话录》的作者，其在《对话录》中悉心安排的每个环节，以及用这些环节塑造出他最终希望揭示的思想的方法，经过两千多年来众多学者的不断淘洗、分析，至今未见枯竭。

哲人柏拉图：何谓"哲学"

柏拉图作为哲学家的一面，似乎最常被提起，但在称呼柏拉图为哲学家的同时，似乎意味着我们已经清楚明了何谓哲学，因此将此人归类为哲学家，将其作品归类为哲学作品。在如此的提问下，"哲学家"这个称号似乎又变得模糊不清了。

在能够对哲学做出完善的定义之前，我们也许可以先对那些被我们称为"哲学"的活动做一些归纳分析。在众多哲学家与哲学作品当中，我们能够发现这些人与作品展现出了三个特点：第一，重视提问，且针对抽象而普遍的对象提问；第二，用理性、有逻辑的方式论证；第三，尝试通过提问打破惯性思维的内容与方式。这三点也许过于简陋，不足以定义哲学，但足以借此窥见哲学活动的重点在于颠覆习惯所统治的所谓意见与被称为知识的思想，在于用新的提问来开创新的视角，而哲学活动的方法则在于理性论证。关于哲学的定义问题，柏拉图在本篇对话录，即《费德罗篇》当中有所探讨，相关内容会在后文中深入讨论。

柏拉图在《对话录》当中，通过提问去追问事物的抽象普遍本质的基础为何，且在对话的过程中，用论证证明对方言论的缺陷，更尝试通过对话推翻许多人直觉会认同的言论思想，并提供新的视角。从这点来看，柏拉图的作品无疑具备了哲学作品的特质，除此之外，柏拉图更在作品中多次探讨何谓哲学。"哲学"一词虽非柏拉图所创，但哲学却正是在柏拉图的思想当中被确立为最高层次的思想活动与生活方式的，今天所讲的"哲学"的定义，就是从柏拉图开始确立的。

《对话录》与《费德罗篇》

《对话录》

前文当中已经就《对话录》的结构稍作介绍，柏拉图的三十五篇对话录，每一篇都蕴含着不止一个哲学问题，因此后世研究者时常因为《对话录》触及的问题太多而必须探讨单一篇章的内部统一性何在。虽然简单说起来，《对话录》的形式就是多个人物之间的对话，但柏拉图的每一篇对话录当中，除了对话之外，都一定有开场的序幕，序幕的用途在于将这个对话摆在一个特定的情境与脉络当中。比如说，《飨宴篇》的序幕呈现了这篇对话录是由第三者记录且是在转述一个宴会当中的对话。

除了序幕一般被用来设定对话场景之外，《对话录》中的篇章还常常将反诘法（elenchus）作为对话发展的形式。反诘法指的是用否定前人言论，且呈现前人言论中的矛盾之处的方式来进一步发展论题。在《费德罗篇》当中能够非常明显地看出讨论主题是如何在一次又一次的反诘当中发展的。

《对话录》的另一个特点即少有结论。如上文所述，《对话录》时常以置碍作结，也就是在这个提问上的所有讨论最终全都被驳斥，没有一个能够圆满地回答问题的所有方面。因此，置碍指的并不是单一论证的失败，而是一个问题上的所有论证都遭到否定的状态，置碍指的是一个思辩状态，而不是一个论证。柏拉图对于置碍的使用在每篇当中各有不同，而且难以捉摸其意图，但由此可推知，对柏拉图来说，置碍并不代表知识没有进展或没有意义，否则以置碍作结的对话录根本不会被写下来。相反地，置碍有时会作为《对话录》前后篇呼应的关键，有时是为了呈现某种提问方式的极限，有时则被用来说明什么不是知识。

此外，柏拉图一方面选择用对话的形式呈现自己的思想，但另一方面又要用书写的方式来虚构对话情境，因此，《对话录》中运用了大量且多元的元素，来丰富情境的层次与不同智能运作方式所适合的引导方式。例如对诗歌、神话、譬喻、寓言、祝祷等的引用，这种对大量非理性论证内容的运用，在哲学作品当中几乎是空前绝后的。对于柏拉图来说，哲学活动是一种生活方式，而哲学家不管如何孤立于世，但其仍然身处于人世间，而哲学提问更是从所有日常的对话素材当中提炼出来的。此外，每个人的运作方式不同，故着重说理论证者要以理度之，需要举例理解者要以例度之，需要用影像进行理解者就要以神话、寓言度之。这个考量在《费德罗篇》当中就被特别点出说明。

关于《对话录》的成书顺序，有许多不同的假设，却没有一个足具科学基础的年表。《对话录》的顺序大抵是由文献学者通过分析其内容、结构、风格及不同对话录中人物年纪的变化所推论出来的，到目前为止最著名的结论是将柏拉图的《对话录》归为三期：少年柏拉图时期、成年柏拉图时期、老年柏拉图时期。学者认为，柏拉图在少年时期思想尚未成熟，苏格拉底对其的影响较为明显，也尚未提出自己的立论与概念；成年柏拉图在《对话录》中开始着重建立自己的思想体系，并大量讨论理型；而老年柏拉图则是在对话录当中显现出自我反思，即把之前《对话录》当中讨论过的问题再次拿出来重新探讨。这样的分类固然有意义，却不可过度依赖，认为柏拉图作品必然分为三期，三期之间必然有明显分界。

除了《对话录》的顺序，柏拉图在某些作品当中还明显做出了先后顺序的暗示，因此，读者能够在《对话录》中找出三部曲或四部曲。他常常通过文中的开头和结尾来暗示哪篇为哪篇的续集，例如《泰鄂提得斯篇》《辩士篇》《政治家篇》（*Statesman*）就是著名的三部曲，借由文中的"昨天""今天"将三篇对话录排成一个序列。

《费德罗篇》

《费德罗篇》这一篇名中的"费德罗"，是与苏格拉底交谈的人物的名字。《费德罗篇》有个副标题"论美，道德类型"，读者可从中一窥此对话录的主题。

《费德罗篇》主要分为两大部分：第一部分以"爱"为主题，第二部分以"修辞学"为主题。第一部分又包含四个小部分：序幕、吕西亚斯（Lysias）言论、苏格拉底第一言论与苏格拉底第二言论。两个部分的联结并没有什么必然关系，因此有许多学者探究柏拉图将两部分同时放在一篇对话录当中的用意。然而，如前文所述，柏拉图对话录不仅内容丰富，在结构上也极具弹性。可能因为对话本身的发展结构并不如通篇论述严谨，所以柏拉图才选择利用对话的弹性来丰富对话录的阅读方式。

　　举例来说，《费德罗篇》表面上看起来分为两大部分，各自主题不同，拆成两篇对话录似乎也可行，然而这种分割方式只考虑到了两部分讨论内容中主题的不同，却忽略了其对形式的讨论也自成一格。《费德罗篇》第一部分虽然讨论爱，但却通过一篇因特定目的而写作的言论开启了这场讨论，因此，修辞作为说服人的艺术在对话录一开始就埋下了种子。柏拉图不仅在爱的主题上让讨论内容在对话中展开，更设计让讨论的形式也同时展开。

　　接下来进一步对《费德罗篇》第一部分进行分析，三则言论当中，后一则否定前一则，而否定的也不只是内容，还从形式上否定了某种呈现思想的方式被称作论证的依据。在这个意义上，我将第一部分的三则言论分别概括为：修辞论述、逻辑论述、辩证论述。吕西亚斯的言论只有修辞价值，没有任何思想组织或论证。苏格拉底第一言论之所以是逻辑论述，是因为苏格拉底用了跟吕西亚斯的言论一模一样的元素，并用逻辑推论的方式将吕西亚斯的论题以论证的方式呈现出来。在这个意义上，苏格拉底第一言论驳斥了吕西亚斯言论的形式，却没有驳斥其内容。最后，苏格拉底第二言论用重新提问的方式来驳斥吕西亚斯的言论，也驳斥了他自己第一言论的内容，在不断提问、否定、再提问的过程中最终提出了爱的定义与效应。

　　从内容方面讲，在第一部分，爱的主题在苏格拉底第二言论当中得到相对圆满的结论，但是对于形式上的讨论却尚未深入，因此第二部分事实上是通过重拾思想形式的问题，来解释为何吕西亚斯的言论没有组织却能煽动听众，更在最后说明真正好的修辞学必然要求较高的辩证能力，以此来作为此对话录对形式的讨论的结论。

　　《费德罗篇》当中所涉及的人物有费德罗、吕西亚斯、苏格拉底，其中，只有费德罗和苏格拉底两人直接发表意见，而吕西亚斯的言论则是通过费德罗之口转述的。虽然吕西亚斯没有亲自参与对话，但却在此篇对话录当中起到了非常重要的作用，并担任提供论题素材的角色。

费德罗曾在柏拉图的三篇对话录中出现过，分别为《普罗塔哥拉篇》（ *Protagoras* ）、《飨宴篇》与《费德罗篇》。在《费德罗篇》当中，费德罗为对话的主要角色，从文中对他跟苏格拉底和吕西亚斯之间的关系的设定可知，这时候的费德罗未满 20 岁。《飨宴篇》当中的费德罗已经步入壮年，且是对话录众多参与者中第一个在"欲爱女神"（ Eros ）的主题上发表言论的人。

《费德罗篇》与《飨宴篇》时常被拿来比较，因为这两篇对话录的主要论题都是欲爱，只不过在《飨宴篇》中，有八个参与讨论的人分别发表不同意见，不像在《费德罗篇》中，思想在两种意见一辩一驳中发展。《飨宴篇》中各个言论之间的辩驳对话较少，却比《费德罗篇》呈现了更多爱所展现出的各种效应，让每个人就自己注意到的部分进行抒发。

除此之外，《飨宴篇》当中也说明了爱的起源，用神话来讲述"贫穷"偷偷去跟"富裕之神"睡在一起，就生下了摇摆于向死与永生之间、永远不满足、想追求更多的欲爱之神。在《飨宴篇》中的费德罗，一改在《费德罗篇》中支持吕西亚斯的论点的形象，转而歌颂爱所让人拥有的勇气，并主张若集体之内大家彼此相爱，就将孕育出德性最高的城邦。

吕西亚斯虽然没有亲自参与《费德罗篇》的对话，但其书写的卷轴却成了整篇对话录的推进轴线。吕西亚斯是古希腊非常著名的演说作家，常帮别人撰写演讲稿。他的父亲克法罗斯（Cephalus）与兄长玻勒马霍斯（Polemarchus）也都是柏拉图对话录当中的角色，两人最著名的讨论为《理想国篇》中克法罗斯和玻勒马霍斯的言论。吕西亚斯在历史上有着非常重要的地位，其所撰写的演讲稿多数都被保留了下来，现已成为古希腊演说文学重要的研究文献。

至于苏格拉底，他在《费德罗篇》当中的形象，印证了历史研究所得出的苏格拉底的一些特点。首先，苏格拉底不穿鞋，总是赤脚走路，而且非常喜欢用揶揄的方式进行对话。其次，《对话录》中的很多篇章和其他历史文献中都提到了"苏格拉底守护灵"，根据史料的描述，这如同良知的声音，常以肯定或否定的形式来提点苏格拉底。在此篇对话录中，苏格拉底的形象被刻画得十分生动，光脚、不喜欢出城，因为苏格拉底喜欢从与人的对话中学习，且在《费德罗篇》当中点出了著名的神谕"认识你自己"，强调这才是所有知识的终极目标。除此之外，文中也点出了苏格拉底对言论探讨的热爱几近病态。

此篇对话录的起点在雅典城内，从苏格拉底遇上费德罗开始。《费德罗篇》是唯一一篇在动态中拉开序幕的对话录，从苏格拉底遇上费德罗，并跟随费德罗走出四面都有城墙围起的雅典城，往郊外朝着河流走去，直到走到一棵松树下，在河边舒适的草地上，两人才正式展开对"爱"的讨论。由于文中或多或少地描写了地理环境的相对位置，因此按照《费德罗篇》，后世学者得以在真实的雅典地图上重建两人的行进路线，并推知费德罗与苏格拉底所行走之处即是雅典城外的伊利索斯河（Ilissos）河畔。

《费德罗篇》就在这一老（苏格拉底）一少（费德罗）的对话之间展开，尽管两人只是散步于城郊的河畔，一切景色与视野却仿佛在对话中被赋予了生命，将人类的灵魂从肉体的限制中解放出来，通过神话、传奇悠游在永恒的宇宙中。而"爱"，作为生命的终极动力，在理智的成功引领下，让我们追随高远超越的理想，在有限的肉体生命之内，触及刹那间的永恒与超越。以下的文本结构分析，将帮助读者在阅读正文的同时，把握其对话整体的结构。

《费德罗篇》文本结构分析

序幕［227a~230e］

227a~227c　相遇

苏格拉底遇到费德罗，得知费德罗刚从吕西亚斯家中离开，便与他同行，要他分享刚习得的言论。

227c~228e　言论之爱

由于费德罗踌躇推托，苏格拉底便开始描绘费德罗对言论的热爱，以他对费德罗的了解，费德罗必定已经熟记吕西亚斯的言论。而苏格拉底同时也表示自己对言论的热衷简直到了病态的地步。

228e~229c　对谈场景

这部分对沿途场景多有描绘，费德罗提及许多养生之道。

229c~230a　论神话

行经关于波瑞阿斯（Boreas）的神话所描绘之地，费德罗询问苏格拉底对神话的看法，两人开始讨论神话的真实性与研究意义。

230a~230e　安顿

第一部分

第一回　吕西亚斯言论［230e~234c］

之一　　230e~231a　开场

之二　　231a~234b　论题

  1. 231a~231e　以爱恋者为出发点论利弊

    （1）爱恋者在不爱之后，悔恨于本来可以争取却错失的利益；而无爱者只以自我利益为行动准则。

    （2）爱恋者承受一定苦楚；无爱者则不必承受苦楚。

    （3）爱恋者心随境转、见异思迁；无爱者的判断则不随人改变。

    （4）爱恋者会失去理智、无法自我控制甚至出现心理病态，因此跟爱恋之人交往毫无益处。

  2. 231e~232e　由社会观点论利弊

    （1）与有用者交往比与有爱者交往有益。

    （2）跟爱恋者交往会让人陷入污名，因为爱恋者会不由自主地想向众人昭告其努力与心意。

    （3）在众人眼中，相爱者之所以在一起，只是为了满足欲望而已。

    （4）爱恋者会因为嫉妒而将所爱之人孤立于社会中，让其没有其他社会链。

  3. 232e~233d　以被爱者为出发点论利弊

    （1）与爱恋者的关系难以维持，因为这一关系只由肉体欲望维系，而友谊则恒常。

（2）与爱恋者交往无助于追求进步与卓越，因为爱恋者的判断有失公允。

（3）排除一切情感影响，才能做自己的主人。但亲情、友谊不在"一切情感"之中。

4. 233d~234b　交往的真谛

若要施恩惠，要施予最迫切需要者，因为这些人的感念与回报最多。人跟人的交往就如同进行交换，需要理性计算才能得到最大利益，而在交换利益系统下所巩固的交往才最为稳定。

之三　234b~234c　结论

第二回　　第一中段［234c~237a］

之一　234c~235a　苏格拉底对吕西亚斯的言论的形式的评论

从修辞的意义上说，苏格拉底认为吕西亚斯的言论辞藻华美，无可挑剔。

之二　235a~237a　苏格拉底对吕西亚斯的言论的内容的评论

在内容上，苏格拉底认为吕西亚斯并没有穷尽对问题的探讨。费德罗认为吕西亚斯的言论已经提出了关于这个主题的所有元素，因此惊讶于苏格拉底不满意此篇言论的内容，并逼着苏格拉底发表他自己的言论。苏格拉底表示，吕西亚斯的言论并非全错，对各元素也都有所涉及，但缺乏组织。在认识到费德罗与自己一样对言论充满了慕爱后，苏格拉底终于同意将自己不知从何听来的言论分享给费德罗。

第三回　　苏格拉底第一言论 [237a~241d]

之一　　237a~237c　开场

1. 237a~237b　召唤缪斯女神

苏格拉底的这段对缪斯女神的召唤，一来呼应崇高的言论并非来自有限、凡俗的自己，而是来自上天的启发（此后的对话也会不断呼应这点）；二来强调他的言论本身就属于传说。

2. 237b~237c　情境设定

此言论尽管出自苏格拉底之口，苏格拉底却通过精心安排，让他的这段言论不仅是传说，更是一个虚构场景中的对话言论。苏格拉底在此创造了"机灵的爱恋者"这个角色，机灵的爱恋者跟其他爱恋者一样迷恋少年，但其因为机灵而假装不爱这个少年，并且用以下言论来说服少年与其交往。

之二　　237c~237d　导论：论定义之必须

机灵的爱恋者所发表的言论从讨论的事前准备工作讲起，强调若在讨论开始之前没有先界定清楚讨论的对象，那么讨论将无所适从，最终无法达成任何共识或结论。机灵的爱恋者表示，在讨论开始之前，必须将讨论的对象定义清楚，定义对于任何讨论都是不可或缺的起点。

之三　　237d~241b　论题发展

1. 237d~238c　欲爱的定义

（1）爱是一种欲望，但欲望却无法定义爱，因为所有人，不管爱或不爱都追求美。

（2）每个人的行动都由两股驱动力引导：追求欢愉、仰慕崇高。

（3）当追求欢愉主导行动时，就是纵欲；当仰慕崇高主导行动时，就是节制。

（4）纵欲有许多种，每种都有不同的名称，我们由它们驱使我们去追求的对象来为它们命名，例如驱使我们追求美食的纵欲即为饕餮。

（5）因此欲爱指的也是一种纵欲，而其对象是肉体之美所带来的欢愉。

2.　238c~241c　与爱恋者交往之利弊

（1）纵欲者倾向将其欢愉最大化，而所有与他平等或超越他的都只会让他感到违逆，而不会感到欢愉。

（2）既然他无法承受与其平等或超越其的对象，那么他就会贬低所爱之人，让所爱之人停留在卑下的状态。

（3）爱恋者会阻挠所爱之人结交其他朋友，以免结识比他更具优势的对象，且希望所爱之人永远停留在无知的状态，从而继续仰慕他并满足他的欲望。

（4）爱恋者为了最大化自己享受肉体之美的欢愉，会希望所爱之人无亲无友、家破人亡，只剩自己可以依靠。当爱恋者年老色衰时，就时常担心所爱之人会爱上其他人。

（5）当爱恋者年老，不再追求欢愉时，其行动的主导驱动力就换成了理性而非冲动。当主导的驱动力发生变化时，他就像换了个人一样，从前的诺言或积累的人情债都会随之消失。

之四　241c~241d　结论

第四回　　第二中段：忏颂之必须［241d~244a］

之一　241d~242d　苏格拉底守护灵

苏格拉底语毕后不愿再开口，本想离去，却又宣称收到了上天的讯息，不让他在为刚刚这篇言论忏悔之前离去。

之二　242d~244a　忏悔

苏格拉底彻底推翻了自己之前的言论，扬言自己是被迷惑才说出如此对欲爱之神大不敬的言论，承认自己的错误不但不敬而且愚蠢。因为神之所以是神，便是因其高尚，而吕西亚斯和苏格拉底方才的言论，却贬损了被敬为神的欲爱。若欲爱是神，那么神怎么可能是导致众恶的原因呢？因此，苏格拉底要重新发表言论，以忏颂洗涤自己的罪过。

第五回　　苏格拉底第二言论（忏颂）
　　　　　　　［244a~257b］

之一　244a~244b　导论

苏格拉底更正其言论，认为"与有爱恋之情者交往实为不智"这个论点有误，因为在这个论述当中预设了爱恋即疯狂，而疯狂即恶。然而，疯狂却是神赐予人的最为神圣的礼物。

之二　244a~257a　论题发展

1. 244a~245c　神圣之疯狂有四： 预言、巫术、诗疯、欲爱

2. 245c~249d　何谓灵魂

（1）灵魂永生〔245c~246a〕

灵魂永生且作为所有运动的起源与原则，在此段解释得十分清楚。

（2）灵魂的形式〔246a~246d〕

苏格拉底认为灵魂的形式用论证的方式来呈现会超出一般人的理解能力，因此他用一则神话来表示。神话将灵魂描述成一驾马车，上面有一位车夫控制着两匹性格迥异的马。其中一匹听从指令，色白；另一匹冲动而莽撞地追着欢愉跑，色黑。

（3）灵魂的旅程〔246d~247c〕

灵魂的初始状态是飞翔的，如果车夫驯服得了自己的马，那么灵魂就会随之运动。苏格拉底用一期一度的飨宴来描绘所有灵魂的聚集：灵魂来到天庭之外，理型所在之处，通过冥思理型所得到的真理是最适合滋养灵魂的粮食。

（4）灵魂的坠落〔247c~248c〕

然而，若车夫无法控制反叛的黑马，任凭黑马拉着马车去追寻即时的、非真实的欢愉，那么灵魂就会失去翅膀而坠地，并寄生在一副肉体上。

（5）灵魂的轮回〔248c~249d〕

灵魂坠地之后依照生活方式的不同，决定肉体凋零之后灵魂是向上升华还是向下沉沦，不同的生活方式又跟灵魂所爱、所追求的对象有关。所有灵魂都爱美好，但车夫要根据理智判断所要追求的确切对象是什么，什么既能真正通往美好，又有能力驾驭冲动与享乐的欲望，这样才可能发现较为幸福的生活方式。

3. 249d~257b　何谓爱

（1）欲爱狂〔249d~250a〕

欲爱是四种神圣疯狂中最为美善的一种，因为一旦美攫获灵魂的目光，随之而起的欲爱就会让灵魂充满能量与动力。

（2）遗忘与回忆〔250a~250e〕

灵魂初始的状态都冥思过真理，但坠地之后受限于肉体，容易将表象当作实在，因为身体的感官不断传递表象，而使灵魂开始遗忘真实。因此，灵魂在坠地之后，容易将物质上的美好当作真正的美好，而非美好的影像。当灵魂因"美"而惊叹时，惊讶的感觉会让灵魂脱离日常习惯，感受到一种更加超越的存在，进而去思考真实的美，这个过程被称为"回忆"。

（3）欲爱之效应〔250e~252c〕

欲爱让灵魂充满动能，并不断刺激灵魂去追寻其渴求的对象。灵魂可能放任自己，选择继续遗忘真实，将看起来美好的事物当作美好来追寻，因此放纵享乐，沉溺于可消费的美好上。灵魂也有能力回忆真实，尽管理智上知道表象的美好诱人，却不放纵欲望，把肉体当作爱的对象消费，因此其在经历过内部的痛苦挣扎之后，有足够智慧的灵魂得以克制自己，不纵欲。不管灵魂中理智的部分有没有能力管好马车，爱都会让灵魂充满动能，好似让灵魂重新长出翅膀的能量。

（4）追求所爱〔252c~255b〕

追求所爱会对灵魂产生巨大吸引力，让灵魂在足够的爱的动力下去追求的对象，事实上是灵魂自己渴望追随之典范的倒影。

（5）被爱者〔255b~256a〕

爱也许在一开始并非处于一种对等的状态，可能有追求者与被爱的一方，然而，若爱督促灵魂去仰慕对方的灵魂，而非消费对方的物质层面，那么被爱者可能会因为认知到这段关系的超越性，而使爱变得相互对等。此状态被称为"慕爱"，意味着两人的爱有坚固的友谊基础。

（6）爱智〔256a~257a〕

相爱者应成为一个道德共同体，一同在生命当中追随所渴望实现的生命目标。若两人相互扶持，共同思虑自己追求的对象是真实的还是表象的，且让理智引导出节制的生命，彼此的爱就成了对智慧的爱慕。

第八回　　结语〔278e~279b〕

《费德罗篇》中的概念诠释

　　《费德罗篇》是为数不多的全面触及柏拉图思想的重要概念的对话录作品，其中每一个概念都有 2 000 年的诠释历史，且每一个概念背后的思想体系都十分庞大，都能各自独立成书。本书不敢怀有透彻解析以下所示概念的野心，但希望通过这些理念上的重要哲学探讨与问题意识，来帮助读者在阅读对话录的同时，更加深入地领会其背后的哲学讨论。《费德罗篇》所触及的重要概念有很多，如"认识你自己""灵魂永生论""知识回忆说"等，它们在《费德罗篇》中有着重要的位置。为了不抢走对话录本身的光彩和重要性，以下仅选出《费德罗篇》中核心且最经典、能凸显柏拉图哲学特质的概念来进行介绍与诠释。

灵魂

　　看到"灵魂"二字，也许有读者的心中会不自主地升起一种猜疑，凭直觉认为对灵魂的讨论已过时或沦为形而上学的产物。我在此建议读者先去除"灵魂"二字在一般话语体系中的意义，纯粹将其当成 X 来看待①，从这些概念背后的哲学问题来理解为什

---

① 　阅读哲学作品的时候时常会有此问题，即哲学家在运用词语时，都会先对词语进行定义，但这些定义却不一定符合我们一般对这个词语或概念的想象或印象，因此时常造成误读或偏见。哲学思想，除了创新独特，更重严谨界定，而哲学作品的阅读则着重明确理解，只有这样才能有进一步判断与探讨，因为只有理解了词语背后的哲学问题从何而来，才可能真正做到对思想进行合理的评判。

么要讨论灵魂。柏拉图思想中著名的关于灵魂的论证有以下三个，且这些论证全都出现在《费德罗篇》中：灵魂永生论、灵魂三分论、灵魂转世说。

"灵魂"要探讨的是"运动"或所有"动态"的起源。

广义的"运动"随处可见，不管是位移，还是变化，皆因相对于静止而属于运动的一种。若所有"动态"皆由外力引发，那么一个动态便会引发另一个动态，无限循环下去则无法设想一开始让"运动"出现的条件究竟为何，因此运动本身必然得有个"启动者"，而其本身不需要被启动。这个"启动者"就是让运动出现且持续进行的条件，"启动者"若有消失的可能，那么所有的"动"就会跟它一同消失。之后的亚里士多德提出了"不动的启动者"的概念，但在柏拉图的思想中，是"启动者自动"，因为对于柏拉图来说，"不动的启动者"是个相互矛盾的概念，他认为"启动者"的特性在于"启动自己"。换句话说，柏拉图思想中的"启动者"既是运动的主体，也是运动的受体，而这个"启动者"被柏拉图称作"灵魂"。不同于一般对"灵魂"二字的想象，此处的"灵魂"没有任何人格、经验记忆，更不是只有人才具有"灵魂"。柏拉图思想当中的"灵魂"是一股纯粹的"势"，也就是希腊文中的"dynamis"，简单来说就是一股能量，而"能量"的概念正好可以解释为自己不断翻动且能够启动其他物体的动能。

在古希腊哲学当中时常能看到"存有"（einai）和"势"（dynamis）之间的对立。"存有"如其名所示，具备一定的界定和框限才能更"有"整体性；然而"势"则如一种不断流动的力，只见能量能够展现的结果，却无法将能量界定在一个稳定而静态的实体内。如佛家所说的"缘起缘灭"，即是否定"有"，而强调背后不断处于动态的"缘"。

由此可见，作为"势"的"灵魂"，就如同不断引发自己动能的启动者，它不但可以自我启动，而且可以启动其他无法自我启动的运动。因此，各种"动"能够依照"启动"类型的不同而分为"引动"与"自动"，"引动"代表必须依赖外力引发运动，而"自动"则不需外力来启动自我的动态。因此，有严格意义的"自动"能力者，即为运动总体的"启动者"，柏拉图称此为"灵魂"。

在一般所见的运动当中，十分容易注意到两种运动，举例来说，石头滚动和动物猎食，就反映了两种不同的启动。在这个意义上，生命在柏拉图眼中就是动态的延续，当"动"穷尽而静止之时，就是生命结束的时刻，这点在《费德罗篇》（245c~245d）中有所论证。既然生命并非一次性的运动，而是一段能够有延续性的动态过程，那就代表着被称作"生命"的对象都有着能够不断引发自己动态的关键，换句话说，所有被称作"生命"的对象体内都有一个启动者，也就是"灵魂"，而"灵魂"和物体的结合就赋予了物体"生气"，从而成为"生物"，因而享有不同程度的"自主运动"。"灵魂"越是远离自己初始的状态，其受到物体限制的程度就越高，主动能力就越低，生命能自我实现或负责的可能性就越低。因此，"灵魂"这个概念串起了物理学（也就是形而上学）对运动是如何成为可能的解释，行为分析（通过身体实现的动作），伦理学中的行动分析（蕴含选择与意义的动作）及"灵魂"本身在纯粹状态下唯一的活动——知性活动的分析，例如想要、思考、判断、相信、以为（正确的或错误的）等。

在简单说明柏拉图的"灵魂"概念处理的是什么哲学问题之后，接下来我们将正式开始讨论与"灵魂"相关的三大论证。

灵魂永生论：灵魂真的不朽吗

　　"灵魂永生论"在《费德罗篇》中有完整而严谨的论证，此论证也被用来界定灵魂的定义。"永生"并非灵魂的定义，"永生"这个特质是界定灵魂的定义所必然导出的结果。灵魂的定义就如上文所说是"自动者"，而"永生"则是界定灵魂本然（nature of soul）的特质。

　　"灵魂永生论"在《费德罗篇》和《法篇》（Nomoi）第十卷当中都有论述，两篇论述都将灵魂作为运动的源头与原理，以此来证明其永生的必然性。如上文所言，运动若非被另一个运动引发，就是自我启动。前者使运动无限后退，无法设想其起源；后者则给了整个宇宙运动一个支撑点。自动者即运动的源头与原理。说它是运动的源头是因为自动者为启动源头；而说它是运动的原理是因为运动所能展现出的所有可能性——不管是物理运动上的位移、变动、循环等动态，还是知性运动意义上的感受、思想、判断、想望等——都取决于自动者，因此自动者作为万物运行之道，即是运动原理[①]。一方面，自动者永生，因为其动态不依赖外在条件，其可以持续维持动态，因为其不断启动自己；另一方面，既然生命即不断实现的动态延续，那么自动者便可因为永远维持动态而永生。不仅灵魂因作为自动者而永生，自动者更是因作为运动原理而不朽。因为既然自动者是宇宙所有动态的运动基础，那么若这个自动者消逝，则代表所有以自动者为基础而已经或可能出现的动态都会灰飞

[①]　此处"原理"一词跟一般科学上从经验规律找到的法则概念不同。

烟灭，而动态的消失不仅意味着生命要消失，连思想和所有意义下的活动都会消失。既然宇宙陷入永恒虚无是不可设想之境，那么作为运动原理的自动者，即所谓"灵魂"，自然也就是不朽的。

关于灵魂永生的讨论，在 2 000 年以来漫长的诠释史上曾经引发诸多争论。某些诠释者，例如康斯坦丁·里特[①]，在其《柏拉图哲学之本质》（*The Essence of Plato's Philosophy*）一书中怀疑柏拉图在灵魂永生的探讨中暗示"有着记忆或人格的个体灵魂超越了肉体"这个论点有很大的问题。另外，也曾经有学生问过我，若每个生命都有灵魂，而且灵魂永生，灵魂总的数量固定，那么如何解释地球上人数的增减？这两种类型的问题也许是一般大众会产生的最直接的疑问。

在著名的谈论柏拉图宇宙论的《蒂迈欧篇》（*Timaeus*）中，关于灵魂的讨论理所当然地占了非常重要的地位。《蒂迈欧篇》不仅如《费德罗篇》那样论证了灵魂作为整体宇宙动力的源头，更仔细描述了每个有生命及无生命的"存有"是如何被灵魂赋予生命与运动的，在灵魂的讨论上多了"存有论"的讨论。灵魂作为动力源头，代表着宇宙运行生生不灭。因有灵魂作为运行原理，而一个个体生命能够自主生活，代表也有一个灵魂作为其"生命原理"。

正是"生命原理"一语让康斯坦丁·里特认为个体生命的灵魂具有人格。然而，此处"生命"二字指的是"不断自我展现的动力"——不管这种自我展现是自我实现（人）、觅食生存（动物），还是只是生长代谢（植物）——而不是专属于某个人的灵魂在肉体死去后还作为其生命的延续。做一个简单的比喻：机器往

---

① 康斯坦丁·里特（Constantin Ritter, 1859—1956），德国研究柏拉图思想的学者。

往以电力为动力，如果此机器只要被给予能源就会自己发动，我们便称其为"自动"。同样的能源若给这台机器，就好像"唤醒"了这台机器，而若插上别的机器，就"唤醒"了另一台机器，两者之间不会有延续，灵魂亦然。而灵魂之所以是所有生命的原理，是因为灵魂与肉体的结合与灵魂如何启动肉体是有道理可循的，而其背后不存在一个可以任意赋予或夺走其生命的人格体。

至于灵魂的数量，这个问题之所以会出现，是因为我们仍然在尝试将灵魂理解为一个"实体"，认为其是一个具体的东西，可以摆进肉体当中，因此在中世纪哲学史上，不断有学者尝试找寻灵魂在肉体内的位置。然而，灵魂不是"实体"，不是一个东西，而是"势"，是不断翻搅滚动的力，因此没有数量、没有切割、没有增加或减少的问题。既然就定义来说，灵魂是一种无形、无边界的动能，那么当柏拉图讨论"一个人的灵魂""一个城邦的灵魂""宇宙的灵魂"时，并非先界定单一灵魂结合单一肉体，而是指出具自动能力的个体的边界，其自我启动的能力展现的极限就是对"一个"灵魂的界定。正如一个人的"自主"活动不包括他人的肉体，因此有了"自己"与"他人"的概念。一个城邦的运行有相对自主性，而这也相对界定了城邦的边界。

真正在学术上造成难题的，是柏拉图对于"灵魂创造"的讨论。在《费德罗篇》中，柏拉图清楚地指出灵魂并非创生而来，也不会衰朽。但《蒂迈欧篇》却描述了锻造灵魂的创造之神。在诠释上，这两篇对话录中的不一致造成了后世重构柏拉图思想的困难，因为正如《费德罗篇》所述，灵魂若能被创造，代表它也可以被摧毁。如果灵魂可以被摧毁，那么它就既非永生，亦非不朽。因此，直到今日，关于柏拉图"灵魂永生"这一论题的诠释工作还在不断翻新，争辩也依然存在。

灵魂三分论：谁决定灵魂的动向

在《费德罗篇》中，在苏格拉底将灵魂定义为"永生的自动者"之后，他又用一则神话来说明灵魂的形象。苏格拉底在此讨论中区分了非神灵的灵魂和神灵的灵魂，"灵魂三分论"指的是非神灵的灵魂，亦即不完美的灵魂。

苏格拉底将不完美的灵魂比喻为一辆马车，其配有一位车夫和两匹马，因为人类的不完美，这两匹马当中有一匹听从指令，另一匹却时常为了追求享乐而反抗指令。在《费德罗篇》中，柏拉图并没有理论化这个部分的讨论，然而早在《理想国篇》第四卷中，柏拉图便已经将"灵魂三分论"的理论结构呈现了出来，主张不完美的灵魂内部有三个部分："理智"（logistikon）、"情志"（thumos）① 与"欲念"（epithumia）。此处马车的比喻正是让车夫对应"理智"，良马对应"情志"，而劣马则对应"欲念"，因此生命中每一个行动都是在理智进行判断、情志认同贯彻、欲念追求享乐这三股力量角力搏斗之后的结果。

举一个简单的例子，理智上判断每天早上应该早起，情志上认同、愿意且也想要早起，但当真正要起床时，欲念可能因想要

---

① "thumos"一词在希腊文当中只有"气息"的意思，但在此译为"情志"而非"意志力"。因为 thumos 主导了所有情感，当中也包括"勇气"与"意志力"。换句话说，当理智决定了前进方向时，这个决定不仅必须合理，更需要合情，也就是被行动者认同，只有认同才会贯彻理智所做的决定。

多睡一会儿而反抗，最后的结果就要看是理智与情志的力量较为强大，还是欲念较为强大。根据《理想国篇》，理想国的运行也如灵魂一般可以分为三个阶级，即以理智为主导者成为领导阶级，以情志为主导者因拥有勇气与意志力而成为城邦的守护者，以欲念为主导者则成为生产阶级。此处目的虽不在详细讨论理想国当中三个阶级是如何对应灵魂的三个部分的，但灵魂三分的理论确实影响了每一个人的行动，并展现出生活方式的差异。因此，灵魂三分论是柏拉图道德哲学中极为重要的基础。

　　灵魂三分论在哲学上的讨论聚焦在"差异"与"同一"上。一方面，柏拉图在各篇对话录当中提到灵魂的三个部分时，有时说"三个部分[①]"，有时说"三个种类[②]"，因此造成了哲学讨论上的争议；另一方面，在一个灵魂内部也有三个部分，或者一个人从根本上说就有三个灵魂。表面上看起来问题似乎很单纯，其实每种观点都有其理论基础。

　　上文说，灵魂是运动的源头，也是所有运动的原理，因此如果有三种不同的原理影响运动，那么可以推知每一种原理都有一个灵魂作为启动者。也就是说，三种原理（以理智为准、以情志为准、以欲念为准）就有三个启动者，以此不就能推知有三个灵魂吗？而三个灵魂并不意味着三种人格，因为前文已经说明，在柏拉图的讨论当中，灵魂跟人格没有任何关系，因此此处的同一性问题侧重的是"部分"与"整体"，而非自我认同的问题。

　　到底有三个灵魂还是灵魂有三个部分这一问题可以先搁置，

① "部分"一词在希腊文中写作"meros"，是相对于整体的概念。
② "种类"在希腊文中则为"genos"，只有区分类别的意义，并不蕴含整体中的一部分的概念。

但可以确定的是，的确有三股驱动力，因此也有三种原理。然而，此三种原理并非各自独立运作的，它们不但在固定的内部关系下运作，而且运作的对象都相同。换句话说，并非车夫、良马、劣马三者独立行走，而是车夫同时驾着两匹马，三者之间的关系是清楚界定且无法更改的。另外，车夫、良马、劣马三者指向的作用对象相对统一。① 重拾刚刚的例子，车夫决定早起，良马贯彻早起，劣马则可能反抗早起，但不可能在同一种情况下，劣马还另外欲求美食。因此灵魂运作的三个原理事实上是在贯彻或否决追求同一个对象，而三个原理之间的互动由不属于三者但同时界定三者的关系来界定，因此三个原理尽管各有不同，却又位于同一种限制之下，以相互关联且互相作用的方式运作。

然而，要论证灵魂如何三分，又是在什么条件下三分的，必须进一步讨论灵魂三个部分各自的运作方式，以及三者之间的互动方式，这样也能最终回答灵魂同一性的问题，也就是说，在什么条件下，有异质性的对象仍然可以成为有同一性的整体。若要用一个比较具体的方式来说明这个问题，则是社会中每个个体如此不同，甚至相互矛盾，在什么条件下这些不同个体才能构成"一"个社会，且同为一个社会中的成员？

下面，让我们分别检视灵魂的这三种原理。首先，理智指的是灵魂理性的部分，是由智性启动的运作，包含一切思想活动，如判断、计算、理解、想象等。理智是灵魂最接近初始的完美状态的部分，因为理智是唯一能认知到理念界的部分。换句话说，它是现象背后恒定实在、理型的官能。

---

① 西尔文·德尔科米内特：《柏拉图灵魂的原理及部分》，柏拉图，2008 年第 8 期，第 9 页。

　　其次，情志的部分，指的是炙热的情意。在理智冰冷的判断和欲念的放纵之间，情志作为调和二者的中介，一方面让理智与心之所向结合，另一方面让被动的欲念能与主动的向往调和。因此，在中文的语境内，"thumos"的意义比较接近"向往"，呼应《费德罗篇》苏格拉底第一言论中两股驱动力中的"仰慕崇高"的部分。情志因此不需要理解或判断，情志所追求的对象是对意见的贯彻，而"信念"在古希腊文中为"doxa"，与"意见"相同。由此可见，这两个部分的主导原理不同：理智的运作在于启动所有思想方式来渗透对象，而情志则把向往的对象当作意见来贯彻。

　　最后，欲念的部分相对容易诠释，尽管希腊文中"epithumia"即"欲望"，但欲念却不仅仅是欲望，而是非理性的欲望，因此欲念与理智最大的区别在于理性与否。这个部分的灵魂追求的是"欢愉"[①]，也就是满足欲望后会得到的感受，由此可见，在柏拉图的思想中，欲望与拿来满足欲望的对象之间还夹杂着欲望真正的对象：欢愉。欲念追求的就是欢愉，而且不理性地想要拥有更多的欢愉，因此欲念旺盛就会导致纵欲的行为，甚至纵欲的生活。

　　由此可见，灵魂的这三种原理针对的对象并不完全一样，但却相对来说是同一个对象衍生出的三个方面。参考 S. 戴孔米奈特（S. Delcomminette）举的例子，一个人口渴，"渴"的这种状态会引发一种相对应的欲望——"喝"，二者相互对应。在一个人口渴而且想喝（水）的时候，理智可能因判断场合、条件等不适合而打算忍耐不喝，理智这个驳斥欲望的判断，代表着行为不

[①]　此处的"欢愉"亦即希腊文中"hedone"，相对于英文当中的"pleasure"，意指一个活动终结时触发的正面感受。在哲学研究中，此概念时常与"苦"（pain）一同出现，表示活动终结时的两种结果。

只欲望—需求这一种驱动力。然而，欲念的部分尽管处在理智的判断之后，却仍然会不断造成干扰，会驱动肉体去追求喝之后能够得到的"欢愉"，换句话说，欲念追求的是享乐。由此说来，欲念这股驱动力并非仅仅为满足欲望或需求，而是还要不断追求更多欢愉。因此，尽管不渴，但仍然想要畅饮，"渴"所对应的需求已经完全与此动力无关，而畅饮本身才是欲念的对象。由此可见，欲念的对象是即时、无任何理性介入的，因为理性和理智都必然会被过程打断，因此所有知性活动都不是即时（immediate）的活动，而是中介（mediate）的活动。

从这个例子中可以看出，理智部分跟欲念部分这两股驱动力处于相对的状态。当然也可以设想理智与欲念同流，然而，若理智跟欲念永远都不会相互冲突，那么驱动力就无从被一分为二。对于柏拉图来说，多数动物的理智部分已经不再有力量，因此会由欲念主导行为。而第三股驱动力——情志，在这个例子里面的角色即是一股将我们带往目标对象的力量，在灵魂中除了"判断"，更对判断结果多了"向往"。情志和欲念的差异就在于两股驱动力瞄准的对象不同，情志没有欲望的催促，更不以欢愉为目的，驱使它的是意念的实现，而非行动所带来的结果。

情志与理智进一步的区分较为困难，因为情志所驱使的方向会跟理智相合，因此我们需要讨论的问题是，如果情志与理智所导致的结果相同，如何能说它们是两种不同的驱动力，而非同一种驱动力？因为柏拉图观察到，在所有行动当中，某些行动尽管是在实现、贯彻一个意见，但意见本身却不从本身的理智判断而来，行为的主体更可能根本就不理解这个意见的内容。在孩童身上最能够观察到此差别：在他们没有能力进行判断时，教育或外力给了他们一个指令或信念而使其向往且加以贯彻。换句话说，理智和情志作为两股驱动力的区分基础就是是否缺乏理解和判断的意志力：情志便是向往且觉得必须要执行，却不知道为什么向往、为什么执行。在风俗传统中最能看出这点，大部分人不知道为什么要尊师重道，却坚持要尊师重道。这也是柏拉图在《理想国篇》中将被情志主导的行动者安排为城邦的守护者的原因，因为"勇气"在这些人身上强于理智判断。

　　将三股驱动力分别加以说明且区分清楚之后，就必须探讨三者是否能够构成一个整体，以及一个灵魂又是在什么意义下构成整体的。从以上的例子可见，这三股不同的驱动力代表着针对同一对象的三种态度，换句话说，当对象都是"喝"时，三者会依照各自的运作方式进行：理智判断喝的欲望目前不应当被满足；情志认同这个决策；而欲念则被喝的欲望所能导致的欢愉诱导。三者并不相互独立，因为三者各自在自己的运作方式当中追求最善的选项，差别在于理智能理解善的恒定结构，情志对善产生向往，而欲念则将"欢愉"的表象当作善来追求。除此之外，三股驱动力最终是通过同一个行动来实现的，行动本身的限制（若我们认同三者在行动中每次只能以一个整体来展现，而不能分别同时显现的话）就成为三股驱动力的共同框架。在这个意义下，灵魂的三股驱动力因为对象相同、处于共同关系界定、有共同框架而构成一个整体。

　　回到柏拉图对灵魂的界定，不完美的灵魂所提供的能动力的内部有不同方向的力在拉扯，因此动态并不完美，非但不能心想事成，每个行动还会充满挣扎与拉锯。柏拉图认为完美的灵魂就是能动力中没有任何差异的势力，这样一来，它启动行动的过程中自然就没有迟疑、挣扎，而它所对应的就是完美的存在。

灵魂转世论：灵魂如何认识自我和世界

"灵魂转世说"看起来充满浓厚的宗教色彩，也是《费德罗篇》中最为玄妙的段落，在此我将尝试凸显其背后的哲学探讨，并诠释其中的问题。

灵魂会"转世"指的是转变生活方式，而非一个人格投胎在另一个肉体当中开启新的生命。在此我要再次提醒读者，灵魂没有人格，只是一团能动力。在讨论灵魂转世之前，我们必须要先探讨灵魂的旅程。灵魂作为能动力的作用在于启动物体，不管是行星运行、城邦运行，还是生命运行、自然运行，所有的动态来源都是灵魂，因此，灵魂能够在所有界域中穿梭。根据柏拉图的说法，灵魂在冥思了不纯洁的对象之后会开始退化，以致最后坠落凡尘，成为需要一个物质身体来支撑的灵魂。坠落凡尘的灵魂还会依循灵魂每世的"修炼"，决定其是继续沉沦还是向上提升，但不管如何，在《费德罗篇》的神话当中，所有灵魂坠地后，每隔 1 000 年便会转换一次生活方式，10 000 年之后会回到其最纯粹的状态重新开始。这些描述都是神话的内容，因此当中的哲学思想必须通过提问来重新建构。

灵魂的三个部分展现出三股势力，三股势力拉锯后的结果决定最终的行动。每个生命的行动因此跟理智、情志与欲念各自的力量相关，而每一股势力的强壮程度不仅跟灵魂认识真理的能力相关，更与灵魂认识自己的程度相关。

前文说过，灵魂作为启动者不仅启动了他物，更启动了自己，而灵魂自我启动所展现出的行动是广义的思想活动，在这个意义上，欲望与感受也是被动的思想。这点与笛卡儿（René

Descartes, 1596—1650）对"我思"的定义十分吻合，而其不同之处在于，柏拉图所运用的希腊文在语言结构上能够避免将此物称为思想"物"，避免赋予其"实体"的错觉。因此，三股势力展现为主动判断、半主动向往与完全被动渴望三个状态的思想活动结果，属于被动的势力越占上风，生命所展现出的行为就越被动，直到失去所有主体行动为止。因此灵魂内部三股势力的拉锯，就相对决定了一个生物的生活方式，即便在同一类型的生活方式当中，也会因为三股势力力量的不同、对象的不同、行动方式的不同而导出不同的"命运"。此处讨论看似神秘，背后却蕴藏着柏拉图伦理学上的思考，下文将尝试把神话背后的哲学思想呈现给读者。

柏拉图认为，人类是整个感性之域当中灵魂最接近原始状态的生命，不仅仅是因为人类有理智能够进行思考判断，更由于人类的自主能力最高。换句话说，人类的灵魂中理性部分的力量比起动植物来说更为强大，因此理智所思虑后的意念能够阻止欲念的拉扯，不至于偏离方向太远，不至于失去自主性而全凭欲念操纵，因此其有能力在每个行动当中自我实现一个趋近于自己希冀的生命。由此可见，作为一连串的行动，灵魂、思想与生命三者之间紧密相连，"知"和"行"对柏拉图来说是同一件事。换句话说，知而不做，代表所知不实。

尽管人类的理智能力最高，却不代表人类都能实现最有自主能力的生活，也不代表人类一定不会展现出如动物一般的生命，因为每个生命都会进行一连串的行动，而每个行动又都是灵魂内部三股势力的一场搏斗，一不小心意志力就会输给欲念。然而，正因为每一个行动都是一场搏斗，生命最终的质量就不在于单一行动的成功与否，而在于行动的趋势。

灵魂的三股势力就像肌肉一样，越是练习越能够控制，越是放纵越会退化，也就是说，理智的部分越辩越明，情志的部分越练越坚，而欲念的部分则越放纵越强大。当理智与情志因经常锻炼而达到知行合一时，理智与情志的力量就会越来越强大，也越来越有能力控制欲念。反之，若理智时常贪图方便，拿表象当实在，情志时常表现软弱，那么欲念就会得以妄行，时间久了，若是突然要理智和情志坚强抵抗，二者也会因为都已退化而无力应对。由此可见，一个人最终能展现出什么样的生命，成为什么样的人，取决于理智如何领导情志和欲念。理智是三股势力当中最为自主的力量，其力道来自对真理的认识，而其决策则依据自己对灵魂的认识。换句话说，灵魂转世的论题背后想探讨的，其实是生命的不同类型各自如何在行动中实现的问题，涉及的不仅仅是每个行动的选择，而是一连串行动所堆积出的生活方式是否美善。

所有生命都渴求"善"，都想要得到"幸福"。这两点几乎是古希腊伦理学的共识。对于柏拉图来说，是否能得到幸福，关键在于我们是否知道如何辨识"善"，是否知道幸福是什么，因此"幸福"成为思想的课题。

灵魂的活动即思想，因此当灵魂处于最纯粹的状态时，其思想也最为纯粹，而其思想之所以最为纯粹，是因为思想的对象最为恒定。这些对象在柏拉图的哲学里是真知的来源，也就是对理型的认识。理型的问题我会在下文中另外说明，目前先讨论对事物本质的认识，以及将事物实在与相似的表象进行区分的能力。理智部分的活动就是不断思考、判断等，然而这并不代表理智所思考出来的结果都是真的或对的。换句话说，理智可能会因为能力不足而判断失误，因而拥有不正确的信念、下达不正确的指令。

在灵魂坠地之后最剧烈的变动，就是灵魂必须在肉体的限制下认识、思考世界，在肉体的限制下，通过肉体视觉所传达的信息做出判断，然而视觉可能只能通过片面而单一的角度看到表象，因此灵魂认识实在的难度立刻增加了许多。

简单来说，理智要有能力判断什么对象是"真善"，什么对象又只是假装美善，实则是幻影。然而，如果理智有潜力判断真善与伪善，就代表理智其实有能力通过某种思辩的过程取得这样的认知。这个认知过程被柏拉图称为"回忆"，因为灵魂在最纯粹的状态中时已经冥思过这些真理，所以才可能在不完美的条件下重新认识真实。举例来说，在《费德罗篇》对于"善"的讨论中，起初的第一个言论将"善"定义为自我利益，在这样的前提下，灵魂的理智对"善"的认识，就成为灵魂追求的对象是符合自我利益的对象，有这样的灵魂的人最终会成为自私的人。"自私的人"好像反过来变成了此人的"命运"一般，在最初理智错误理解"善"又不反思悔改的状况下，所有行动的趋势都朝向为自我争取利益，最终实现"自私的人"的命运。因此，理智的认识，以及对灵魂自我的认识，决定了灵魂的生命形式。灵魂认为自己是理智，那么其行动就着重思虑真实、区别虚假；灵魂认为自己是追随者，那么其行动就着重追随一个他人给的意见；灵魂认为自己是欲念，那其就会放弃判断，甚至使判断退化消失，由着欲念摆布其生活。

在这个意义下，灵魂"转世"的神话讨论的是，生活方式可能因为长时间不断践行某种倾向，而使自主能力退化或增进。如果退化到一定程度，比如说理智的力量所剩无几，灵魂可能就只有能力赋予自主能力较低的生物以生命；如果理智、情志全都退化殆尽，灵魂可能就只剩下启动植物生命的能量了。因此，"灵魂转世说"讨论的是，理智能力和自主行动与生命类型之间的关系，而每一个善行都是一场得来不易的奋斗。

知性之域—感性之域

知性之域（ekeithen）与感性之域（entautha）的区别，是整个柏拉图哲学的基础之一，也是对柏拉图哲学的诠释中争议最多的概念之一。传统上，不管中文还是英文、法文都将这两个词译为"知性世界"（intelligible world ／ monde intelligible）与"感性世界"（sensible world ／ monde sensible），直到近年，才开始有人重新检讨将其译为"世界"在诠释上的争议性，以下我将在诠释中说明，为何本书不采纳"世界"的翻译，而译为"域"。

柏拉图对于知性之域与感性之域的描述多数带有神话的色彩，比如说在《费德罗篇》中，知性之域与感性之域的区分在灵魂的旅程中被提起：当灵魂处在最完美、最纯粹的状态时，它能够跟随神灵来到天庭外缘，进入知性之域冥思所有最真实、最永恒的理型；反之，当灵魂变质时，它就会下坠到感性之域，受到有限身体的限制，在肉体撷取事物表象的干扰之下，对真实进行认识。

从这样的描述看来，柏拉图似乎真的试图区分两个世界，而灵魂则像折翼天使一样，从完美的知性世界贬谪人间，不得已只能居住在感性世界。用如此拟人化的方式理解，神话就没有办法转换成哲学的养分，因此必须通过不断地发问，来找出柏拉图潜藏在神话当中的哲学问题。首先，灵魂在知性之域与感性之域的最大差异不在于善与恶，而在于真实与冒充真实的似实。然而，知性之域与感性之域的差异也不在于真实与虚假，灵魂并非来到了感性之域后，就无法认知真实，只能认知虚假，否则上文所描述的灵魂转世与追求美善就永无成功之日了。两个界域之间唯一确定的差异似乎在于对"认知的干扰"，简单来说，灵魂唯一的活动是知性活动（不管是在知性之域还是在感性之域），灵魂在知性之域能够直接认知最真实、最永恒、最纯粹的理念，而到了感性之域后，却因为肉体的限制只能看到事物的表象、局部，因此时常把表象当成实在。举例来说：对"幸福"的认知，在知性之域只有一种最为恒定、真实的定义；但到了感性之域后，有人认为幸福是财富，有人认为幸福是功名，宛如巴别塔的神话一样，人类不只不再使用共同的语言，就连共同语言中的同一个词，也在各自的思想中指涉不同的意义。

　　既然两个界域的差异既不在于善恶对立，也不在于真假二分，而在于认知真实的过程是否有干扰，那么，这种干扰从何而来？答案是从"物质"。在感性之域当中，多数的认知活动都必须通过物质，通过肉体限制下的五感，感知认知对象通过物质所展现出的形态，因为这个活动并非纯知性的活动，所以物质的内在逻辑就会对知性活动造成排斥与扭曲。然而，知性之域与感性之域的区分不在于精神与物质两种不同存在实体的分割，因为感性之域是知性被物质影响后的界域，并非只有物质而无精神的界域。

　　由此可见，在柏拉图思想中，区分知性之域和感性之域的关键与认知实在有关。接下来必须考虑的是柏拉图做此区分的意图，这个区分又是如何回应当时的哲学争论的？以下以学习认识三角形为例来说明。

在孩童时期，我们便开始认识三角形模样的事物，现在大家觉得我们对三角形的认识很客观，然而，在没有三角形这一概念时，每个人对三角形模样的理解都是不同的，而肉眼所见三角形模样的东西，其实多数时候根本不是概念上的三角形。原因在于，所有三角形模样的东西都有厚度，再怎么精确画出来的三角形都有不同形态，而且也不见得完美。我们无法用肉眼看出"三角形的内角和等于180°"或"直角三角形中，两直角边的平方和等于斜边的平方"这些真正界定三角形概念的知识，我们所观察到的只是"有三个角，看起来符合描述"的表象。

从这个例子中可以观察到，人们对广义三角形（概念与物体）的认知出现了两个方面的区分：一方面，其中包含了对三角形的复杂的个别认知，而这些认知对象会不断因为角度、光线、时间、地点而变动、磨损、消逝；另一方面，对三角形的定义却维持不变、恒定，能被用来理解所有三角形模样的物体。由此可见，在认知当中，认知对象可以分为至少两大类：恒定不变的认知对象和变幻无常的认知对象。

尽管广义的认知出现了两个类型：一是纯知性的认知，没有内部差异、理解矛盾的空间；二是混杂了每个人撷取信息的片面性的认知，内部多义、相互冲突。然而，这两种认知却并非相互排斥、对立的，也不可以分为两个世界。相反地，混杂了片面性的认知虽然不完全掌握最核心的定义，却需要部分"参与"这个定义所延伸出的认知。换句话说，跟三角形有关的想法，尽管是错的，仍然跟三角形有关，这些想法需要稳定的基础来建构出有意义的内容。

知性之域展现最为纯粹、知性的实在，而感性之域则是在物

质的限制下所认知的实在，两者虽然能够相互区分、各有异同，却并非两个在空间上各自独立存在的实在，也并不能截然划分出两个世界。知性之域所蕴含的知性实在，以及感性之域的感性实在，只能在思辩过程中被区分开来，而且事实上，感性之域是通过创生殒灭的物质来"反射"出知性实在的。换句话说，柏拉图所强调的感性实在是知性实在的影像，就如同倒影与实物之间的关系一样，倒影虽然虚幻、短暂、变动、扭曲、片面，却在某种程度上仍然能反映出实物，否则倒影就不是某物的倒影，而是完全独立的另一个物体了。

　　读者也许会纳闷，知性之域与感性之域的区分到底有何意义，日常生活中那些真的知识往往被称作科学，其他就是个人意见，为何还要做如此复杂的区分？因为知性之域与感性之域的关系并不能等同于科学与个人意见之间的关系，现在被称为"科学"的知识内容，甚至可能不符合柏拉图对"知识"的定义。柏拉图希望通过此概念进一步了解的是人类如何理解"变动"与"恒定"，"表象"与"实在"的。以下分别从两组相对立的概念入手来说明柏拉图对知性之域与感性之域的区分。

变动与恒定：变动当中亦存在恒定

个人感官意见并非唯一处于变动中的认知内容。所有观察都处于变动之中，这是因为观察物本身就处于变动之中；所有情感、所有意见皆处于变动之中，因为它们随时可能被修正；就连今日被称作"知识"与"科学"的内容，在历史上均显示为变动与进步的结果。然而，在变动当中，人的知性能力可以掌握相对稳定的结构，如物体下坠的规律、四季运行的规律、气象变换的规律，这让我们得以用较为恒定的认知来理解这个千变万化的世界。换句话说，在瞬息万变的现象当中，知性有能力通过特定程序的分析理解，认知到背后相对稳定的实在，而这个实在有能力解释可能相互冲突的表象，这些表象同时也能参与到稳定的实在当中。

知性之域即"绝对恒定的认知"，如同物理上的"绝对零度"，是个有意义却没有直接认识的境界。尽管柏拉图在《对话录》当中肯定了人类灵魂用有限认知能力触及知性之域的可能性，就如同我们通过推论取得"绝对零度"的定义，但人类却永远不可能全面掌握知性之域，因为人类的生活处境已经限制了知性的界域。柏拉图提出两个认知界域的用意在于：一是使臣服于变易的认知不会因此没有意义，且让这些浮动的认知关联到相对恒定的认知；二是避免将"相对"恒定的认知当作"绝对"恒定的真理。

表象与实在：表象反映了部分实在

前文讨论到人类"有限的知性能力"无法掌握完美且无限的知性。大部分读者都同意人类具有有限性，但可能没有思考过人类的知性能力为何"有限"。人的知性能力有限，是因为人类的知性是通过"分析"来被理解的，而"全整"（totality）、无法分割的认知对象则无法被理解。换句话说，针对一个对象，人类一次只能认知一部分，而无法立即认知全部。分析即是将一个认知对象切割成不同问题、不同方面、不同角度——就像拆解机器一样，把所有环节分开，看清各环节相连的方式，最终将其重新组合成一个整体。被拆解前的机器，就如未经分析前的认知对象，同样是一个整体，却抵制人类的认识去掌握完整的认知；拆解重组后，机器再次成为一个整体，但却不再是一个不可分割的全整状态，而是一个由各部分关联起来的整体。认知掌握了对象，却只能用部分来组织整体。就如同演说或写作，要想说明一个主题就必须用许多字、句子、段落、章节来呈现它，而无法通过一个字呈现整体思想。因为知性有限，所以很容易将片面的认识当作整体，将表象当作实在。知性之域与感性之域的区分，并不在于将表象与假象画上等号，而是把表象（甚至假象）与实在通过区分重新连结。因为表象（甚至假象）并非完全与所谓实在无关，而是反映了部分、扭曲的实在。[①]

所有的思绪与意念都以不同的方式反映着我们认识的实在，不管是想象、感觉、直觉，还是猜测、欲念，都因为内容有指涉对象，而有不同程度的知性活动。换句话说，知性之域与感性之域并非二元对立的，因为感性之域仍然在知性活动之内，只是其知性内

---

① 此处"实在"一词指涉的仍然是最为恒定的知性实在，与主客观实在的问题不同。按照我对柏拉图思想的诠释，我认为"知性实在"是一个参照点，但却不一定真的能够得到完整的知识，因此"表象"与"实在"是相对的区分，而且可以更细致地区分下去，因为有限知性没有能力判断我们能够在什么程度上认知到永恒的真理，只有在此前提下，知识才会永续延展。

容当中充满差异与矛盾，而知性之域则预设知性内容最为纯粹、没有任何差异与矛盾的基础，并将其作为整体认知的参照点。

尽管《费德罗篇》对知性之域与感性之域中的认识差异有丰富的描述，但真正理论上的建构与说明在《斐多篇》(*Phaedo*)、《巴门尼德篇》(*Parmenides*)和《理想国篇》当中才有进一步解说。在《理想国篇》当中，柏拉图进一步用知性之域与感性之域来说明四种类型的存在分别对应着四种认知层级，如M. 康多-斯波珀（M. Canto-Sperber）所整理的图①：

感性之域		知性之域	
臆想 （eikasia）	信念 （pistis）	思想 （dianoia）	智能 （noesis）
影像	自然 或人造物	科学对象	知性对象

如上图所示，知性之域与感性之域并非等比存在。知性之域所能认识的对象远远多过感性之域，人类智能用思想推论出来的存在对象，远远多过直接通过感知认识的物体。

以上对四种类型的存在的解释也许十分抽象，故以下通过举例来说明：感性之域中所包含的影像与自然或人造物，就好像家里宠物狗的照片和狗本尊，这只狗与作为科学研究对象的、抽象的"狗"是两种不同的存在。简单来说，作为科学研究对象的"狗"即能够被用来理解所有狗的对象，并不需要物质存在，因此可以将此存在称为狗的概念或定义。尽管作为科学研究对象的狗

---

① 莫尼克·康多-斯波珀：《希腊哲学》，PUF出版社，1998，第234页。

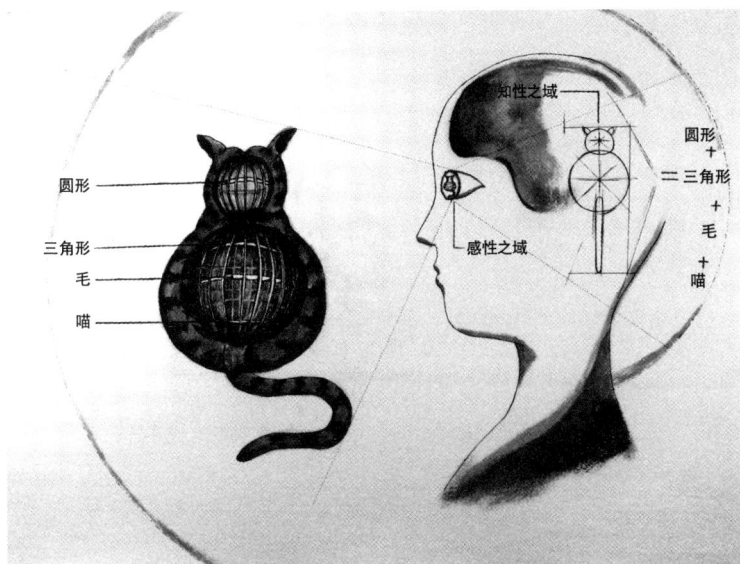

并没有物质存在的基础，其思想却指涉着具体、多样的物体，也就是所有被称作"狗"的生物。然而，科学对象还不是知性上最为纯粹、单一的对象。科学研究对象可以不断抽象、综合建构出"生物""哺乳类""原子"，再继续探索下去，就到了整个认知最为根本的部分，也就是智能内部不需要借助任何感性之域所能认识的对象，而这些对象又是进行所有认识所必需的知识，如数字、形状、线条、存有、美、善等。

此思想的发展背景：调和两派思想

柏拉图对知性之域与感性之域的区分，其实同时也回应了他所处时代哲学思想发展所遭遇的悖论——两种观点分别由当时的两大学派为代表。苏格拉底之前的哲学家专注于探讨宇宙的生成与运作，希望借由探讨"存有"的问题，找到宇宙真正的存在基础。根据莫妮克·迪克萨特（Monique Dixsaut）[①]的研究，柏拉图对知性之域与感性之域的区分意在调和"巴门尼德学派"与"赫拉克利特学派"的思想，此处只能做简单的介绍。

以巴门尼德[②]为代表的学派主张除了万物为一永恒不变的存有，其他全部都是幻象，而世间唯一真实的知识即"存有，有；无有，无"（being, be; not-being, not be）。而赫拉克利特[③]的观点则与其全然相反，认为"唯一不变的就是变化"，因而有名句"无人能两次踏入同一条河中"。不管是前者还是后者，知识都不可能增进理解，因为巴门尼德的知识停留在一套套逻辑当中，呢喃着 $A = A$，非 $A \neq A$；而赫拉克利特则将知识分成多个部分，每个瞬间都成为必须独立认识且相互没有关联的个体，不仅知识不可能，就连语言、概念，任何能够在时间中延续或实现共通性的基础全都灰飞烟灭了。柏拉图的思想刚好利用"恒定却不可及"的知性与"无常且不可知"的物质这两个极端，谱出了感性之域和知性之域中有限认知能够穿透的各种层次，使文学有文学反映真实的层次、谎言有谎言反映真实的层次、知识有知识反映真实的层次。

从以上说明中可以观察到一点：柏拉图的认知与存在之间有着紧密的联系。所有能够思考的对象都存在，而认知对象的知性

---

① 莫妮克·迪克萨特：《柏拉图与思想问题》，弗林哲学书店，2000。
② 巴门尼德（Parmenides），活跃于公元前 5 世纪左右的古希腊先苏哲学家。
③ 赫拉克利特（Heraclitos，前 535—前 475），古希腊先苏哲学家。

程度则决定了其存在的恒定程度。因而，"知性之域"和"理型"真实存在与否的争论，就已经不能在柏拉图的"存在"意义下讨论了。原因在于，"知性之域"作为有限知性的存在条件，在其知性程度最为纯粹的前提下必然存在，只不过其存在是以知性的最完美状态为参照的，而这是人类知性能力难以触及的。而在"感性之域"中所有思想能撷取的对象，也都按照其知性程度有着不同意义的存在类型，例如梦境的存在类型跟物品的存在类型会因为认知穿透程度的差异而有所不同。

"理型"

在柏拉图的思想体系中，最具标志性、诠释起来有最多争议的概念就是"理型"，"理型"同时又是柏拉图哲学与亚里士多德哲学的分水岭。新柏拉图学派还将"理型"的思想进一步发展成了完整的理论系统，也就是著名的"理型论"，成为哲学史上影响深远的问题之一。而柏拉图借着"理型"所欲探问的哲学问题，在哲学史上曾被著名的哲学家用不同的方式解答过，但直到今日，"理型"背后的哲学问题，以及问题意识仍然是哲学中的核心课题（尽管问题的形式与解答所使用的概念不再相同）。在这个基础上，"理型"所启发的争论、问题意识、学派与反对学派、理论系统、哲学问题几乎成了整个西方哲学史的一大发展命脉。

柏拉图"理型"所涉及的讨论如此博大精深，此处短短的导论自然无法说清整个"理型"在哲学史上的影响与动态，只能试着用几个主要方面、争议要点与诠释差异，来呈现其概念所希望触及的哲学问题，以及在哲学史中的发展脉络。因此以下的讨论分成几个部分：第一部分专注于《对话录》中对"理型"的描述与界定，回到柏拉图的文本当中对"理型"的基础脉络进行检视；第二部分将处理"理型"在 2 000 年诠释史中所连结的哲学问题与辩论；第三部分探讨"理型"思想所引发的知识论与形而上学之关系的探讨；最后回到《费德罗篇》来介绍为什么此篇对话录当中需要讨论"理型"，而其中所讨论的"理型"又指什么。

究竟何为"理型"

一般对柏拉图思想的介绍都会提到"理型"，时常会将"理型"定义为某种完美、抽象、知性、永恒的存在，而对"理型"的认识就等于对事物本质定义的掌握。以上的介绍基本上没有错误，只是因为经由简化与片面化之后，非常容易误导出各式各样的诠释：例如将"理型"及"理型"所处的"知性之域"当作一个理想、完美的永恒世界，而将"理型"当作"理想形态"来解读。

中文的翻译对"理型"概念本身的掌握十分精确，也做到了忠于这个希腊词语的字面意义。"理型"中的"理"除了"理想"之外，还点出了其是"理智"（intellect）最纯粹的认知对象，而"型"则忠实地反映了"form（eidos）"字义上"形状""形态"的意义。

柏拉图在《对话录》当中讨论"理型"的概念时，有时用"eidos"，此处译为"理型"，有时用"idea"，译为"理念"，两者之间没有明确的区分。尽管有学者专门讨论过这两个词之间的差异与关系，但在许多段落当中，这两个词可以相互替换，因此这里就不深入讨论"理型"与"理念"了，简单以"理型"来介绍。除此之外，柏拉图在描述理型的时候所用的词其实不少，根据格拉博夫斯基三世（Grabowski III）在 2008 年时的研究，柏拉图在《对话录》中讨论集体的"理型"时会用"paradeigmata"（典范）、"genoi"（类）、"archai"（原理）和"aitia"（原因）等词，而讨论单个"理型"的时候则会写作"eidos"或者"idea"。①

关于"理型"的集体指称，读者在我介绍完哲学问题讨论和诠释之后，会比较能够理解为什么其跟"典范""类""原理""原因"等词有关联，因此在此先着重解释"理型"与"理念"这两个词的运用。"eidos"和"idea"的词根相同，也就是动词"ὁράω"（horao，看），而"eidos"和"idein"则是同一动词的两种变化形态，其中"idein"是"看"的过去式，因此又有"知道"的意思，相当于英文中"I see"。因此，"eidos"和"idea"两个词的原始意义都是"视觉中对象所呈现的模样"，即"外表"，也因此有"形状"的意思，因为物质对象的"形状"，就是让此对象跟其他物体有所区分的凭借，所以"形状"的意义就延伸出了"类""种"的意思。由此可见，"eidos"和"idea"本义为视觉中呈现的"样貌"，转换到知性的层次，智能"看"到的就是认知对象的"形式"。

由于所有对"理型"的解释都涉及诠释，因此在解释"理型"到底为何物之前，要先说明柏拉图在讨论"理型"时的界定，让

---

① 弗朗西斯·A. 格拉博夫斯基三世：《柏拉图、形而上学与形式》，布鲁姆斯伯里出版公司，2008，第 21 页。

"理型"在概念上有所定位。柏拉图多次论证，"理型"是知识的对象，因为只有针对"理型"的知识才是恒定的，亦即不会随着时间变幻。知识若时真时假，如何能肯定我们认识的是知识，而不是只是一种说法？因此，"理型"除了是知识的对象，也是"回忆"想要忆起的对象。而在柏拉图眼中，哲学家最重要的工作就在于将"理型"之间的关系与结构分析清楚并总结出来。除此之外，"理型"既然作为真实知识的对象，便必然不受变动影响，它也因此恒常、永恒、单纯非复合。

因此，柏拉图在描述"理型"或讲到"某理型"的时候，时常会用到"自身"，将"理型"与"事物"相区别。比如说，在《费德罗篇》当中所探讨的核心为"美自身"（auto to kalon），也就是"美的'理型'"，用来跟"美的事物"（to kalon）相区分。除此之外，"自在"（kath'auto）也成为界定"理型"的重要概念，意指"理型"可以"自我成就"，完全没有对外在的依赖，也不需要通过跟其他事物的关系来进行理解，"理型"本身就蕴含了所有认识的圆满状态。

既然"理型"不受变异的影响，那么就属于知性之域，只有最为纯粹、不掺杂任何物质的知性活动才可能触及"理型"。另外，柏拉图时常将"理型"描述为"真实的存有"或"真实实在"，同时也是"完美实在"。因为理型不变异，不会磨损、衰败或过时，因此最为真实；因为每一个"理型"都是对象彻底实现的状态，不会增加也不会减少，因此完美。"理型"完美，因为"理型"所给予的在某个对象上的认识最为圆满、全面。感性之域当中通过感知认识的个体，则由于每个个体的偶然性，只能反映出某些视角与观点下片面的认知。然而，若知性能对感性所触及的个体进行剖析，换句话说，就是能够"理解"对象，代表对象本身混杂着知性能处理的对象，柏拉图称此为"理型参与论"，因为物质个体参与了"理型"而投射出"理型"的影像，使我们能够通过思考、推论认识个体所参与的"理型"；反过来，因为对象参与了"理型"，所以能够认识个体对象。由于对个体物质对象的认识通常混合了多个"理型"，因此其展现出来的影像就是融合在一起的一个复杂整体，如同混杂了许多化学元素的复合体一般。

这样看来，"理型"像是知性的认知活动当中最为纯粹、基础的元素，这些元素保障了"真实知识"——相对于臣服于变异的意见或思想。而我们之所以对物质个体所展现出的存在样态能够有所认识，是因为这些个体呈现为一个各种元素的混杂体，正因为这个混杂体掺杂着这些元素的影像，所以为我们提供了认识"理型"的可能性。尽管这些描述稍微界定了"理型"所讨论的内容与相关领域，但对"理型"的意义与运用的解释仍然十分晦暗不明。在下一个段落当中，我将通过爬梳"理型"诠释当中的问题意识的演变，来呈现"理型"中隐含的哲学脉络。

知识的对象为何

在 2 000 年来的诠释历史中，有一种诠释直到今日仍屹立不倒，这种诠释将柏拉图的理型思想称作"理型论"。这一派的诠释认为，柏拉图所面对的哲学问题在于：红色的衣服和红色的苹果，两个完全不相关的物体都用"红"来指称，那么这些不同的红色物品所共同指涉的"红"是什么？根据这一派诠释的解释，"理型"指的就是"共相"（universal），即众多个体都可以呈现出相同性质的普遍抽象存在，因此有红色的"理型"、动物的"理型"、猫的"理型"……只要有抽象性质就有相对应的"理型"存在。除此之外，这些共相独立存在于另一个世界，看不见，摸不着，因此其将柏拉图思想中的"知性之域"诠释为"知性世界"。这一派的诠释又被称作"传统诠释"，因为此诠释在传统上为主流观点，有着十分明显的"实在论"预设，坚持"共相"实际存在，而非思绪的产物。"实在论"指的是一种强调存有独立感知、信念或思想存在的说法，而柏拉图在传统诠释的效应下成为最为著名的实在论者，其"理型"的论点又被称为"柏拉图式实在论"。

对于"理型"的理解，传统诠释认定"理型"所探讨的哲学问题是处理"普遍与个体"的关系。换句话说，具有普遍性的性质和单独的个体，这两者是不同的存在，例如眼前的红色衣服是一个个体，但它的颜色、形状等各种性质都因为可以普遍套用在其他个体上而属于普遍存在，中文将此译为"共相"。

在当代哲学家当中，罗素（Bertrand Russell, 1872—1970）是将"理型"诠释为共相的最大支持者。罗素认为，柏拉图是在使用日常语言的时候，察觉到这个问题的，亦即把同一个词，例如"红色"，拿来形容不同性质的衣服或水果，但是如果所有人都能知道"红色"所代表的意义，那么这个词就指涉了一个独立的存在。在罗素的诠释下，"理型"所处理的哲学问题，从认知转到了语言指涉的问题上。换句话说，"理型"原本尝试回答的是"如何认识展现于多个物体的普遍性"，而在罗素的诠释当中，"理型"转而回答的是"抽象词语的意义从何而来"。

不过，传统诠释对于"理型"也是众说纷纭，而其共同之处在于传统诠释都将"理型"等同于"共相"，此外，所有诠释者都非常强调"理型"的客观存在，否定"理型"只是人类思想的产物。读者也许会认为，"理型"搭配上"感性之域"与"知性之域"的区分，刚好证明了"理型"独立且客观存在的实在论观点，那么接下来，我会稍加介绍当代的其他诠释者是如何批评传统诠释的。

格拉博夫斯基三世在研究中指出，传统诠释之所以如此难以撼动，一方面是由于柏拉图的思想并没有用一套理论来系统地对"理型"加以说明，因此存在许多诠释的空间；另一方面是因为此诠释的来源非常具有说服力——第一个将柏拉图的"理型"与"共相"画上等号的哲学家正是他的学生亚里士多德。亚里士多德在《形上学》①第四卷当中批评柏拉图用"理型"来解决共相的问题，从此成为主流的理型诠释。

然而，柏拉图从未在《对话录》当中使用"共相"（katholou）一词（尽管这个词与概念都早已存在）。对"共相"的诠释并非完全无迹可寻，毕竟"共相"的理论条件，比如说内在于个体、独立存在、具有普遍性、稳定不随个体改变等，跟柏拉图"理型"的条件相同。然而，"共相"这个概念的使用环境十分特定且狭隘，若"共相"能够与"理型"画上等号，那么我们就无法解释为什么在柏拉图的《对话录》当中，认识"理型"必须通过严谨的辩证法，而不是通过所有简单的抽象综合能力就能够习得。我们也无法说明，"理型"作为知识的对象，其认识的是对象的"精髓"

———————————
① 中文简体版名为《形而上学》，《形上学》是中文繁体版的表述。——编者注

（essence ／ ousia），亦即传统上译为"本质"的概念。① 因为"共相"与"精髓"是两个完全不同的概念。"共相"的问题在于"性质的普遍性如何可能"，其解决的方式很简单：性质具有普遍性，因为有个普遍的存在叫作共相。但"精髓"所对应的问题却是"使某物作为某物的关键条件为何"，比如说，亚里士多德曾经将人定义为"理性的动物"，那么"理性"在此情况下就成为人的本质性定义，但"理性"很明显并不是人的共相，因为"共相"针对的是表象上的普遍性，换句话说：每个人都拥有大致相同的形体。

"共相"的问题如今已被淹没在哲学发展的潮流中，哲学思

---

① 关于"ousia"（即英文中的"essence"）的翻译问题十分棘手。"本质"的中文翻译采取特定的诠释角度，预设了"ousia"是实际存在于物的性质，然而在柏拉图的思想当中，ousia 所要回应的问题是知识与认知，而非存在的问题。"精髓"也许并非最为完美的翻译，但其成功避免赋予"ousia"任何实体、确切存在的预设。将"ousia"译为"精髓"并不是否定它的存在，而是将"存在"的定义理解得更为宽泛，避免"本质"的翻译让读者直觉认为"ousia"是一个存在于物体当中，确切可以找到的"性质"，好像一个化学元素在对象中能够被找到一样。

关于"ousia"的翻译问题，不只是中文翻译时的难题，这个诠释性翻译从希腊文译为拉丁文时就已经出现了。由于亚里士多德哲学系统是中世纪哲学传承的主要对象，因此许多重要希腊概念的翻译，都以亚里士多德的定义与使用为基准，这些翻译也都在亚里士多德的哲学观点下诠释字词所指涉的概念。"ousia"被译为拉丁文的时候，首先被译为"substantia"，字面上的意义为"在下方延展"，另又被译为"essentia"，此种翻译较为接近"ousia"，为"之所以是"的要素。"substantia"成为日后"substance"的概念，中文通常译为"实体"；而"essentia"则发展为英文中的"essence"的概念，中文多数译为"本质"。

"ousia"在古希腊文中为动词 be 的现在分词，相当于英文中的"being"，但英文的形态变化太少不足以展现差异，因此看不出"ousia"跟"存有"（being）之间的差异。分词的目的在于将动词形容词化，最终将动词、形容词转为名词，现在分词的特性在于描述一个动词正在进行的状态，因此"ousia"指的是使一个存在持续以其存在形式延展的关键。柏拉图与亚里士多德之间的关键差异在于，对柏拉图来说，一个存在最重要的不是其实体存在基础，换句话说，柏拉图认为存在不需要是一个东西，而是认知对象。因此，在柏拉图的思想脉络当中，"ousia"指的是让一个对象被当作某对象认知的充分必要条件，因此对"ousia"的认知展现为对此对象的定义，通过此认知一方面确立其本然，另一方面确立此对象与其他事物相区别的关键。比如说，如果"人"的定义为"理性"，那么理性正是界定人之所以为人的条件，同时也是人之所以与其他生物相异的关键。

想的发展早已不再将"性质"作为实体性存在进行讨论，转而从
"知性范畴"、"语言谓词系统"（predication）、"意识结构"等方向
来进行讨论。因此，对于柏拉图"理型"的诠释也出现了不同的
理论，有些将"理型"解释为"概念"，当代主流的诠释则用"谓
词"（predicate）的概念来解释柏拉图的"理型"思想。然而，不
管将"理型"诠释为"概念"还是"谓词"，都会跟"共相"诠释
一样遇到同样的难题：在柏拉图的思想中，知识难道只是找寻定
义？难道所有普遍性对象都具有"理型"？

如何理解与认识世界

不管是"共相""概念"，还是对"谓词"的诠释，它们的
共通点在于尝试在思想和思想指涉的对象之间建立一对一的对应
关系，因此盖尔·法恩（Gail Fine）认为所有思想或叙述的单元
都必须是独立、抽象、具普遍性的知性存在，并在这一基础上将
"理型"诠释为上述这些概念。[①] 然而，"理型"虽然是不可分割
的、独立的知性存在，却不是所有思想的基本单位。此处想通过

---

① 盖尔·法恩曾经将这种思考模式称作"经验主义模型"，并且认为柏拉图在《泰鄂提得
斯篇》当中特别用了一连串失败的论证来批评经验主义模型尝试对知识进行理解。经验主义
模型的理论不一定是经验主义，举例来说，主张"理型"与"概念"等同的人不一定支持经
验主义的理论，然而却可能用一种经验主义的思考模式来讨论知识的问题。简单来说，盖
尔·法恩指出，经验主义模型的思考模式倾向将思想的对象当作一个整体上不可分割的"东
西"，因此对此整体的认识必定也是一个不可分割的整体与其相互对应。举例来说，对红色物
品颜色的认识，必定要对应一个在整体上不可分割的"红"的概念，而不需要一个提供分析
综合的中介（intermedia）。进一步的讨论可以参考：盖尔·法恩在 1979 年第 88 期《哲学评
论》第 366 页上的文章《特埃特图斯的知识和逻各斯》；在 2011 年第 21 期《古代哲学与科学
杂志》第 105 至 146 页上的文章《思想论证的对象：形式与思想》；在 1979 年第 24 期《实践
智慧》第 70 至 80 页的文章《对"特埃特图斯"的错误信仰》。

一些柏拉图在《对话录》当中对"理型"的基本设定来重新推论应如何理解"理型"所扮演的角色。

在所有对"理型"的讨论与诠释当中，柏拉图对"理型"的其中一项界定无法被质疑："理型"是真实知识的对象。真实的知识，在柏拉图的思想当中，并非只是当下为真的命题。以"今天下雨"为例来说明，如果刚好今天下雨，那么这就是一个真命题，但对柏拉图来说，这个命题不管真伪都不属于知识，最多只能称得上是一个真信念（alethes doxa）[①]。真实的知识应当是没有偶然性的、必然且恒常为真的对象。既然知识是知性活动的其中一种产物，而知性活动所作用的所有对象，都必须有某种方法触及知性，否则一个无法想象、无法感知、无法推测，没有任何知性活动可以触及的东西，是无法被用来讨论其存在与否的。反过来说，在所有知性活动之内最为必然的、不可缺失的、最根本的对象，由于其在整个认知的领域中最为恒定，而且是使其他认知可以被理解的基础，因此必定最为真实，且存在的状态最为恒定。[②] 既然最为真实的认知对象对柏拉图来说非"理型"莫属，那么上述这些作为认知最必然且恒定的知性对象就是"理型"。

许多学者认为，柏拉图在后期，尤其在《泰鄂提得斯篇》与《辩士篇》中放弃了"理型"的概念，转而开始发展类似语言逻辑中

---

① 此处"信念"指的是古希腊文中的"doxa"，又被译为"见解"（opinion），但"doxa"在希腊文中特别强调"公共性"，也就是说，这不是一个"私人的""主观的"见解或信念，而是一个有公共认同基础的信念。

② 凯彻姆（Ketchum）的研究正是用知性的可靠性来说明为什么"理型"对柏拉图来说是最真实的存在，因为"理型"是所有知性可以拥有的内容当中最为可靠、恒定的对象。详细讨论可参考理查德·凯彻姆在 1980 年第 17 期《美国哲学季刊》第 213 至 220 页上的文章《柏拉图论真实存在》。

"类"的概念。[①] 然而,《辩士篇》中探讨的"五宏类"的问题事实上就是知性之域内部如何结构化的问题。换句话说,"五宏类"(有、同、异、动、止)每一个表达的都是一种"关系",而五类关系的排列组合作用在"理型"上就交织出各种混合的"类",所有"类"所构成的各种"综合体"就衍生出了所有思想可以指涉的对象。在此诠释下,"类"与"类的综合体"就不再是"理型",

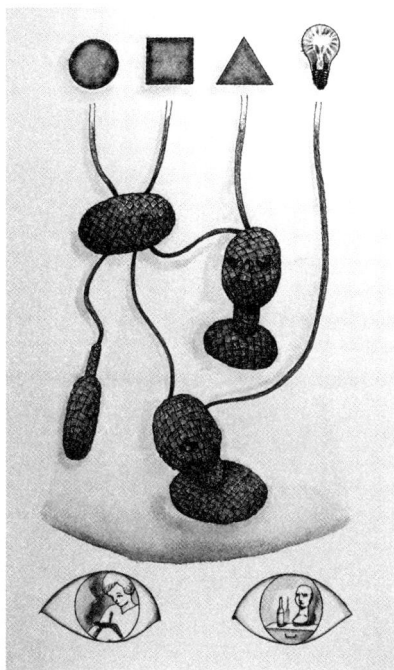

而是以某种特定关系结构所排列的"理型"的一个混合体,就像在"狗"的概念中必定混合了形状、存有、动态等"理型",才可能将"狗"理解为我们所认知的这种形状、形态的生物。

因此,若"理型"是知性内容当中最坚实、必然,使所有认知与思想能够实现的要素,那么"理型"就不再是一个与思想对象一一对应的东西,反而像某种滤镜,在特殊的组合之下,让我们通

① 当代不少学者支持这种诠释,认为柏拉图在后期放弃了"理型"的概念,不过反对此诠释的学者也有不少,因为他们在最常拿来当作证明的《辩士篇》之后的对话录中,又重新找到了"理型"的概念。以下这些文章可以帮助你对这种诠释有更进一步的了解:剑桥大学出版社在 2012 年出版的保罗·克里韦利的著作《柏拉图对谬误的叙述》;J. Z. 阿克里尔在 1957 年第 77 期《希腊研究杂志》第 1 至 6 页上的文章《柏拉图与聚合:智者 251—259》。

过它们来认识现象世界。在这个意义上，柏拉图才会说感性之域是混杂，而知性之域则是单一纯粹，因为所有感性之域的认识对象都掺杂着由多种特定结构、比例构成的一组"理型"的影像，而"理型"本身却像化学元素一般，是最单纯、不混杂的知性存在。简单用化学元素来做个类比，化学元素就如同"理型"，是最基础的组成，不能再继续分割，而水（H_2O）、氧（O_2）等则是特定关系下由元素组合而成的化合物，如同柏拉图所称的"类"，而一般的食物就是各种"类的综合体"。尽管此类比将"理型""类""类的综合体"做了简化，但仍能简单展现出三个层次之间从单纯到复合的差异。

对"理型"的此种诠释不但更符合柏拉图对于"真知"（episteme）的描述，同时也说明了柏拉图认为"辩证法"的"分析"与"聚合"是认识"理型"的唯一方法。因为"理型"独立存在，也就是说，"理型"不能通过与其他对象的相对关系来界定，所以对于"理型"的认识必须通过分析与聚合经验性或非经验性的复合思想，用理性（logos）的内部结构，最终将对"理型"的认知展现为定义对象，并说明其与他者差异的能力。

以一本对话录的导论来说，这里介绍的"理型"较为深入和复杂，我希望读者在阅读到"理型"的时候，能够产生有别于传统诠释的其他理解。

《费德罗篇》中的理型讨论：美为何物

《费德罗篇》中讨论的唯一一个"理型"就是"美"。读者也许会感到奇怪，既然《费德罗篇》多数的篇幅在谈"爱"，为何其中唯一探讨的"理型"却是"美"？这正好可以作为证明"理型"

绝非"共相"的一个论据，因为对柏拉图来说并不存在"爱"的"理型"。然而"爱"作为共相，在共相所预设的条件下必然存在。

"爱"之所以不是"理型"，是因为"爱"不仅内涵复杂，而且非理性，因此只能将"爱"界定为"疯狂追求美的欲望"，里面交杂了"疯狂"，因此有别于"理性""欲望"与"美"。在这个意义上，"爱"只能用它所引发的状态，它所激起的动力来界定，是一个必须依赖与其他概念之间的关系来界定的概念，而一个必须依赖与他者关系来界定的概念必然不是"理型"。然而，"爱"却是认识"理型"的必要条件，因为"爱"提供动力，而理智则提供追求的方向、目标、方法和动机。由于追求"理型"的认识是最高层次的追求，其所需要的动力也就最多，因此只有当爱累积了足够的能量，才可能去追求对"理型"的认知。

为什么追求知识也需要爱？对于柏拉图来说，所有不管主动还是被动的行为背后都有原因，所有主动选择的行动背后也都有动机，但是突破极限的坚持需要的不只是动机，更需要超出本来限制内的动力。如果所有行为都只是由需求被动地推着走，行为也只能称得上是"反应"。（即使行动有了选择，也有了经判断而确立的动机，若行动仍只是在欲望的推动下，在自己理性判断的限度内展现出追求，那么确实有爱与无爱也就没有什么差别了。）"爱"之所以成为讨论的主题，甚至成为哲学问题，不但是因为"爱"展现出的动力较为强烈，更因为它展现为一种达到疯狂状态的欲望，让理智疯狂追求超越既存限制：若所追求超越的是恒定的对象，就是追求卓越；若所追求超越的是随时都在变幻的物质，就是柏拉图所说的纵欲。"爱"因此成为"超越"的必要条件。

而追求真知，也就是追求认识"理型"之所以需要"爱"，是因为真实的知识对人类来说就是一种超越。柏拉图认为，若是将人的生命限制在一种舒适、不需要特别付出努力的状态下，人就会生活在表象当中，因为仅通过肉体，在没有任何分析下所认识到的就只有事物的表象，甚至是扭曲的幻象。尽管在表象当中，基本的理性能力会让人对事物产生特定的见解，但在这些见解上建立起的生活习惯就会成为自己生活的依赖。换句话说，习惯就成了自己的限制。活在表象当中的人，所有的对象和选择因为没有进行细致的区分与界定，所以都"差不多"。因此，对所谓实在与表象的区分，甚至是对认识对象与其他对象的区分，都成为在知性上必须付出的非生存必要的一种努力，因为只有这样才能够对习惯状态下的认知方式做出突破与超越。所以，当一个人所追求的对象越是超出自身的能力，就越是需要严格要求自己将追求的对象与其他事物进行区分，那么对追求本身必须付出的心力与意志力就会越多。既然"理型"是最为完美、真实且纯粹的知性对象，那么认识"理型"这个活动，就离人类习惯状态中的知性活动最为遥远，因此要完成自我超越所需要的动力就最大。换句话说，只有最为强烈的爱才有办法让人坚持自己的追求，而不半途而废。

柏拉图在《费德罗篇》中进行的十分精彩的讨论，并不是为了解释"爱"如何给予人动力让人追求愉悦，而是为了展示人为什么会追求超越。"美"被柏拉图定义为"爱"所追求的对象，换句话说，"爱"所引发的追求是因为受到了此对象的吸引，而产生这种吸引力的"主因"就被定义为"美"。在柏拉图的这种定义之下，关于"美"的最根本的讨论不涉及主客观判断的问题，只有启发的吸引力强或弱的问题。在这个意义上，所有吸引我们的对象，不管在其他人看来是美还是丑，只因为我们受到其吸引，就使我们用"美"来形容它。许多学者探讨过柏拉图选择将"美"作为"爱"的对象的原因，因为"爱"本身非理性，因此引发"爱"的原因必然不是理性的判断。"美"作为最为崇高的"感应"，因此成为"爱"的对象。也因为"美"所引发的是对惊艳与赞叹的感应，而惊艳与赞叹意味着此对象不在习惯的生活模式内，所以"美"实质上所引发的就是一种对"超越"的被动认识。换句话说，当我们惊讶或赞叹时，大多是因为对象不是我们习惯的事物，也就是说，此对象让我们见识到超越习惯的可能性。因此，"爱"是超越的必要条件；作为"爱"的主因，"美"就是使行动者认知到超越且欲求超越的关键。

不同于爱，"美"具有美的"理型"，正因为美所激起的是吸引，所以在爱被激起之后，理智就必须判断要追求的对象到底是真实的美，还是虚有表象，抑或只是扭曲的幻象。在《费德罗篇》当中，对于"美"的"理型"的认识十分重要，因为理智对"美"的认识决定了生命追求的对象，以及追求此对象所需要的行动。简单来说，理智对"美"的界定基本上决定了一个人的生命，因为它决定了生命追寻的方向。因此，"爱"也许非理性，也没有真假、对错、好坏之分，但这股动力要如何引导、导向何方、追求何物都取决于理智对"美"的判断是真是假、是好是坏。

回忆说：何谓真实的知识

"回忆说"是柏拉图的学习理论，探讨的是在学习的过程中，所谓"进步"的背后有什么样的机制。我在导论最开头曾经解释过，柏拉图继承了苏格拉底的思想，否定知识能够通过"训导式教学"习得，而只能在重在引导的"辩证式教学"当中达到真正意义上的学习，此主张的理由主要有二：第一、知识不只是正确的讯息；第二、没有理解的正确思想内容不能称作知识。在此前提下，柏拉图与苏格拉底认为学习只能通过对话实现，知识只能引导不能传授。除了以上对知识与教学的态度，柏拉图更进一步发展了这一思想，他将他的知识论（探讨何谓知识）与形而上学（探讨存有的基础）相结合，尝试让其思想内部的各种论题相互论证。因此，在知识论与形而上学的基础上，柏拉图将学习中的进步称作"回忆"。

当代语义中的"回忆"这一概念含有很多经验成分，因此"回忆说"让多数读者引起的疑惑也许会是：学习若是回忆，代表以前已经学习过了，若已经学习过了，那就不能称作学习，而只是单纯的回想了吗？若对应前文中对"灵魂"的误解，就可能会认为柏拉图的"回忆说"指的是灵魂前世曾经的经验可以通过回忆取得。然而，此般理解完全是对柏拉图哲学的误解。

"回忆说"要强调的其实是学习是一个理解"抽象"、攫取"概念"的过程。举例来说，当我们学习新的语言的时候，都会碰上无法简单对应到母语的词或句子，在学习这个词或句子的过程当中，多数人会先查字典或探询定义，然而字典所给的答案只是一个讯息，学习者并不一定能够融会贯通，因此学习者接下来会去留意使用这个词或句子的场合与实例，并从中界定使用场合与实例当中的共通点，以及其与相似词句的差异，最终界定出此词、句所要表达的概念。尽管此概念本身早已在一开始就蕴含在字典

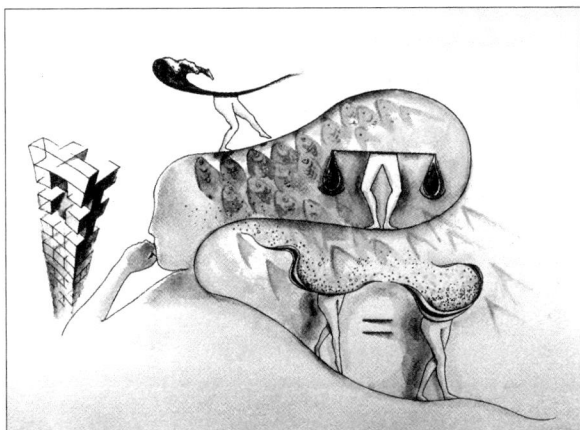

的定义当中，却要等到最后一步自己攫取，并且知道可以在什么
场合使用，如何与其他词进行区分的时候，才真正达到了学习目
标。就如同柏拉图在《斐多篇》中举的例子：在众多相等与不相
等的物品当中，推理出"相等"这个概念。换句话说，学习者在
"个体事物"的感知中，看出所有个体共同反映出的"知性对象"，
这个推理性思考的过程在柏拉图的思想当中就被称作"回忆"。

　　柏拉图之所以将学习的过程称作"回忆"，是因为"灵魂"
作为所有智能的来源，在坠落到人的肉体之前，早已"习得"了
知识。然而，"灵魂"所回忆的并非另一世当中通过经验所学习
过的知识，因为若"回忆"指的是"这个确切的灵魂"在前一世
的肉体当中通过感知所获得的内容，那么每个灵魂能"回忆"的
知识，按理来说就会有所不同，因为每个肉体所获得的内容不会
完全相等。由此可知，"回忆"最终要忆起的对象应该是灵魂在
附着在任何肉体之前，在知性之域中冥思"理型"所习得的真实

知识。

由此可明显看出柏拉图思想当中浓厚的理性主义取向。所谓"理性主义"，即主张"理性"的作用才是知识的基础，而非经验内容。此主张并非否定经验是知识的内容，而是主张若是缺少理性分析、抽象、理解的经验，那么所获得的就只是混杂的讯息，无法成为知识的基础。理性主义在对知识基础的看法上，最具代表性的特征在于对"先验知识"的肯定，认为理性内部必定先有"内在知识"，比如说不需要任何学习，人就必然拥有关于"比较"这个概念本身的知识，只有这样其才能够通过比较经验内容来分析出更多知识。柏拉图在《辩士篇》当中讨论过这个问题，他认为"五宏类"是所有认知必须依靠的基础，分别是：有、同、异、动、止（being, sameness, difference, motion, pose），由"五宏类"的交错关联来建构整体知识。

然而，柏拉图的思想比一般的理性主义理论更为复杂，因为这些所谓"先验知识"，不但是知识的基础，也是知识的唯一对象。换句话说，"回忆"的过程最终是以习得关于"理型"的知识为最终目标的。原因在于，感性之域中混杂了感知与物质干扰的认知，正如前文对知性之域与感性之域的说明一般，这些不纯粹知性的感知都只是映着知性之域的影像，如同镜片映射出的千变万化的感知对象一般。《费德罗篇》中所描述的，正是灵魂如何在千变万化的美丽事物中"回忆"起"美"自身为何。

尽管到了当代，仍然有诸多关于"回忆说"的诠释，有学者强调，由于"回忆说"的对象是"理型"，因此"回忆"只限于说明哲学反思的活动，而一般学习、理解或思考并非"回忆说"

试图解释的活动。① 也有学者反对此种诠释，认为"回忆说"所涉及的学习包括哲学反思和日常学习，只是"回忆"的层次有所不同：日常学习主要将个案、个体的认识对象联结到抽象的概念中；而哲学反思所探讨的则是这个从个体到抽象概念的操作本身会在何种机制和基础上实现。② 除此之外，还有学者认为，柏拉图的"回忆说"不只是学习理论，更不只与知识有关，还与道德行动的动机有关。③ 而《费德罗篇》中对"回忆说"的讨论与运用刚好印证了"回忆说"与"动机"之间的关联。

　　《费德罗篇》中并没有解释"回忆说"的理论基础，只是用大量的描述来呈现灵魂如何在美的经验当中领悟美最为核心且不可动摇的内涵。柏拉图在对话中借苏格拉底之口主张影像跟其所反映的实在之间存在着"家族气息"的关系。换句话说，美景、美酒、美食跟"美"的理念之间，必定存在着某种相似关系：一来它们让我们将其都称作"美"，尽管每个对象之间的差异性极大；二来它们让我们在正确进行自我对话的前提下，从美的事物中探问美为何物。读者也许会感到疑惑，"美"如果只是一种主观感受，那么每个人感知美的对象自然会不同，所见识的"美"之间完全没有任何相似性也不奇怪。然而，我们所说的"感受"，对于柏拉图来说，等于一个被动引发的感应，而"美"也许指称的是一种可以与其他感应相互区别的状态。换句话说，被每个人认为美的对象之间也许毫无共通性，甚至相互矛盾，但这些对象在每

---

① 多米尼克·斯科特：《回忆与经验：柏拉图的学习理论及其启示继任者》，剑桥大学出版社，1995。

② T. 威廉姆斯：《柏拉图回忆说的两个方面，古代哲学与科学杂志，2002（35）：131—152.

③ I. 特伦斯：《回忆与柏拉图的道德理论》，形而上学评论，1974（27）：752—772.

个感知者身上所引发的状态，是有相同的基础的。

《费德罗篇》探讨"美"及如何"回忆""美"的"理型"的目的在于为广义的欲望提供一个理论基础，并用此欲望理论来说明人的行动都是为了追求所欲。然而，所有灵魂天生都欲求"美"，因此被我们用"美"描绘的事物总是那些"吸引"灵魂的对象，因为吸引所以追求，因此每一个行动都会展现出行动者追求什么、被什么吸引。换句话说，若每一个行动都有动机，除了目的性、有意识的"意图"之外，所有有知性判断与选择的行动都是由于被"美"（kalos）吸引，而追求"善"（agathon），最终希望生命得到"幸福"（eudaimonia）。引发"美"这种赞叹的对象也许有很多，如美丽的脸庞、躯体、个性、思想等，然而，理智必须判断这些对象当中什么才是真正的美，哪些又只是美的表象，甚至假象；而在美的吸引下，什么才是"善"所对应的追求对象，是利益、钱财、名声，还是德性。

由此可见，"回忆说"在《费德罗篇》当中的重要之处在于，只有"回忆"起真实的美，拥有关于真实的美的认知，才有能力判断必须如何行动；何种对象或价值才是追求的目标；在一连串追求的行动中展现出什么样的生命：是体现正义的生命，体现对智慧无限追求的生命，将欢愉视为善而追求享乐的人生，还是……换句话说，每一个选择，是有意识的选择也好，习惯驱使也罢，都反映着行动者对于"真""善""美"的理解，"真"意味着对何谓"善"与何谓"美"的判断如何自我证成；"善"意味着其人生追求的目标被理解为何种对象；而"美"则展现行动者受什么对象的吸引。在此脉络下，柏拉图的"回忆说"在《费德罗篇》中确立了其"知行合一"的论点，为其"知识论"与"伦理学"的思想搭起了桥梁。

修辞学与诡辩

　　修辞学是一门非常古老的学问，指的是"演说技艺之学"。由于这门技艺在古希腊社会中十分重要，因此许多思想家都对此有所讨论，而柏拉图的弟子亚里士多德更撰写了结构非常完整且严谨的修辞学分析。柏拉图并没有针对修辞学建立理论性思想，尽管他在《对话录》中运用了大量修辞技巧（《费德罗篇》则是少数未使用大量修辞技巧的作品之一），他还解释了真正的修辞学在什么样的分析基础上才能称得上是一门学问。柏拉图没有对修辞学特别立论，其对修辞学的批判多过立论的原因在于柏拉图对自己那个时代的修辞学非常厌恶。对柏拉图来说，修辞学之所以没有丝毫重要性，是因为这并非一种探讨真伪的学问，相反，这是一种旨在说服他人的工具。而柏拉图对修辞学的排斥有一部分原因是修辞学和诡辩（sophistry）之间的亲近性——若是不能谨慎使用和发展修辞学，修辞学就会与诡辩同流，而诡辩正是柏拉图毕生抵制的对象。

　　柏拉图在《费德罗篇》中对"修辞学"所下的定义为"用文字驱使灵魂的技艺"（261a），可见柏拉图认为修辞学的目的在于"说服"，因为其要驱使灵魂朝着特定的意见或信念前进。"说服"，即用特定的演说技巧让听众赞同十分特定的内容，但这个原则发展到极致，就不再只是让听众赞同特定的演说内容，而是让听众对演说者的所有话语都信以为真，也就是所谓"诡辩"。柏拉图反对"说服"或"教授"的概念，正如前文所述，柏拉图否定知识可以被传授，而认为只能引导学习者自我探讨，那么"说服"对于柏拉图来说便是从意图上就与独立思考、探索真理背道而驰的。柏拉图之所以排斥修辞学，还因为修辞学所钻研的对象是语言影响灵魂的能力，而柏拉图认为语言之所以能够操纵灵魂，是因为语言的存在就是影像，运用语言就是创造影像，而影像能够引发情感与感受。因此，如果"说服"存在，代表语言所创造出的影像可以混淆实在，可以让听众将讲话者语言中所创造出的影像当成实在，若讲话者有良知，所言并不扭曲实在，那么听众最多相信了一个忠实反映实在的"信念"；若讲话者无良，天花乱坠地扭曲实在，那么就等于创造了一个扭曲的虚幻世界，迫使听众信以为真。

柏拉图在《费德罗篇》中详细说明了修辞学展现的影响力，甚至说明"误导"听众的关键在于创造表象上的"相似性"，也就是说，当我们对特定对象没有精确的认知与理解时，对象所呈现的形象其实十分模糊，且与许多其他东西相似。此相似性并不是物体本身相互接近，而是我们缺乏认知的印象所撷取到的只是聚集在一个称呼下的一些零碎的特征。《费德罗篇》中举了一个"指驴为马"的例子，当我们对驴和马都没有真正的认识，也就是不知道如何定义并区分驴和马的时候，别人若选择性地将马描述为"能负重、温和、有鬃毛"，我们脑海中所浮现的形象就会跟我们对驴的模糊认知下的形象相符合，在这个前提下，话语所创造出的影像就可能误导我们。若具体的物体都能够产生误导，那么抽象的概念或价值就更容易在话语的编织下将片面的定义当作知识，整部《费德罗篇》其实都在讨论片面对一个对象的描述为什么能够让听众相信。

然而，如果语言本身如同影像一样，是中介的存在，更是让人信假为真的关键，那么是不是应该停止使用语言呢？柏拉图在《费德罗篇》中特别说明，话语或写作本身，无所谓好或不好，但运用话语与写作的方式，就有忠实于实在与扭曲实在的区别。在此意义上，在创造影响时（即便是虚构的文学创作），如果影像本身并没有扭曲实在，那么此作品就如同一个陶瓷工艺作品一样，单纯地呈现了实在的部分结构。由此看来，柏拉图眼中的"实在"除了绝非经验性的事实或事件外，更不是"内容"，而是结构。前文已经说明，柏拉图定义下的真实实在是"理型"所处的知性之域，换句话说，就是知性活动最稳定且所倚赖的基础。因此，尽管"理型"存在于所有思想对象当中，但思想对象却因为是混合的结果，所以其数量远远多过理型本身。在此意义上，柏拉图区分了"真"与"实"，假设只有理型是既"真"又"实"的存在，其他思想内容却能"真"而"不实"，那么真正的"实在"也许不是人类的知性可以穷尽与掌握的，但知性实在的结构却可以忠实地被人的理性呈现出来，因此也能够在思想、语言、文字当中忠实呈现。就如同一栋房子的模型可以忠实呈现这栋房子本身的结构——特定比例与组合，而模型本身却无法呈现房子的内容。这个问题在《辩士篇》中有非常详细的讨论。

由此可见，柏拉图对修辞学既有的敌意在于，修辞学重影像而非实在、重感性的效果而非理智的能力，而修辞学跟诡辩之间的连续性，更彻底让修辞学站到了哲学的对立面上。在《费德罗篇》中，柏拉图借苏格拉底之口讨论当时修辞学所缺乏的哲学分析基础，看起来像是对修辞学进行改革，因此许多学者认为柏拉图试图提出自己的一套修辞学理论，但并非所有学者都认同柏拉图修辞学的存在。[①]

---

① 布拉德·麦克阿邓在其研究中论证了柏拉图不曾试图建立自己的修辞学，因为这样会使哲学家与修辞学家之间的界线更加模糊。相关内容可参见布拉德·麦克阿邓在 2004 年第 23 期《修辞评论》的文章《柏拉图在〈费德罗篇〉中对修辞的遣责》。

　　柏拉图在《费德罗篇》当中批评了传统的修辞学主要钻研哪种风格、论调能够引发哪种情怀、情感，因此针对容易被愤怒触动的听众，就要用引发仇恨的言论；针对容易泛起同情、怜悯的听众，就要用激发同情的言论与风格。柏拉图认为，这种修辞学不但背后缺乏真实的知识基础，更会引导听众注重情绪反应而非认知理解，这样的技艺根本不能被称作学问，充其量只是伎俩。然而，柏拉图似乎认同所有人的灵魂有着不同的倾向，因此我们可以按照灵魂对感知的依赖度、知性的敏锐度和训练程度等不同要素的排列组合对灵魂进行分类。同样地，言论也能够按照说理方式的不同分出不同种类，以此找出最适合某个种类灵魂的言论类型。《费德罗篇》中的确讲述了这个用不同言论类型来面对不同类型的灵魂的修辞法分析，然而，问题的关键在于柏拉图是否将这个分析称作修辞学。

　　《费德罗篇》中的言论—灵魂类型分析的分类关键在于灵魂的思考和理解方式，言论的陈述和论证方式，以及两者之间的互动关系。如果柏拉图想要强调的是，每一个人的理解方式不一样，那么引导理解的方式应该要根据每个人的理解方式有所不同。然而，若言论的目的在于"认识"和"理解"，那么修辞学就不再是一门"说服的技艺"，因此严格来说这与修辞学的定义不完全相符，尽管两者都涉及"表达的方式"。这一套灵魂类型与言论类型的分析方法看起来更符合柏拉图在《泰鄂提得斯篇》一开始所提到的"知识的助产术"。在《泰鄂提得斯篇》中，柏拉图借苏格拉底之口描述一般产婆会根据产妇的状态，选择用歌声或特定的姿势来帮助产妇减轻生产的疼痛，这样的描述似乎更加符合《费德罗篇》对灵魂与言论类型进行分析的意图与目的。在此意义上，柏拉图对于修辞学的态度似乎在所有对话录当中都十分一致，即将哲学与修辞学确立为两相对立的活动。

辩证法

如果柏拉图想通过哲学家与修辞学家（或者辩士）之间的对立，来描述哲学与修辞学之间的差异，那么，修辞学就成为柏拉图确立的一套方法的对立面了——这套方法就是"辩证法"。柏拉图认为辩证法是习得知识的唯一方法。与其将辩证法看作一种科学方法，不如说其根本上是一种厘清、组织思想的方法。柏拉图是第一个尝试将辩证法确立为一套方法的哲学家，在往后的哲学史上，"辩证"的概念被许多哲学家，例如康德（Immanuel Kant, 1724—1804）、黑格尔（Georg Wilhelm Friedrich Hegel, 1770—1831）、马克思（Karl Marx, 1818—1883）等人运用过，但每个哲学家的辩证概念看起来差异很大。此处借着回到辩证法的起点来理解并说明"辩证"的概念基础为何。以下将分为三个部分来说明柏拉图的辩证法：首先，说明辩证法的起源与发展；其次，讨论辩证法的定义与运用，以及在《费德罗篇》当中的案例；最后，讨论辩证法与逻辑之间的异同。

辩证法的起源与发展：思想是灵魂与自我的对话

"dialectic"（辩证法）的词源是"对话"，基于许多学者的研究，"辩证法"是柏拉图将苏格拉底的对话方法加以发展和结构化而建立起来的思辩方法。[①] 学者们之所以认为辩证法是柏拉图经过长时间修改所提出的思辩方法，是因为"辩证"一词随着《对话录》的撰写与发展，发生了一些重要变化。在较为早期的一些对话录当中，关于"辩证"一词只有松散的描述，且将辩证法呈现为一个自我"提问"与"回答"的过程，至于提问及回答的方法与形式，柏拉图都没有进行进一步的界定或讨论。我们从许多对话录中可以看出，"辩证法"一词的意义和相关描述出现了转变，开始比较明确地将分析"一"与"多"及"同"与"异"的差异放在一起讨论。《费德罗篇》是第一篇明确将"辩证法"定义为"分割与聚合"（division and collection）的对话录。

若仔细省视就会发觉，柏拉图的辩证概念其实一直都没有脱离它的"对话"起源。因为柏拉图认为话语或理性（logos）的核心就是"辩证"。"logos"在希腊文中最常用的意义是"话语"，但它同时还有"理性"的意思，代表延展出来将元素综合成完整意义的能力，因此"话语"跟"理性"在古希腊哲学当中有着密切的关系。柏拉图在《泰鄂提得斯篇》和《辩士篇》当中都声明过"思想是灵魂与自我的对话"。这句话展现的不只是"思想由语言结构呈现"，更重要的是点出"思想的活动是在一个近似对话的动态"，即在找出判断、自问判断是否有效、检验判断、重新判断这一连串的活动当中展开的。在这个意义上，不管思想是否主要形成于对话的形式当中，两人的对话本身已经是双

---

① 关于柏拉图辩证法与苏格拉底对话的关系可参考以下研究：2002 年弗林哲学书店出版的莫妮克·迪克萨特的著作《柏拉图的对话录》；1980 年第 17 期《美国哲学季刊》第 281 至 289 页上米歇尔·迈耶的文章《辩证法与质疑：苏格拉底柏拉图》。

重对话的结果了。

既然理性是人类掌握知识的一种结构，而理性的结构又从对话而来，那么要认识理性的结构且进一步加以运用的话，就要找出"对话"中最为核心的、能促使认知进步的动态结构。在此问题的脉络之下，柏拉图所发展的辩证法就旨在完善思想的对话的动态结构，而此动态结构则通过一组操作——分割与聚合——展开。

辩证法在柏拉图思想中的角色

尽管"辩证"这个词几乎充斥于柏拉图的所有对话录当中，但它却并非一个发展成熟，定义与方法都有严格界定的概念；相反地，若我们仔细检查每篇对话录当中使用"辩证"一词的段落，就会发现每篇对话录对辩证法的论述与结论都不太一致，因此后世仅能确定一些十分抽象而笼统的关于"辩证法"的界定，比如说前面所述的分割与聚合。

我在此尝试从几个方面来切入，希望能让读者对柏拉图辩证法有较为全面的理解，遂用几个问题来引导讨论辩证法的定义：1. 辩证法的目的为何？ 2. 辩证方法为何？ 3. 辩证法的适用对象为何？ 4. 辩证法如何运用？尽管每个问题在哲学史上都尚有争议，但概观这些争论与提问，却能帮助我们掌握柏拉图赋予辩证法的定位。

辩证法的目的

在《高尔吉亚篇》（*Gorgias*）中，柏拉图首次清楚地将辩证法的目的界定为研究定义：厘清研究对象为何，此对象的本然如何界定。如前文中提过的，整个苏格拉底哲学和柏拉图哲学的核心就在于研究何谓某某（ti esti）。柏拉图所说的"定义"并非字面上的定义，因此不像随便翻开一本字典，每个字似乎都有多种定义，并会将所有文献中对这个字的使用整理成几种不同字义。辩证法所搜寻的，是对事物实在的定义，换句话说，"何谓正义"问的并非"正义"一词的语义为何，而是该如何掌握"正义"这个对象的本质。因此，"定义"不同于今日较为狭义的界定，而是柏拉图眼中所有科学研究的对象，因为只要掌握了事物本然的定义，就掌握了对实在的理解。

然而，尽管柏拉图清楚明了地说辩证法的目的在于定义事物，后世学者却无法确定这个最终定义所寻找的到底是什么。换句话说，事物的定义所掌握的是本质、本性、"理型"、所有性质的集合，还是概念呢？直到今日，各派学者对此的争议与诠释都尚未有定论。

传统的诠释均强调柏拉图辩证法的目的在于认识"理型"。先不论"理型"的讨论本身已经有很多分歧，将"理型"设定为定义的对象又引申出许多无法说明的问题。如果掌握事物实在的重点在于用定义来掌握其"理型"，那么代表所有能够定义的对象都有自己独立的"理型"存在；若"理型"能够被定义掌握，即"理型"能被定义限定在一个范围之内，那么"理型"就并非超越的知性存有，这样得出的结论遂跟此诠释传统的前提相矛盾。然而，如果掌握事物实在的核心等于掌握其概念，而定义展现的就是概念的定义，那么概念在历史上的浮动与改变，是否反过来凸显了在此脉络下的辩证法丝毫没有能力掌握相对稳定的实在？概念意义的转换就必然推论出后者将全然取代前者，这也使概念系谱学的研究失去意义。如果事物实在的定义就只是所有对此对象描述的总集合，那么这样的定义既无法符合任何一个对象，其内部也充斥着相互无法融合的元素。由此探讨看来，辩证法所要找的定义既要能掌握一个稳定的实在，又不能指涉一个独立存在且外在于知性运作的实体，而以上这些提议都无法同时满足这两个条件。

辩证方法

前文中提到了柏拉图将"辩证法"界定为"分割与聚合"，"分割与聚合"看似简单，令人很难想象其可以作为一种思辩的方法论。柏拉图并非试图找出一套只要套用就必然能获得知识的机械性操作守则来作为方法，而是要找出我们日常思想、理解、学习过程中最核心的动态结构，让我们有意识地将此动态结构视为操作方法，促进思想活跃。

柏拉图在《辩士篇》中进一步论述了"分割与聚合"就是将相异的分开、相同的聚合，看似极度依赖直觉，却是知性运作最根本的结构。换句话说，辩证法等同于思想的运动形式。"分割与聚合"其实蕴含了否定与肯定两种能力：否定两者之间相等，肯定两者之间的关联。当我们把日常的思考过程当作案例进行分析时，就会发现"分析"的工作在于"区别差异"，例如在同一个现象之上由"性别"造成的差异，或是由"阶级"造成的差异。若一味地"分割"，那么认识的所有元素都会被切割成相互没有关联的独立个体，因此还需要"聚合"，即将互有差异的元素重新联结起来。举例来说，比如"性别"的概念：尽管首先是从分割开始的——不管是从生理差异还是从社会角色差异上进行分割——但若被区分的个体之间没有任何关联，那么"男""女"就跟"男""树"一样，不存在"性别"的概念。因此，在分割之后，要想理解分开的元素，就必须检视这些元素在哪些方面"相同"，进而可以"聚合"成一个整体。

柏拉图对辩证法的描述在各个方面皆摒除了将"理型"作为定义对象的可能，原因十分简单：如果"理型"如柏拉图所言属于超越人类知性的知性之域，那么超越人类知性的存有，又如何能够被人类知性拿来分割与聚合？既然"理型"是纯粹而非复合的知性单元，又如何能是"聚合"的结果？"分割与聚合"作为辩证法暗示了这一定义所掌握的不是一个东西，而是一组关系，也就是说，"分割与聚合"这一方法旨在厘清认知实在所处的"关节"（articulation）。

辩证法的适用对象

辩证法在早期的《对话录》当中多半只注重"分割"的部分，直到中后期才逐渐确立出"分割与聚合"两个部分。然而，不管怎样，关键的问题在于，知性在运用此方法的时候分割的是什么？聚合的又是什么？这些问题也许是整个柏拉图辩证法中诠释者探讨得最多又最令其争论不休的难题，而操作对象的问题又跟第一部分当中提到的定义对象不谋而合，这也使讨论变得更加复杂。

不少诠释者仍然坚持适用对象为"理型"的可能性，然而，就如前文所述，"理型"若能被分割重组，逻辑推论上就不可能是独立自存的知性存有。这是否代表真实实在的超越"理型"根本不可能被认知？柏拉图在《辩士篇》当中讨论了这个看似进退两难的问题。这个问题的困境在于，如果我们认为认识"理型"代表"理型"必须作为认知客体，那么"理型"就必然会"被限定"，既然"理型"能够被限定在一个有限的思想单位中，那它就如同概念一般，并非超越存有，如此一来，整个认知体系就没有一个稳固的"实在"作为依靠了。若存在超越且恒定的实在，便会存在出有限智能无法掌握的超越实在；否定有超越且恒定的实在，一切认知就只是相对于其他认知的相对知识。

在《泰鄂提得斯篇》的第二个知识定义当中，柏拉图也展现了上述这个两难困境：如果我们认为认知的对象是一个独立的个体，唯有这个独立个体可以提供所有认知内容，那么就只有两种可能：一是我们拥有整体知识，而且这个知识不可分割且无法分析，不容出错；二是我们没有任何知识，甚至连稳定的思绪都没有，一切都只是一个相对且瞬息万变的念头，连意义都无法附着在这些念头上。在这一假设下，柏拉图强调：所有认知活动都在思想（dianoia）的层次中出现，因此，所有认知的对象都是在思想中"再现"（represent）的影像，而影像呈现实在的忠实与否取决于各个元素之间的特定关系。例如"善"与"恶"在理念上的对立关系，"善"与"正义"之间的从属关系等。由此说来，知识的来源仍然是"理型"，但认知操作的对象却是思想中再现的"理型"，如同操作模型一般，对于模型的切割重组并不影响本体。而对模型进行切割与聚合时，不同的排列组合会编织出不同的思想单元，用柏拉图的话来说就是分析或综合出不同的"类"。由此，思想掌握的就不是"理型"本身，而是"理型"之间的结构，也就是"理型的关节"（articulation of forms）。在此意义下，辩证法最终定义的是一个网络的节点，这个节点不但必须厘清它自身的独特核心界定，更需要厘清使它成为节点的关系网。举例来说，在《费德罗篇》当中，"爱"的定义同时界定了其核心：追求美的非理性冲动。这个定义更厘清了爱、美、非理性、冲动等元素之间的特定关系，若其中有一个关系发生改变，整个定义的对象就会跟着改变。

辩证法如何运用

汉斯－格奥尔格·伽达默尔（Hans-Georg Gadamer, 1900—2002）在《对话与辩证》[①]一书中诠释了柏拉图的部分对话录，且探讨了"辩证"的界定与操作，他认为柏拉图的辩证法涉及两种操作方式：概念分析和对反思想。前者明显指的是上文所说的"分割与聚合"，而后者则呼应了多数人听到辩证法的第一个联想：正题、反题。两种操作方式明显遍布于柏拉图的每篇对话录中，在《费德罗篇》中更是缺一不可。在《费德罗篇》中，苏格拉底提出了两篇言论，后一篇又驳斥了前一篇。如果我们称前一篇为正题，将爱视为一种负面疯狂，那么后一篇就是反题，强调爱是一种"神圣疯狂"。除此之外，苏格拉底明确地对爱的种类进行了概念分析，对疯狂的种类进行了分析，对写作的种类进行了分析，因此不管哪一种运用方式都能在《费德罗篇》当中找到。

---

① 汉斯－格奥尔格·伽达默尔：《对话与辨证：柏拉图的八大解释学研究院》，耶鲁大学出版社，1980。

问题在于，伽达默尔所注意到的这两种运用方式到底是两种独立、相互无法化约的运用，还是两者实为一体两面？

辩证法的使用基本上就是在检视被讨论的对象，若对象在思想中所呈现的状态有内部不均质的状况，那么我们就可能能够找到内部差异，而此内部差异就会成为"分割"可能产生作用的关键。因此，"内部矛盾"正是推动思想进一步分析的动力之一，在有内部差异的前提下，就有可能从整体"分割"出不同元素。由于"分割"的前提在于"内部矛盾"，因此最容易进行的分割往往出现在最极端的差异之间。举例来说，在《费德罗篇》当中被我们称为"爱"的状态，同样冲动且不理性，但有些展现为盲目纵欲，有些展现为自我突破。在"爱"的主题上所展现出的内在矛盾其实就在爱所展现出的正反相对的效应当中，因为差异最大，所以分割最容易产生。由此可以推知，对反思想其实正是概念分析进行的初步探问，换句话说，正因为被讨论的对象纷纭多义，分析的切割点才最容易发生于对反论题上。也是在这个意义上，辩证法与"逻辑"有着根本上的差异，因为"逻辑"只负责推论之间的有效性，但辩证法却在尝试无限推进人类理解实在核心的边界——不管是向上统合出更抽象的概念，还是向下分析出更细微的区别。举例来说：在《费德罗篇》中，苏格拉底对爱所下的第一个定义本身在逻辑推论上完全有效，因为前提、推论与结论之间的涵盖关系有效且自我融洽，但该定义却仍然偏颇不全。原因并不是这个定义的内部和支持定义的推论有误，而是结论本身画地自限，忽视了某些元素跟既存定义所蕴含的元素之间的紧密关系，因此逻辑推论无法成为思想发展的动力，只能是思想演绎的规则。

辩证法除了分割出从属类型，也通过检视不同元素之间所享有的"共同"关系而认清了相异的元素是在什么基础上"聚合"为一个整体的。就如同将红色分割为一系列不同的红色，但同时认清了这些红色在什么基础上共同属于红色一样。

这套方法也许简单，却在从最为具体到最为抽象的两极都可以发现它的踪影，因为柏拉图认为此定义下的辩证法就是智能运作的机制，而智能所蕴生出的所有复杂思维都只是极度复杂的排列组合的结果。也就是说，我们创造出的概念越多，排列组合就越复杂。在所有思想的发展当中，对于"颜色"概念的发展最为明显，并且简明地展现了辩证法作为思想的动态结构，以及拓展思想的复杂程度。

《费德罗篇》中运用了大量的辩证法，例如在对灵魂三分的讨论中，在动力内部的不同方向上，灵魂内部被分为了三股势力，另外又从启动与被动的维度上将理智与情志分开。然而，如同在解说灵魂的段落中所述，三股势力在作用对象、互动关系相同的层次上，同属"灵魂"。因此，辩证法并非只是"分类"的方法，更重要的是每个元素之间、元素与类之间、类与类之间的关系界定。正是在所有认知对象之间进行的层次分析与关联，才让我们认识到性质之间存在的关系的规律，比如说，重量与体积通过密度相连。

因此，辩证法不但强调知识是动态的结果，更预设了在知性的不断分割与聚合下，认知对象内部的矛盾构成的对反关系。由此可以理解，辩证法在哲学史上有如此众多不同的理论与运用，其核心的定义在于：以内在矛盾为动力的动态关系。不管此矛盾是"主客关系"（黑格尔），还是"生产模式与生产关系"（马克思），辩证法强调的都是内在异质造成的翻转的动态。回到柏拉图的辩证法，因为内部有矛盾、不均质，所以能进一步区分、进一步聚合，由此，认知的阶段性极限便展现为两种情况：眼下无法看出内在矛盾；异质没有能力统合。前者是一个时代所认定为真的知识，而后者则显现为时代所无法消解之悖论，两者共同划出一个时代的认知极限。

认识自己与命运

　　"认识你自己"，这一句给苏格拉底的神谕看似简单，在《费德罗篇》中也只是轻描淡写，却是决定一个人的生活方式，甚至命运的关键。在 248d~248e 之间，苏格拉底讲述了一段极为隐晦难解的灵魂九世轮回神话，这九世分别为哲学家、国王、政治家、运动员、预言家、诗人、工艺家、诡辩家及暴君。极少有学者能解释这个充满神秘主义色彩的段落，因为《费德罗篇》本身没有解释九种轮回，只暗示了在此九种人当中，哲学家最为接近灵魂本初的模样，而暴君则离灵魂本初的模样最远。我希望在此处给读者提供一种理解灵魂九世轮回的方式，将灵魂所爱、所求与此种追求所导出的生活方式跟灵魂的自我认识相互联结，以此说明，柏拉图此处的轮回神话代表着不同自我认识引导出的不同的生活方式，最终，不同的生活方式自我造就了九大类命运。

自我认识、自我追求、自我成就

　　"认识你自己"这句话在苏格拉底思想中的代表性与著名程度，大概如康德那句"勇于运用理性"一样响亮。然而，苏格拉底到底为什么要强调"认识你自己"？这么简单的一句话又为什么成为浓缩了苏格拉底哲学思想及柏拉图哲学思想的金玉良言？而"认识你自己"又与《费德罗篇》的主题"爱"有何关联？

"爱"在哲学史上之所以一直有着出人意料的重要地位，是因为"爱"在主动与被动之间、在理性与非理性之间，就如同车轴般是引领方向的关键。爱之所以被动，是因为我们别无选择，一股热情袭来，毫无理性可言。然而，爱所引发的热情在第一时间也许被动、不理性，但这股感受却是在知性运作之后，才将引发这股热情的那一端理解为某一个对象的。如同将一股热情倾注于一人后，他也许要过一阵子才知道，故其爱的对象其实是那个人的外表或性格。爱的感受来去无理，爱的对象为何、爱所引发行动追求的对象为何，却是理性可以理解的。我们厘清、判别爱的对象的依据就决定了我们每一个行动所投射的目标，如追求外貌姣好胜过其他，那么理智自然就将行动导向外貌追求，并实际转化成为我们看自己、看别人的眼光，以及每个消费行为、品位和志趣所在。

《费德罗篇》中的九种生活方式：
所追求之物决定了自己的人生

《费德罗篇》中最富神秘色彩的段落，就是描写灵魂旅程和轮回的段落，以下就是这个让世代研究者最为头痛的段落：

依照规则，灵魂在第一次轮回的时候〔248d〕，不能随便附着到野兽身上，而那些本来知晓最多真理的灵魂，（坠落时）化为孕育人的种子，培育出那些受智慧吸引、受美吸引、受缪斯女神或欲爱之神启发的人（哲学家）；而到了第二轮，灵魂所播种的对象，将孕育出受秩序吸引的国王、战士和领导者；在第三轮，则会孕育出政治家、管理者或喜好钱财的人；第四轮，喜好体能活动、重视训练或保养身体的人；〔248e〕第五轮，那些以预言维持生计，或从事预言的人；第六轮，诗人，以及所有玩弄拟象的人；第七轮，所有从事工艺、农业的人；第八轮，辩士与煽动者；第九轮，暴君。

　　读者在阅读《费德罗篇》时必须时时提醒自己，这一篇章中的所有关于灵魂的讨论都是用神话的体裁进行的，因此字面上的意义就不是解读的唯一方式，在此我要提出一个用对话录元素来理解灵魂九世轮回的方法。

　　一开始探讨灵魂时，苏格拉底便用马车的形象来说明灵魂内部的三股势力：理智、情志（意志力所在）与欲望，理智判断追求的对象为何，情志下定决心，而欲望则倾向追逐欢愉享乐。同样受美的吸引，有些人选择追求表象，有些人认为秩序是美，有些人认为财富是美，有些人选择享受发肤之美。生命中追求的对象不同，生活的开展便也各有其方式。若我们仔细分析，就可以发觉这九种人分别代表着九种生命追求所开展的生活方式，这说明了灵魂主导的部分不同、追求的对象不同、对象所体现的样貌也不同。

　　首先，当灵魂的理智为生活主导，以探索知识为引导生活的方向时，由于热爱智慧，因此其每个行动都以追求智慧为偏好，这样的生活方式就是哲学家（爱智者）的生活方式。其次，若情志主导灵魂，与探索何谓真善美相比，更偏好将既存真善美的定义执行并加以实现，其执行便是遵守了某种原则，可将此原则解释为抽象的天道。执行天道、领导人群者为国王；执行天道、运筹帷幄，进行物质分配者为政治家；执行天道于自我形体者为运动员。此三者分别代表了三种生活方式，这三种生活方式是通过以"规范"为追求对象，分别落实在人、物、自己的身体上而划分出来的：以治理、领导为优先者代表国王的形象，以分配财物为偏好者代表政治家的形象，而以规范自我身体能力为生活首要者则代表运动员的形象。再次，同样追求"法则"，不同于贯彻法令在某个对象身上，还有其他以实践为追求法则的生活方式。也就是说，追求这种生活方式的人的活动不在于巩固法则，而是每一个活动的产生都针对特定程序。因此，遵照规则而以此产生话语者生产预言——因其描述未发生之事，故遵照规则生产影像者为诗人（柏拉图眼中广义的艺术家），遵照规则生产物品者为工艺家，假装遵照规则而生产幻象以惑人者则归属于诡辩家。这些人物代表的都是某种类型，而非特定的职业，就如同在当今社会中，生产幻象者可能是舌灿莲花的销售员或名嘴，占卜师对应的也许是今日的科学家，所谓"诡辩家""占卜师"和其他人物都不过是这种类型生活方式的名称罢了。最后，灵魂被享乐的欲望完全掌控，任性无理，以享乐与消费等最直接的感官刺激为所有行动的主导，这样的生活方式就以暴君为代表。以上分析看起来复杂，但整理成图表也许能简单清楚许多：

主导部分　　　追求对象　　　　　生活方式

灵魂
- 理智 → 智慧 → 哲学家
- 情志
  - 贯彻法令
    - 城邦 → 国王
    - 物质分配 → 政治家
    - 身体 → 运动员
  - 遵照规则
    - 预言 → 占卜师
    - 拟象 → 诗人
    - 工艺 → 工艺家
    - 幻象 → 诡辩家
- 欲望 → 享乐 → 暴君

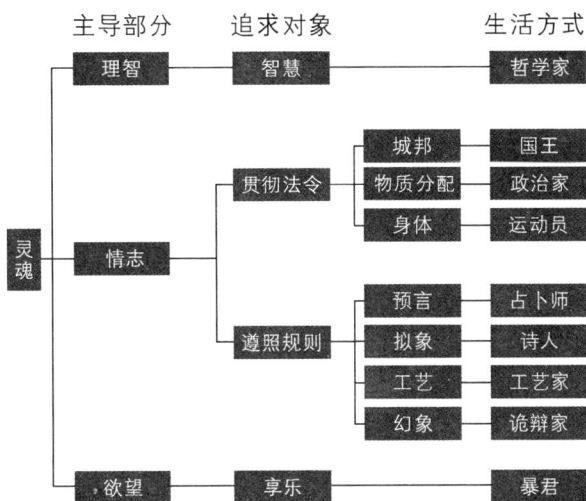

尽管这里用了九大类生活方式来解释九世轮回，但读者仍然需要注意，这种分类对柏拉图来说并不绝对，也并未穷尽所有生活方式，这也是为什么柏拉图在这个部分完全没有提供论述，也不尝试将这九种类型的人的选择确立为绝对的九种生活方式。柏拉图在此处想要呈现的，只是对最基本的人的行动的三股驱动力（理智、情志、欲望）搭配不同的追求对象类型所排列组合出的可能性加以分类，借此说明一个人活出什么样的生活状态跟驱动他的主要动力息息相关，也跟这个人判断自己生命的追求体现在什么对象上有关。追求规律者投射自己未来行动的方式，就会与倾向耽于享乐者的轨迹截然不同。

因此，与其说柏拉图尝试把人划分为不同种类，认为一个人生来有什么倾向，就一定会成为什么人，不如说柏拉图通过灵魂旅程想表达的是，一个人所实现的行动、通过行动所堆积出的生命，其实跟其将吸引自己前进的对象理解为什么有关。爱与渴望固然是驱动行动的动力，但如果完全摒除了理智在其中的判断作用，人就会见异思迁，随欲望而动。社会与集体所构成的价值体系与规范同样也是行动的驱动力，追逐的对象会从最直接的享乐与消费转变成某种需要致力完成的成品，不管此成品是社会和谐、分配正义，还是一个简单的工艺品。这九世轮回所象征的九类生活方式，不过是将驱动力与追求对象排列组合后呈现出各种追求所延伸出的生活方向。

命运与修行：开展自我的幸福人生

柏拉图明确用了"命运"一词来指称这九种生活方式，乍看之下让人觉得整个灵魂讨论都充满了宗教色彩。然而，如果将"命运"一词放回到追求、行动、自我实现的脉络当中，就会发现此处的"命运"并非预先由外在所决定，并强加于行动者的意义，而是行动者由于被自我设定于特定驱动方向，而使其在不知不觉中变成无力自我改变的习气，最终活成自己的命运。

前文中提过多次，灵魂将什么对象当作自我追求的目标取决于灵魂的自我认识：认定自我在于探索知性，就会追求智慧；认定自我在于贯彻某对象，就会倾向选择此类行动。正因为每一个行动都有其选择意义与倾向，意义与倾向因此建构了我们的所有行动，使行动之间展现出融洽与规律，正因如此，我们能够从一个人的举手投足之间，看出这个人的人格。所谓"命运"，即行动者的行动倾向在时间积累中形成的惯性结构，这种惯性结构不像习惯在行为中所展现出的重复性质，惯性结构所养成的是生活中的习气，让人以为自己有绝对选择，但这些选择其实已经被习气筛选过，让选择甚至理解都有了特定的倾向。然而，柏拉图继承了苏格拉底的思想，强调灵魂有能力反思、"回忆"起自己初始之貌，虽然艰难，却仍有可能扭转自己的惯性结构，投射出新的生命方向，正因如此，每一个行动都是一场灵魂内部的角力，每一个行为都代表着对自我实现的见证。

因此苏格拉底与柏拉图的道德与行动哲学在当代时常被诠释为生活修行哲学①，他们的思想不仅注重判断与思考，更强调将判断与思考落实在每一个行动当中，创造出自我认定的幸福人生。

①　可参考皮埃尔·阿多的《作为一种生活方式的哲学》一书。

柏拉图《费德罗篇》译注

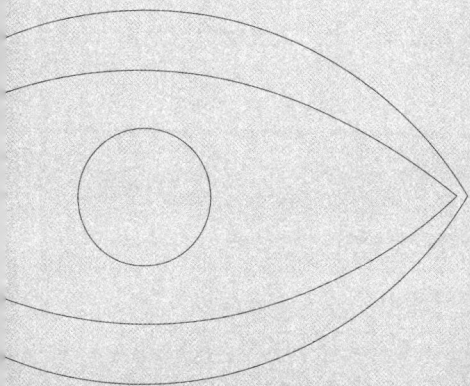

Phaidros

译文说明

译文选择的希腊文版本为 J. 伯内特所修订的《柏拉图歌剧 II》[牛津古典文本（第二版），1922 年]。[ ] 中为对希腊原文的补述，目的是增加中文流畅度;（）中为原文补述;｛｝为译者说明。注解中时常补充概念相对的英文，以帮助读者掌握哲学讨论。

翻译时所使用的工具书

1. A. Bailly (Anatole), E. Egger, L. Séchan (Louis) ,P. Chantraine（2000）. *Dictionnaire Grec Français*. Hachette.

2. M. Bizos（1981）. *Syntaxe grecque*. Vuibert.

3. J. D. Denniston, J. Kenneth（1996）. *The Greek Particles*. Gerald Duckworth.

4. P. Ryan（2012）. *Plato's Phaedrus: A Commentary for Greek Readers*.

序幕〔227a~230e〕

〔227a~227c〕 相遇

苏格拉底迎面遇到费德罗，得知费德罗刚从吕西亚斯
家中离开，便与他同行，要他分享他刚习得的言论。

苏：〔227a〕嘿，朋友①，费德罗，你从哪里来，又要往哪里去？

费：苏格拉底，我刚从克法罗斯之子吕西亚斯②的家里过来，我在
吕西亚斯家坐了一整个上午，现在要去城墙外散步。按照鄂
库曼农③，我们的这位朋友的建议，散步就应该去林间大道上，
比起在跑道上走路更能提振精神〔227b〕④。

苏：他所言极是，伙伴。不过照你这样说，吕西亚斯目前在雅典

---

① "朋友"一词在古希腊文中为"philo"（有时译为"友爱"，本书译为"慕爱"），在柏拉图
的所有对话录当中，《费德罗篇》是唯一一篇以"philo"一词开头的对话，暗示将以两种不
同的爱["eros"（欲爱）与"philos"（慕爱）]之间的关系为主轴，组织对话录第一部分的结构。

② 吕西亚斯（Lysias，约前445—约前380）是公元前4世纪古希腊的知名演说作家（logo-
graphos，logographer），其父克法罗斯是居住于雅典的武器商人，兄长玻勒马霍斯是一位哲
学家。作为雅典的异邦人，吕西亚斯的家族由于经营铜武器与盾牌制造而非常富裕，因此当
雅典陷入三十僭主的血腥统治时，其家族被主政者觊觎。最终主政者找到理由逮捕其家族的
成员并没收其财产，其兄也因此下狱且被判死刑，吕西亚斯侥幸逃出侍卫的看守才保住性命。
吕西亚斯与其兄长的遭遇被详细记录在他的演讲稿《反埃拉托斯特尼》（*Against Erathostenes*）
中，这是吕西亚斯所做的唯一一次演讲。吕西亚斯是一位演说作家，而非演说家，演说作家
是古希腊一种独特的职业与身份，由于在古希腊社会，特别是在雅典城邦，参与法律事务都
需要在公众面前演说来说服大众，而演说的内容能否打动听众就成为关键，因此发展出了帮
人撰写演讲稿且教授演说方法的职业。吕西亚斯这个演说作家的身份在整篇对话当中十分
重要，不仅参与了对话录中第一部分与爱相关的讨论及第二部分关于修辞学的讨论，更让第
一篇言论有了更多分析的层次。吕西亚斯一家三口都曾出现在柏拉图的对话录当中，父亲克
法罗斯与兄长玻勒马霍斯还是《理想国篇》的对话人物。

③ 鄂库曼农（Akoumenon），公元前5世纪的医生，历史上对他的记载并不多，无法得知他
与苏格拉底的关系。

④ 《费德罗篇》当中多次提到一些养身与保持身体健康的方法，费德罗在此引用医生之言，
强调在林间散步要比在田径赛所用的跑道上散步好。

城里喽？

费：没错，他在爱彼垮特^①家，靠近宙斯神庙的那间莫里丘屋。

苏：那为什么我们还在浪费时间？吕西亚斯一定给你讲了他的演说篇章吧？

费：你如果有闲情逸致^②，一边跟我走，一边听我转述，你也可以有同样的收获。

苏：你觉得我是品达^③口中那种不把学习看得比其他琐事重要的人吗？我当然要听听你跟吕西亚斯说了些什么。

〔227c~228e〕言论之爱

由于费德罗踌躇推托，苏格拉底便开始描绘费德罗对言论的热爱，以他对费德罗的了解，费德罗必定已经熟记吕西亚斯的言论。而苏格拉底同时也表示，自己对言论的热衷简直到了病态的地步。

费：〔227c〕那还等什么？

苏：等你开口啊！

费：你将听到的言论跟你密切相关，苏格拉底。因为，如你所见，

---

① 关于爱彼垮特（Epicrate）没有留下太多历史资料，只能从一些古希腊文献中找到关于他的描写。古希腊著名演说家狄摩西尼（Demosthenes, 前384—前322）有一部作品赞颂爱彼垮特，作品中说他是一位重建雅典民主制的政治人物。吕西亚斯到爱彼垮特家正是为了教他演说。

② 希腊文中"学习"与"休闲"相同（均为"schole"），其在许多欧洲语言中还是"学校"的词根，例如英文"school"，德文"schule"，意大利文"scuola"。"学习"之所以跟"休闲"相同，是因为在古希腊社会中能够不用工作而花时间去学习，就是一种休闲。反过来说，对古希腊人来说，学习就是一种非目的性的活动，并非一种换取特定成果的手段。因此在这里翻译为"闲情逸致"。

③ 品达（Pindaros），公元前5世纪古希腊著名诗人，被后世誉为"九大抒情诗人"之一。

我们探讨的问题跟欲爱①有关，尽管到目前为止我还看不出关联在哪儿。吕西亚斯的这篇言论专注于讨论追求美好一事，但他说的追求与引诱却又非出自热恋之人，其天资在此言论中展露无遗，他认为，与为爱倾倒的人相比，施惠②于无爱之人更有利③。

苏：喔，我的璞玉④，即便他写的是贫且胜富、老当胜幼，只要是讨论与你、我，或其他人相关之事，那么其所言即是为民为公的言论。〔227d〕至于我，聆听言论的渴望⑤促使我追随你，就算要一路跟你走到墨伽拉⑥，走到那城墙的另一边，

---

① 在英文和法文翻译中，都不对"爱"这个概念上的不同希腊文（eros, philos）做区分，尽管这两个词代表不同意义的"爱"。由于行文至此尚未做概念上的区分，所以英文和法文把两个词都译为"爱"，但也有些段落将"philos"翻译为"憧憬"以强调区分。我希望在中文语境内两个不同却都以"爱"为基础的词来区分希腊文中的用词，强调两种类型的爱之间的差异与互动。我将以"eros"为词根的词都用"欲爱"或"爱恋"来指涉，而将"philos"译为"慕爱"，前者指涉以欲望为基础的吸引，而后者指必须涉及知性活动的吸引力。随着这篇对话录的发展，两种类型的爱在概念上的分立会越来越清晰。

② "施惠"一词在此所指涉的概念十分难翻译，因为字面意义为"同意将恩惠托付给某人"，因此引申义即"接受某人求爱"。在此，这一词语必须同时包含其原始与"利益"有关的意义，和延伸义"接受求爱、进入爱恋关系"，因为在吕西亚斯的言论中，正是这一词的双重含义使这种诱惑关系值得讨论。

③ "与为爱倾倒的人相比，施惠于无爱之人更有利"此一论题贯穿吕西亚斯与苏格拉底的第一个言论，此论题简单来说主张"应该要跟不爱自己的人交往，而非跟爱恋自己的人交往，这样的交往关系对自己较好"。这个论题预设了一种不对等的社会关系，在这种爱恋关系之中，只有一方被爱恋的欲望驱动，而另一方则出自仰慕而接受追求，因此将这个论题解读为"爱无爱之人胜过爱有爱之人"不但使得论证陷入自我矛盾，更使得吕西亚斯的言论及苏格拉底的第一言论变得无法理解。

④ 《对话录》所有篇章当中的场景与人物设定都是柏拉图引导思想的环节。在《费德罗篇》当中，苏格拉底在其对话中不断展现出他对费德罗的爱恋与渴望，让对话不但只有论述的部分阐述思想，更通过实际人物之间的互动，来展现两种爱在人身上的效应。

⑤ 在《费德罗篇》当中，不论是苏格拉底还是费德罗，都展现出一种对言论的渴望且受此渴望驱动的态度，这种"言论之爱"也在对话录的一开始就暗示了爱有多种类型，而不只有追求愉悦的欲望。

⑥ 墨伽拉（Megara），希腊一座古老的城市，离雅典城42千米远。

我也不会离弃你。

费： 你究竟想说什么，我杰出的苏格拉底？你是想说，〔228a〕一个连吕西亚斯这种优秀作家都得琢磨多时才能创作出来的作品，就凭我这样的人，真的有能力朗诵出来吗？但说实话，我渴望得到这篇演说，胜过得到任何金银。

苏： 啊，费德罗，如果我不了解你，那我大概也不记得自己是谁了。既然两者皆非事实，那我当然知道：凡是吕西亚斯的演说篇章，费德罗不可能满足于只听一次，而总是会重复再三，且会一再请求〔吕西亚斯〕反复朗诵〔228b〕；而〔吕西亚斯〕也总是殷殷切切地同意为他再三朗诵。然而，费德罗并不因此满足，总是要得到演说的抄写卷轴才肯罢休，拿到后更反复研读那些他觉得最诱人的段落，待他从清晨起，坐着研读了整个上午后，他就会起身去散步。若非演讲稿篇幅实在太长，他一定会把整篇演讲铭记于心〔228c〕，再启程往城墙外去进行自我锻炼。今天他正巧撞见一个宛如疾病缠身一样热衷聆听演讲的人⑦，他乐于找到一个能分享他这种爱好的人，欣喜之下就邀请此人同去散步。但是，当这个爱恋言论的人乞求他赠言时，他却摆出姿态，一副他当真不想发表言论的模样，而最后若是对方不听，他又要强行让自己的言论被听见。所以啊，你就请费德罗本尊现在开金口吧，反正他绝不会错失任何机会，

---

⑦ 苏格拉底在对话中不断用"疾病"或"狂热"，甚至"疯狂"来形容他对言论的热爱，这些描述跟之后对"疯狂"与"爱"之间的关系的探讨相互呼应。而这些所要表达的都是某种无法抗拒、令人失去理智的吸引力，让人不顾一切为了追求而行动。吸引力就如同欲望，在此都是驱使人们行动的动力。

早晚都要开口的。

费：说实在的，大概没有比把我能说的说出来更好的选择了。反正我也不信，在我没发表言论之前，你会让我离开。

苏：你完全看透我的心思了。

费：〔228d〕那我接下来就照我刚说的进行。关于这次演讲，苏格拉底，我没有逐字逐句地将演讲稿牢记在心，但我会尽量在整体概观上贴近其思想，且按照顺序将每个重要论点逐一道来，以便说明吕西亚斯是如何探讨有爱者与无爱者①的。以下就从第一个论点说起。

苏：好。不过，你先让我看看你左边袖子里藏着什么东西好吗，我亲爱的朋友。我猜是那份演讲稿吧？如果是的话，我想，也许没必要再添加其他对你的测试了，因为，一方面〔228e〕，我已经全然沉浸在对你的爱慕之情中②了，另一方面，吕西亚斯的演讲稿在此，如同他亲临现场。所以，来吧，拿来让我看看。

〔228e~229c〕**对谈场景**

沿途场景多有描绘，费德罗提及许多养生之道。

---

① 吕西亚斯在言论当中做了一个对比，使受爱恋欲望驱使的那些人与不被欲望或情绪干扰的那些人形成对立，用字上使用"有爱恋之情的人"与"无爱恋之情的人"，在此将其翻译为"有爱者"与"无爱者"。

② 在此，柏拉图用来表达"爱"的词为"philo"，中文将此概念的名词译为"慕爱"，此处为动词，因此译为"爱慕"。柏拉图让苏格拉底在此处对费德罗表达爱慕之情，而且特别使用了"慕爱"这个概念，一来暗示"慕爱"并非一种与欲望绝缘的爱，二来暗示苏格拉底和费德罗在对话录中所展现的关系，就是对话录之后想要说明的"慕爱"。

费：别这样说，你这样让我信心全失了，苏格拉底！我可是靠着这一点信心才敢面对你给的测试的！所以，你希望我们去哪里找个地方坐下来，好让我为你朗诵这篇演讲稿？

苏：〔229a〕那我们在前面转出大路，沿着伊利索斯河走，然后看哪里你觉得安静，我们就坐下来休息吧。

费：很好，我赤脚来，而你也从不穿鞋，这样就能轻而易举地赤脚渡河了。在每一年的这个时节，以及一天中的这个时段，尤其适合这样走走①。

苏：那我们往前走吧！找个地方坐下来。

费：你看，那边有棵大松树，我们坐在那里如何？

苏：有何不可？

费：〔229b〕那里看起来有树荫又有微风，我们可以或坐或躺在地上。

苏：那得往前走才到得了啊。

费：对了，苏格拉底，传说中波瑞阿斯掳走欧里蒂雅公主②的故事是发生在这里吗？

苏：传说是这么说的，没错。

费：就在这个地方吗？不过不管是不是这里，这里的溪水真是清澈透明。

---

① 费德罗再次提到一些关于时节的养生想法。
② 出自希腊神话。北风之神波瑞阿斯看上了雅典的公主欧里蒂雅（Orithyia），求亲不成就趁欧里蒂雅跟两个姐妹在伊利索斯河边玩耍、跳舞时，刮起一阵风将欧里蒂雅卷走，并跟她生了四个小孩。

柏拉图《费德罗篇》译注

> **〔229c~230a〕论神话**
>
> 行经关于波瑞阿斯的神话所描绘之地，费德罗询问苏格拉底对神话的看法，两人开始讨论神话的真实性与研究意义。

苏：〔229c〕不是这里，是距那边低处目测约 1 米之处，也就是我们去阿格拉神坛必经之路上，那里有个波瑞阿斯的祭坛。

费： 我以前从没留意过。但你相信这则神话① 说的是真的吗?

苏： 如果我跟那些有学问的人一样，只会说我不相信这些传说，那我就没什么稀罕的了，所以我要用一种很学究的方式来说明! 这个波瑞阿斯一吹，让正在与珐玛奇雅玩耍的欧里蒂雅跌落在附近的山岩上，而她的死，反过来又解释了波瑞阿斯

---

① 神话，或者传说，在今天已经被确立了虚构、非真实的地位，然而在古代社会，由于信息的流传和传承主要通过口头传递，因此对于自然现象、历史、人和事物的记载时常使用故事的形式将事件加以包装，并流传开来。这种类型的话语用希腊文表示即"mythos"，"神话"一词就以此为词根。在古希腊的思想传统中，"神话"（mythos）与"话语"（logos）相互对立，神话被视为来源不明、无法证实的叙述，而话语则预设了它跟"实在"与"真理"之间的关系。然而在柏拉图的叙述中，时常可以看见前面被称为神话而后面又指涉话语，反过来，前文被称为话语后文又指神话的情况也有。由此可见，这两个词在柏拉图哲学中的关系并不只是单纯的对反矛盾，神话同时也可能是话语。尽管神话与话语之间的关系十分微妙，但两者却不能画上等号。柏拉图在《对话录》中大量使用神话，不管是古希腊传统神话还是他自己虚构的神话，都在《对话录》当中被视为提供哲学话语发展的素材，但同时，若柏拉图特意称之为神话，也暗示了对其内容的真实性不能太严肃对待。然而，正因为神话、寓言、诗歌的大量使用，这篇对话录的阅读层次才变得更加多样。神话、寓言、诗歌这些书写形式，由于字面意义与引申义之间的区分，使解读上出现了多层次的理解，而每个层次之间的互补，又使思想的呈现方式更加多元、立体。在这个段落中，柏拉图就借苏格拉底之口来讨论神话的角色。

101

绑架她〔229d〕的故事①。所以我才说，这一类传奇神话看起来很迷人，但不能为其所惑。这只是我的意见，费德罗，但我又认为，就算对神话背后影射的事实解释得再怎么精彩，若真的要说清其中的缘故也需要有点儿鬼才且肯下苦功的人才有可能，而研究成果也未必是每个人都能看出趣味来的②。原因是，若要解释神话，那必然要找出神话中的半人马在史实中的原型，除此之外，还要找出三不像③、蛇发女戈耳工④和飞马等〔229e〕众多奇形怪状的传奇生物在现实中的灵感来源。如果我们对这些神话生物的来源有所怀疑，

---

① 苏格拉底指出，欧里蒂雅与波瑞阿斯的神话其实是将一位少女的死用故事来陈述出来，让人们不会感到太惋惜。公主欧里蒂雅在河边跟她的姐妹玩耍时，在岩壁上翩翩起舞，这时一阵强风将她吹落岩壁。神话因此描写公主被爱恋她的北风之神波瑞阿斯掳走，以此来美化这个悲剧。苏格拉底借此想说明的是，所有神话并非只有真假的问题，而是每个神话都用某种形式包装了真实，因此虽然虚假却也影射了部分真实。然而，这个神话在《对话录》里面的作用并不仅限于说明神话与真实之间错综复杂的影射关系。波瑞阿斯神话是一个古希腊传统神话，不像《理想国篇》中著名的"穴喻"那样完全是柏拉图构想出来的神话，这个北风之神的神话对于爱欲冲动导致波瑞阿斯掳走欧里蒂雅做了很多描述，而波瑞阿斯这个神话人物，也以其生殖能力旺盛、冲动著称。波瑞阿斯神话作为《费德罗篇》中第一个出现的神话，为此对话录关于欲望与爱情的讨论做了引子。

② 这里对于神话的讨论是展现《对话录》多层次的关键。一方面，柏拉图借苏格拉底之口在《对话录》中指出，尽管神话有影射实在的真实可能，然而解释每个神话是如何被包装起来的实在是个浩大的工程，此外，有太多诠释不一定能有令人满意的结果；另一方面，作为《对话录》的作者，柏拉图在其中将大量神话作为哲学讨论的素材。如果直接将苏格拉底所言当作柏拉图的想法，那么柏拉图一边批评神话，一边又运用神话，似乎自我矛盾。《对话录》的精彩之处就在于，其中没有任何一个人物的言论直接等同于柏拉图的思想，而柏拉图在此运用神话来让苏格拉底批评神话，正好点出，神话只是承载讨论素材的载体，而不是研究的对象。神话不会因为它是虚构的、不真实的而没有意义，人们编造神话来仿效真实，也并非以忠实呈现真理为目的。因此，在《对话录》中使用神话可使话语有更大弹性，也不需要在预设与实在有严格对应关系的前提下表达思想。然而，耗费时间去提炼神话当中蕴含的真实成分既不是重点所在，更有可能是徒劳无功的。

③ 三不像（chimera），三种动物混合出来的想象中的动物，有着狮头、羊身、蛇尾。"chimera"一词因此在现代引申出"幻想""虚构"的意思。

④ 蛇发女戈耳工（Gorgon）和较为知名的神话人物梅杜莎（Medusa）为同种形态，每根头发都是蛇，与她视线接触就会化为石头。

又想要在现实中——找出它们对应的相似事物，且用不知打哪儿来的粗糙科学来进行配对，那么这个工程必然会耗费我们大量的闲暇时间①。然而，我本人完全不想把我的闲暇时间耗费在这种练习上面。我的理由很简单，我的朋友，按照德尔菲神庙给的指示"认识你自己"，光是这项工作我都没能力做到。所以，要我这个连"认识自己"②这项工作都还做得满是瑕疵的人〔230a〕投身去做一个对我来说完全陌生的思想练习，这实在太荒谬了。这就是我为什么必须告别这项练习，且回到"认识自己"这个主题上。我想要精雕细琢的问题，并不是这些神话里的生物是从哪里来的，而是认识我自己。我是一头比提风③还傲气腾腾的兽，还是一只较为温和、单纯，且天生享有某种神圣命运的生物？对了，插个

---

① 丹尼尔·S. 沃纳（Daniel S. Werner）指出，苏格拉底在这里对考证神话研究的批评有三个方面：神话考证的实在基础、神话考证的方法，以及神话考证的价值。在实在基础的问题上，神话内的元素有太多诠释的可能，要建立一个神话内容的实在基础，难以有很高的可信度。在研究方法上，苏格拉底用"粗糙科学"来点出这些研究不是联结得过度松散，就是使用的方法会导致推论无限倒退而没有答案。最后，神话考证的价值，在此对苏格拉底来说即事倍功半，其知性性价值比起过程中所需的人力与时间来说非常微薄。

② "认识自己"是苏格拉底最具代表性的一句话（尽管在柏拉图的《对话录》中，这句话是苏格拉底在德尔菲神庙里听见的神谕）。根据沃纳的研究，这个段落凸显了两类不同知性活动之间的反差："一边是寓言家，花毕生的时间去研究每一个神话背后隐藏的实在基础，因而成为在这方面有所专精的'专家'，而这样的活动最多维持一个人的生计；然而，苏格拉底感兴趣的却是整体的生活方式。"我们发现，柏拉图并没有否定神话或任何虚构言论的价值，相反，他强调神话与虚构故事的价值不在于它自身的真伪，而在于其能简化进而促进对自身的认识。由此可见，对柏拉图来说，思想活动的最终目的就是认识自己，并在认识自己的过程当中同时认识孕育自身的世界。相关内容可参考剑桥大学出版社于 2014 年再版的丹尼尔·S. 沃纳的著作《柏拉图〈费德鲁斯〉中的神话和哲学》。

③ 提风（Typhon）是希腊神话中的怪兽。关于提风的外形，历史上有许多不同的描述，但共通点是其所到之处万物皆被摧毁。根据后世的诠释，提风的神话是用来展现大自然摧毁事物的力量是不受任何控制的。因为"提风"的希腊文词根与风有关，因此这个词后来一直跟风相关的灾害相连，且在好几个文化中都指涉大自然给当地带来的风灾，而我们最熟悉的便是"台风"一词。

话，朋友，这不正是你想带我去看的那棵树吗？

〔230a~230e〕 安顿

费：〔230b〕没错，就是这棵松树。

苏：赞美赫拉①！让我们停留在如此美的地方。确实如你所说，这棵松树如此葱郁，高大参天。一旁的牡荆树也如此高大，提供了这么好的树荫。况且，眼下正值牡荆花盛开之际，在这些花的点缀下，没有什么地方比这里更美了。除此之外，松树旁还流淌着令人无法抗拒的潺潺溪水，我刚刚用脚试了水温，想不到溪水如此沁凉。若从形态与地势来判断，这条溪流根本就是献给宁芙②与阿奇罗③的供品。请看！〔230c〕这里的空气如此舒爽。这就是夏天的乐曲啊！溪水与蝉的心声相互呼应。不过细数其中种种，这片草地实属个中极品：坡上天然的柔软草地让我们得以伸展全身，让头处于最舒适的状态。外地人很难找到像你这么好的向导了，我亲爱的朋友。

费：你啊，真是一个令人仰慕的男人，也真是这世上最令人费解的人。还真如你所说，你就像个需要向导的外地人，一点儿都不像本地人。话说回来，你的确很少出城〔230d〕，也从来不去城墙的另一边，我甚至相信，你根本不会走出城墙。

苏：原谅我，亲爱的，我就是喜欢学习。然而，乡村与树林没什么能教导我的，但城市里的人们刚好相反，我随时随

---

① 赫拉（Hera），古希腊神话中的天后，是希腊诸神当中权力最大的女神。
② 宁芙（Nymphes），在希腊神话中是代表着水、植物与自然的生命力的仙子。
③ 阿奇罗（Achelous），希腊神话中的星河之神。

地都通过他们在学习 ①。至于你，你似乎找到了引诱 ② 我出城的灵丹妙药。实际上，我就跟一头饥饿的兽一般，只要有人拿着树叶或水果在前面引诱，我就会跟着走。而你正是这么做的：在我面前，用那篇书写在卷轴上的演讲稿引诱我，看起来，你可以用这种方式诱我跟你走遍全雅典〔230e〕，甚至任何你想让我去的地方。眼下，反正我都走到这里了，我打算全身伸展开来，躺在这片草地上。而你呢，你就选个你觉得最舒适的朗读姿势，等你安顿好，就念吧。

---

① 在《费德罗篇》当中，柏拉图在许多细节中透露出他对于知识、智慧、哲学（爱智慧）的看法。他借苏格拉底之口在此表示"乡村与树林没什么能教导我的，但城市里的人们刚好相反，我随时随地都通过他们在学习"，以此显示他自己认为真知不在于对自然界事物的认识，因为对柏拉图来说，专门研究个别事物，就如同专门研究神话的实在基础一样，只能让人变成被限制在特定领域的"专家"，而真正的智慧则是对领悟整体生命的追求。

② 在《费德罗篇》第一部分跟爱情相关的讨论当中，"吸引力"是整个讨论的关键。这篇对话录之所以另外有个副标题"论美，道德类型"，是因为柏拉图主张每个行动的选择跟主体受什么对象吸引有关，由于受到不同对象吸引，生命作为一连串的行动所追求的目标就有所不同。"吸引力"在整个古希腊哲学里面占有十分重要的地位，让哲学家得以区分被外力驱动的运动与由内引发的运动，由内引发的运动以引力为动力来源，以被吸引的对象为目的指导行动的方向。每个生命受不同对象吸引，因此奔向不同的目标，为了达到这些吸引自己的目标，每个行动者在生命中会选择一连串的行动作为达成目标的方法。苏格拉底在此体现了某种独特的生命模式——受言论探讨引诱，是因为渴望知识而不断以行动追求所有对真理的探讨。对话录这种文体之所以灵活且适合教学，是因为柏拉图在安排内容时，都会先用简单的两人之间的对话来点出生活中具体的情境，为之后抽象的思想进行铺垫，同时也将每个抽象讨论连接回最原始的对生命的反思。

第一部分

第一回　吕西亚斯言论〔230e-234c〕

　　分别从爱恋者、被爱者的观点及社会观点论利弊，揭示交往的真谛：人跟人的交往就如同交换，需要理性计算才能得到最大利益，而在交换利益系统下所巩固的交往才最为稳定。

费：好，你听好啰。

　　关于我的所思所为，我的意图你全然知晓。我所思如我所言，列举出这个问题的利弊对你我都有利。你不会拒绝我〔231a〕，正因为我并不爱你①。

　　对于那些有爱恋之情者，一旦欲望止息，他们便后悔没做些本来能做且对自己有利的事情。相对来说，那些无爱无欲的人不会将这种时间前后的差别作为省悟的缘由。由于无

---

① 吕西亚斯的演说是针对非常具体的目的的，因此虽然是演讲稿，却不像我们熟知的西塞罗（Cicero, 前106—前43）的演说，他的演讲稿是为了向大众宣读的，这种类型的演讲稿是写来让特定人士针对特定对象且为了达到特定目的来进行说服的。这篇演讲稿即是写来让想要吸引年轻男子的人，说服其想要针对的对象。这篇演讲稿并非吕西亚斯真正的作品，而是柏拉图按照当时的修辞风格虚构出来的，通过一定程度的夸大，来凸显当时这些以修辞为主的演讲稿是如何操弄文字说服听者的。

　　在这篇演讲稿的开头，柏拉图就已经暗示了这类修辞的演说是为了达成说服的目的，其重点不在探讨真理或知识，而只是要让对方相信言论的有效性。因此这句"你不会拒绝我，正因为我并不爱你"，说明了整篇言论的正当性基础是演说者宣称自己并非言论所指涉的对象，因此言论有效。简单来说，这一篇吕西亚斯的演讲稿强调"不要跟有爱恋之情者来往，因为这些人的判断被欲望扭曲"，而演讲者借着宣称自己不是有爱恋之情者，来强调"不要跟有爱恋之情者来往"这个言论有效。柏拉图在此言论一开始就先留下线索，暗示吕西亚斯的言论缺乏立论基础。

爱者的行为并非为必然所迫①，而是出于自发选择，是为了自己的利益，尽其所能对自己为善②。

再者，当爱恋者去对账、清算那些对自己有损却对爱人有益的行为时，他将发现，自己在不断地给自己增添苦差事〔231b〕，而本来为了报答爱人一颦一笑的人情债③，也老早就因为他的差遣而两清了④。相反，那些无爱恋之情者既不会因此忽视自己的利益，亦不必去细数自己为了纾解爱恋之情，到底承受了多少苦楚，更不会到处指责与自己亲近之人⑤。正是由于这个原因，他们一旦将身边的有害无利之事加以清除，剩下的，除了做他们认为善的和自己喜好的事，再无其他。

另外，〔231c〕我们必须承认，爱恋之人往往喜欢小题大

---

① 在"为必然所迫"中，"必然"指的是"被生理必需所驱动的被动行为"，这些行动因为被生理需求牵制，而被归类为非自愿选择的行动。

② "善"的概念在整个哲学史中有大量的讨论，如何定义"善"就成为哲学史上重要的辩论。"善"并非只能用"有德行"来定义，在此，吕西亚斯的言论中就暗示了，对他来说，"善"即"对个人利益有正面影响"，在此想法里可以找到功利主义的影子。

③ 吕西亚斯的这篇演讲稿是典型的修辞性文章，不重结构，不以推论之理性来说服听众，而是呈现为一系列相互独立、不需要有关联的观点，使每段都能引发听众情绪上的共鸣来达到说服的效果。因此，吕西亚斯的这篇演讲稿就以九个观点来说服听众不要与有爱恋之情者交往。

④ "人情债"是吕西亚斯这篇演讲稿中的一个很独特的概念。由于吕西亚斯的这篇演说将"善"定义为"有利于个人利益者为善"，即每一个出自理性选择的行动都是计算利弊得失的结果，因此当人跟人之间互动的时候，在理性的状态下，两人的行动都出自计算自己的行动是否对自己的人情债有所助益。人情债的关键在于其时间性，人情债之所以为债而非交易，是因为交换不在同一时间进行，行动者可以在未来向对方索取回报。此概念趋近于现代社会中"送礼"与"还礼"的理念，也因为人情债的时间差，在计算利弊得失的时候就多了时间维度，涵盖了保障未来的考虑。吕西亚斯认为整个社会成员之间的联结，就是以人情债来巩固的，因为成员之间的互动总是人情的相互积欠与回报，这些积欠与回报就将每个成员的过去、现在与未来联结在一起，成为社会的基础。

⑤ 在吕西亚斯的言论中，"爱恋"等同于所有情感，也会受理性计算的干扰，因此，一旦爱恋不再，需要进行理性清算的时候，就会发现所爱之人给自己的恩惠早已因为自己甘愿的奉承而两清了。

做，因为他们总是错信自己献给自己所爱之人的爱深刻且独一无二，且他们已经准备好，要用自己的言行讨好所爱之人，即使被众人讨厌也在所不惜。要知道他们所言属实，还是只是虚伪的讨好之言也非常简单：他们往往以为这些当下他们正在追求、爱恋的少年们会比之前追求过的更珍贵，他们自然会为了讨好新欢，而对旧爱出言不逊①〔231d〕。

这种情感粗俗到无人能经营，而跟被这种情感所惑的人交往——即便他们还能辩明事理，并尝试公私分明，但他们所做的决定真的是理智的决定吗？况且，这些人实际上完全安于自己这种心灵的病态成分而不是追求圣洁的状态，也就是说，他们自己知道自己的心灵不洁，但又无力自我控制。而在此状态过后，待他们回神以后，他们怎么可能认为自己当时所希冀追求的事物仍然美好呢②？

还有，若你能够在众多爱恋你的人之中选择那个最爱你的人作为青睐的对象，那么你的选择将被局限在很小的范围中。但如果你选择的不是最爱你的人，而是对你最有用的人，你的选项会有很多。在这些更富多样性的选项中，你也才〔231e〕更有希望找到值得你青睐的人。

---

① 在这一点上，吕西亚斯想要借爱恋者对是非的判断会随着所爱之人而异来说明爱恋之人毫无理性。也因为爱恋之人会对自己的爱人所做的判断完全失去理性，所以这段文字说明，证明爱恋之人毫无理性的最好方式，就是通过比对此人与新欢、旧爱的言论，从中看出矛盾。
② 吕西亚斯的这篇演说以一种两面对立的方式来进行，简单来说，言论本身的主要轴线在于将爱恋者的行为与无爱者的行为相互对立，强调所有社会关系非此即彼，无其他可能。因此，他一方面说爱恋者的欲望蒙蔽了理性、会出现判断失误，其行为不以自己的利弊为判断标准；另一方面强调无爱者理性、做对自己有益的行为，因此为自己行为的主人。这种二分法在古希腊的文献中十分常见，但此文中的二分法只限于一个层次上的二分，而不像多数古希腊文献一样以一系列的二分法将一个现象分析为树形图。

如果你害怕规范对人的评判，那么这将会让你的举止遭众人谴责、为你招致污名，因为那些陷入爱恋的人，会将自己幻想成所有人眼里争相效仿的对象〔232a〕，如同他们在自己眼中的样子，他们因此敢于发言，好向众人展示他们这般劳心费力而所求无他。相反地，那些无爱之人，只听自己的号令①，因此他们能够为自己下最好的决定，而不受他人意见影响。

另外，多数人都知道或见证过爱恋者如何对自己所爱之人寸步不离，黏着自己的爱人成了他们每天必须进行的工作。当我们看到两人在一起时〔232b〕，就会理所当然地认为两人若非已经满足彼此欲望，就是正准备要开始寻求欲望满足。然而，若我们看到的是无爱之人在一起，就不会硬是把他们的来往归因于欲望的满足，因为所有人都知道，不管是出于爱欲，还是出于娱乐，人与人之间总是会交往的。

当然，也许你会觉得，爱情很难维持，好像只要出现异议，两人共同建立起的关系就会破裂。所以，你若付出得多〔232c〕，那么将来对你造成的损害就大。这就是为什么你更需要惧怕的是爱恋你的人。对于爱恋者来说，有太多事情能给其带来忧虑了，他甚至认为所有事物都会伤害他②。他会尝试说服自己所爱之人不要跟其他人来往，因为他担心，那些有财富者

---

① 在爱恋者与无爱者的对立论述中，吕西亚斯的言论特别强调爱恋者行为的他律性质，以此来说明处于爱恋状态中的人的行为并非完全出于选择和意愿，而是被他人的眼光和自身的欲望牵制；而无爱者作为爱恋者的对立状态，其行为则完全自律，出自理性选择。
② 以吕西亚斯此文的逻辑，爱恋者一旦进入爱恋的状态，不但会失去理性判断能力，更常常处于受苦的状态，而且其苦楚分别延展于现在、过去、未来三个时间维度。爱恋者"当下苦"，是因为其理智被蒙蔽，而无法判断什么对自己为善；爱恋者为"过去苦"纠缠，是因为其过去追求所爱之人所承受的苦延伸至当下；爱恋者"未来苦"，是因为其担心、惧怕所爱之人有朝一日会找到比自己更有优势的对象而抛弃自己，这种对未来的担忧使其当下倍感苦恼。

会用财富将其爱人诱走；那些学识与修养超越自己的人会使爱
人不再与才智较低下的自己来往：他对所有比自己更具优势的
人都处处提防①〔232d〕。他这样做会让你被所有人厌恶，朋友
从此寥寥无几。倘若你要争取自己的利益，那就等于必须向爱
恋者展示你高他一等的才智，那他就一定会跟你断绝来往。相
反地，若是跟你来往的人对你毫无爱恋之情，且其所求与所为
全凭德行，那么，他就不会嫉妒你跟其他人来往，反而会对不
跟你来往的那些人产生恨意，觉得这些人是因为鄙视自己才不
跟你来往的；至于那些跟你来往的人，他总能在你与这些人的
关系中找到对他有所助益的事物。这就是为什么跟不爱自己的
人交往才更能孕育友谊②，〔232c〕而非由爱生恨。

　　另外，那些怀抱爱恋之情的人，都会先对肉体产生欲望，

①　吕西亚斯此篇演讲稿所讨论的爱慕关系并非现代的对等的爱情关系，因此重在讨论关系
内主动展现爱恋之情的一方和被动接受爱慕的一方的关系。主动方由于热情使然，不对双方
关系进行任何利益计算，然而对被动方而言，由于并没有被热情蒙蔽理智，其接受对方的动
力就在于从中能汲取益处。在这样的前提下，被爱的一方自然而然会因为看到更有利的选项
而见异思迁，而爱恋者也正因为知晓关系中真正吸引被爱者的是其优势，而不希望被爱者认
识任何比自己更具优势的人，在这样的逻辑下，最后必然的结果便是：爱恋者常常处于不安
与嫉妒的状态下，而被爱者则会孤立无友。
②　"友情"一词在古希腊文中为"philia"，即哲学（philosophy）中"爱智"的"爱"。
"philia"在古希腊社会所指涉的即"友谊"，从动词"philo"（爱）而来，而其名词"philos"
一般指涉"朋友"。在古代哲学讨论中，尤其在柏拉图与亚里士多德的思想中，"philia"是整
体道德及社会和谐的基础，并发展出一个独特的概念，即指涉一种有明确且严格定义、以情
感为基础的关系。因此，"philia"在日常语言中所指涉的概念与发展出"哲学"一词的来源
的概念，是两个不同的概念。中文翻译在此尝试用不同的译法来凸显这种概念上的差异。我
在此译文中将"philo"及其变型分别译为两个词："友情"与"慕爱"。在此处吕西亚斯的演
说当中，"philo"或"philia"并没有特别发展成哲学概念，而只是日常语言习惯中的用法。
因此，在此情况下，我将"philo"译为"友爱"，将"philos"译为"朋友"，将"philia"译
为"友情"。当这些词所指涉的是特定的哲学概念时，我统一将"philo"译为"倾慕"，将
"philos"译为"慕友"，将"philia"译为"慕爱"。

再认识所爱之人的其他特质。因此，如果欲望被满足，那么他们就不再确定自己是否还想要继续与所爱之人维持朋友关系了〔233a〕。对于那些无爱之人来说，彼此之间得先是朋友才能轮到满足欲望，因此不必担心两人之间的友情会被热情耗损，反而可以相信两人的友情会在未来生生不息。

如果你想要自己变得更好，那么与其听从这些对你有爱恋之情的人，还不如听从我。这些人只会对你说好话，即便不合实情，也会说你的言行都是最美好的。因为他们不是担心说实话会让你讨厌，就是〔233b〕被欲望蒙蔽，判断失当。这就是爱情展现出来的威力：爱让爱恋之人悲惨，因为爱使他们对一些在他人眼里完全不需忧虑的事情苦恼不已；爱让爱恋之人空自欢喜，因为爱情会逼着人们去赞扬一些根本不值得我们从中取得欢愉的事物。

因此，对那些充满爱恋之情的人，我们应该同情而非羡慕。

如果你臣服①于我的言论，这并非由于你一心只想着追求交往能为你带来的欢愉，而是因为你深思熟虑，考虑到这段关系可能对你未来有所助益。总之，与其〔233c〕让自己被爱降伏，不如做自己的主人，不要专注于细枝末节和深仇大恨。原因在于，重大的事业只有慢慢经营且避免冲动才可成行，我如果对自己的所见所闻不加以注意，还可能无心犯下

---

① 在吕西亚斯的这篇言论中，对话的设计充满了魅惑与倾倒的字眼，因此我特地在译文中凸显柏拉图铺陈场景的用心。吕西亚斯的这篇言论当中充满这类字眼的原因在于，这篇演讲稿看似论理，但背后的真正用途是为了让其说服对象臣服于发表此篇演讲稿的演说者的魅力，进而获得满足并成为演说者的爱人。因此，在看似中立无私的言论中，柏拉图巧妙地在对话中运用"诱惑"与"臣服"的字眼，来暗示此篇言论的伪中立立场，间接暗示这篇言论与真理探讨毫不相干。

过错，但那些在意志监督下所可能犯的错，我必定会极力避免。以上即是让友情长久的方法。不过，如果你认同我的看法，你就不可能跟一个对自己毫无爱恋之情的人在交往中萌生什么强烈的情愫①。因为，那种跟自己孩子〔233d〕、父母或信赖的友人之间的情愫，完全与以欲望为基础所产生〔与这里说②〕的爱无关。

另外，如果一定要把自己的恩惠③施与什么人，那么要考量的就完全是另一种状况了。要施恩惠，就应该要施与那些求助无门的人，而不是那些最体面的人，因为无助的人对你的感念与回报也许会超过其带来的损害。在私人宴会上，值得你邀请的也不是你的朋友〔233e〕，而是那些行乞或需要果腹的人，因为这些人才是在将来会珍惜你、护佑你，对你的馈赠展现最大喜悦，对你抱有最多感激之情，而且希望你一切安好的人。不过，我们应给予恩惠的对象，

① 总结吕西亚斯的言论，就会发现吕西亚斯简单地将人的状态分为两种：被热情所控的状态和理智状态。一旦被热情攫获，就会因为失去判断能力而使交往不可能长久；若求交往关系稳定，这种关系当中就必定不能包含任何热情的成分，即使是要满足欲望也必须在理性的判断下进行。

② 此处，吕西亚斯自曝其短。柏拉图在此特别列举了吕西亚斯这篇言论所无法解释的社会关系，也就是这句里面所提到的：家人、信赖的友人。因为这两种社会关系不但稳定，而且有强烈的感情，完全是吕西亚斯上述言论的反例。由于吕西亚斯上述言论无法说明这两种既稳定又带感情的社会关系建立在什么基础上，因此在文中只能表示为与他所讨论的爱无关。吕西亚斯所说的爱因欲望而起、因欲望而灭，因此家人、信赖的友人这种不因欲望而起、又带感情且稳定而长久的关系，只能当作例外处理。柏拉图也是借此安排来透露吕西亚斯言论的极限与不足的。

③ 吕西亚斯此篇言论中所描述的交往关系有一点令人十分难以理解，那就是在交往关系中有一方处于一种充满热情、不顾一切、失去理性的状态，但被爱的一方却被描述为理性且将自己与对方的交往视为满足对方欲求，因此是被爱者对爱他的人施与的恩惠。这种不对等的关系背后尽管有古希腊社会真实存在的历史脉络，但更加强调了吕西亚斯言论中将理性交往视为相互积欠、索取人情债的计算。因此，此言论的前半部分强调跟爱恋者交往的负面下场，而言论的后半部分则反过来讨论要选择什么条件的人当作交往对象。

也并非最需要援助的人，而是最能够还得起人情债的人，这些人才是我们交往的对象①。换句话说，我们交往的对象不能是那些一心只想着爱情的人，〔234a〕而是值得在事务上来往的人；不是那些正值花样年华的人，而是在你老去的时候还会跟你分享好处的人；不是那些到处跟旁人炫耀事业、博得荣耀的人，而是洁身自爱、坚守内敛的人；不是那些专注力无法长久之人，而是可以长久维持友谊、此生不变的人；不是那些当欲望一旦平息，就寻求机会展现敌意的人，而是就算你已经不是〔234b〕花样年华，也依然会向你展现德行的人②。

所以，你别忘了我刚刚所说的，把这些好好记在心里：那些被爱的人，总是批评爱他们的人，因为他们认为这些爱自己的人不够检点，但对于不爱他们的人，不管这些人做什么，他们都不会用这种恶意来指责这些人。

最后，你一定会问我，是否建议你去和随便一个不爱你的人交往。对我来说，我想没有一个爱你的人会允许你对随便一个对你有爱恋之情的人投怀送抱的〔234c〕。因为，一来

① 依照吕西亚斯的思路，值得交往的人必然是能为自己带来最大利益的人，而且不仅仅是当下带来的利益最大，还要绵绵不绝地在未来为自己带来利益。要使交往为自己带来最大的利益，交往对象必须符合以下两个条件：一是施恩惠于他时，他怀抱的恩情比别人多，因此他自我感觉积欠的人情债更大。二是交往对象不仅要感恩，还要有能力报答，否则光有感恩却没能力转换为实质的反馈，终究对自己没有用处。

② 到此吕西亚斯利用一连串的正反对比来凸显跟爱恋者交往的坏处与跟无爱者交往的好处，这一连串的对比看起来十分有道理，要人们跟有德行之人交往当然是好事，然而这就是修辞的技巧，用一般大众所接受的意见来模糊这些意见跟最初的问题根源之间的关系。就如同此处，这一连串对比看似都有道理，但事实上问题在于这些对比是否因为无爱就有德，是否因有爱就失德？柏拉图在此明确现了修辞法模糊问题焦点的能力，即用大众都接受的真理来掩饰这些真理与其试图说明的结论之间其实并无必然关系。

他对你的感激绝对不比其他人多，二来他没有能力跟其他人
一较高下，带给你你所希冀的事物。我们必须避免任何会带
来弊端的交往对象，所有人都要寻找有用之人、事、物。我
觉得我说得差不多了。如果你还有什么不满足的地方，或你
认为我忘了说什么，你尽管说吧。

第二回 〔234c~237a〕

苏格拉底对吕西亚斯的言论的形式及内容展开评论，
认为吕西亚斯的言论虽然辞藻华美却并没有穷尽对问题的
探讨，虽然并非全错，元素也都有所涉及，但缺乏组织。

费： 苏格拉底，你觉得这篇演说如何？你不觉得异常华美吗，尤
其是辞藻？

苏： 〔234d〕言词不只华美，更是近乎神圣。我的朋友，我完全为
它所慑服。我能有此体会，多亏了你，费德罗，我刚刚注视
着你，当你朗读时，你整个人好像被这篇演说给点亮了。这
类事你比我在行，刚才我就跟随你，跟着跟着，我居然有幸
看到你进入葩袭① 状态，整个脸庞焕发出神圣的光彩。

费： 别开玩笑了！

---

① "葩袭"为音译词，"bacchic"原是希腊文中用来形容神的形容词，在此形容人非常投入、
宛如"神灵附体"的状态。此词在传入拉丁语世界时跟酒神狄俄尼索斯画上等号，因此，在
拉丁神话，酒神被称为"Bacchicus"。柏拉图在此用这个词来传达当人专注于某种活动时，
这种狂热会引领我们进入一种完全超越日常状态的境界，在此为之后对神圣"疯狂"的讨论
埋下伏笔。

苏：我看起来像在开玩笑吗？我表现得有一点儿不正经吗？

费：〔234e〕完全不是这样的，苏格拉底。但请实话告诉我：以宙斯之名，你相信还有另一个希腊人，有能力针对同样的主题给出比这篇演说更宏伟、更圆满的言论吗？

苏：啊？作者自己都说这篇演说把该讲的都讲了，你和我，我们还要赞扬这演说吗？刚刚说它风格清新、用词精确，句句表达铺陈完善，这些评语还不够吗？但如果你觉得继续赞扬它是我们的职责所在，那为了取悦你，我会赞同你的看法，但对我来说，大概我不够杰出〔235a〕，实在不觉得有何值得赞美①之处。因为，我注重的不只是这篇演说修辞的部分，撇开修辞，我觉得连吕西亚斯自己都不会对此感到满意②。老实说，费德罗，除非你要反对，我感觉这篇演说重复讲了两三次同样的事情，就像他不太敢在一个主题上多讲一些，或许就连这样的主题他都不感兴趣。因此他给我一种骚人正在炫耀才华的感觉，讲点儿这个、讲点儿那个，每个发言都看似完美无瑕。

费：〔235b〕苏格拉底，你讲得完全没道理啊！这才是这篇演说真

---

① 前面的注解已经点出，这篇对话录将苏格拉底与费德罗之间的关系特意设定得跟他们所探讨的内容相互呼应，因此吕西亚斯在这篇言论当中提到爱恋者会为了取悦其所爱之人，而做违反自己判断的事情。柏拉图在此处通过这点来暗示苏格拉底对费德罗的倾慕，但同时也通过苏格拉底的反应展现出爱恋者的倾慕并不必然让他说出违心之论，爱恋者的盲目另有其他因素使然。苏格拉底在此说明，为了取悦费德罗，他可以继续赞美吕西亚斯的演说，然而，实际上他认为这篇演说有缺陷。

② 苏格拉底在这里点出一篇演说不只有修辞这一个评判标准。在修辞上，吕西亚斯的演说也许非常完美，然而撇开修辞，这篇演说并不理想。在对话录的第二部分，当苏格拉底专注讨论修辞学的问题时，这个"修辞之外"的部分才会被点明，对照后文，此处苏格拉底所指的不足之处是演说内辩证的部分。

正的核心要点，这个主题值得一提的所有元素①，他一个也没漏掉！因此，我认为，没有任何言论可以比这篇言论更完满、更有价值。

苏：这就是我实在不能对你让步的地方。因为，在过去，那些智者，不管男人还是女人，在爱情这个题目上都留下了太多写作篇章与口头言论。我如果为了讨好你而改变主意，那这些人正好见证了我的过错。

费：〔235c〕这些智者是谁？你从哪里听来了比这更高尚的言论？

苏：我一下子也没办法说清楚自己到底是从哪里听来的。但显然我在我仰慕的萨福②、智者阿那克里翁③，甚至在几个冒充智者的假货那里都听过类似的言论。是什么让我发此一言呢？我圣洁的费德罗，我的心中感到如此盈满，当我听其他人的言论时所体验到的，是一种自己有好多好多〔意见〕想发表的状态，而且跟你刚刚朗诵的篇章相比，这些〔想法〕都不会显得低下。不过我很清楚地知道，这些理念④没有一个源自

---

① 通过费德罗的反应，柏拉图说明一般人直接把辞藻华美当作好文章的唯一评判标准，而依照费德罗所言，吕西亚斯的这篇演说已经触及所有重点元素，因此无人可以超越。柏拉图通过苏格拉底要说明的是：即便是搜集了所有必要元素和重点，但若没有组织和论证，再怎么完善地搜集各自独立的要素，也无法完整地呈现对某个主题的探讨，因此这些要素最终并不能构成知识。

② 萨福（Sappho），古希腊女诗人，出生于公元前7世纪，留下了许多诗篇。萨福是一名女同性恋者，今日许多西方语言中对女同性恋者的称呼，如英文中的"lesbian"的来源即她当时所居住的莱斯沃斯岛（Lesbos）。

③ 阿那克里翁（Anacreon，前570—前480），古希腊著名诗人。

④ 理念（idea）是柏拉图思想中非常重要的一个概念。理念是思想最纯粹的对象，理念的存在确保人的知性能够通过思想掌握实在，因此理念不依赖任何主体，也不含主观成分，反而是任何主体的思想活动都要参与理念。理念与思想的关系就如同原子与物体一般，所有思想对象都是基础理念通过非常复杂的排列组合而成的结果。所以苏格拉底在这里强调这些理念并不源于他，因为并非思考者创造出了理念，思考的工作仅在于厘清交织在一起的思绪中最核心的部分。

我，因为我洞悉自己的无知①〔状态〕。这样说来，我推测剩下的唯一解释就是：我曾经在什么地方〔235d〕被一个我所陌生的东西刺激而让我醍醐灌顶。但我精神涣散，老是无法回想起我到底是从哪里听来的这些言论。

费： 我高贵又完美的朋友！你这些想法是从哪里或从谁那里学来的，我一点都不在乎，要我求你也好，拜托你也罢，请把刚刚起了头的发言继续讲下去吧！你一定要说说你的看法，你都说你的言论不同于我刚刚所言，又说这个论述不但没有比吕西亚斯的差，可能比他在这篇演讲稿里的论述还要周全，而且还不借用他的想法。我向你保证，就跟九执政官向德尔菲神庙②献上雄伟的黄金雕像一般，我不只〔235e〕献上我的，更献上你的贡品。

苏： 费德罗，你真的是太讨人喜欢了，啊，不只讨人喜欢，你根本就像尊金童一般。如果你觉得我是要说吕西亚斯所言完全无知，因此对于他所提到的每一点我都可以讲出另一套说法来，那么我想这种事情连最低等的作家都不会遇到，〔何况是吕西亚斯〕。比如，吕西亚斯的言论中有个论点：跟无爱者交往好过与有爱恋之情的人交往。你觉得还有人能拒绝赞扬这个说法的明智〔236a〕，或拒绝批评相反言论之不智，另外再提出些其他论点来吗？不，我认为，如果有人在同一个论题

---

① 苏格拉底的名言："我只知道一件事，就是我什么都不知道。"柏拉图在此借苏格拉底之口说出这句话来影射苏格拉底的这句名言，原因是，对于苏格拉底和柏拉图来说，知识或真理的追求是永恒的动态，而由于人的有限存在，使我们只能用有限的方式取得有限甚至不完整的知识，因此知识的追求不在于累积确切的真理，而在于不断地探问。在这个基础上，柏拉图承袭了苏格拉底的思想，强调对无知状态与处境的认知，让人能够在追求知识的过程中更为开放和轻松。
② 德尔菲神庙就是柏拉图在《对话录》中描述的苏格拉底听到女神对他说知识的本质在于"认识你自己"的地方。

的发展中运用相同的素材，应该要原谅他。因为在已经有所发展的论题上，我们应该赞赏的不是发掘新题材，而是〔对旧有的题材进行〕组织。〔只有在一个尚未发展的论题上〕，当找寻题材还十分必要且艰难的时候，该鼓励的才是发掘新题材，而不是组织①。

费：你的言论让我为之倾倒——你刚刚的这些提问我觉得很合理。所以我打算这样做："爱恋者比无爱者病得更重"〔236b〕——我把这个论点给你当起点，接下来，你若有另外不同的看法或更臻至完善的言论，那我应该在奥林匹亚库普赛鲁斯②祭品旁边，帮你立一尊金雕像。

苏：你太紧张了，费德罗，我是想逗逗你才出言攻击你的爱人的，结果你还以为我真的想要挑战这个人的智慧，尝试找些新颖、奇异的东西来。

费：就这点来说，亲爱的朋友，〔恰好帮自己争取到了第二回合③〕〔236c〕，你就把你所有的本事都拿出来，我要看看你是否真的能全身而退。为了避免沦为一搭一唱的敷衍方式，我们得相互要求对方的反馈，我不想听到以下这种回答："啊，苏格拉底，如果就连我都不认识苏格拉底，那么我一定忘了自己是谁。"或者"他渴望发言，但却故作姿态。"你仔细考虑考

---

① 在这个段落中，苏格拉底将探讨论题的步骤进行了简单的说明。在探讨一个问题的时候，搜集题材和相关素材是扩充讨论丰富程度的必要步骤，但光是有题材却不足以好好探讨一个问题，在有了素材之后，要发展一个论题的探讨，就要进一步将这些素材组织化、结构化。苏格拉底在这里再次强调吕西亚斯的演说缺乏结构，只有松散的题材。
② 库普赛鲁斯（Kypselos，前670—前627），古希腊城市科林斯（Korinthos）的第一位僭主，因为他推翻了本来统治科林斯的政权，因此受人民供奉。
③ 柏拉图在此用的这个词通常只在搏斗的场合中使用，因此中文译文特别保留这个搏斗的比喻。

　　虑吧，在你讲出你想传达的言论之前，别想离开——我们单独在此清净地，我又是我俩中较年轻强壮的那个。〔236d〕我给你一点建言：比起让我逼你就范，你应该比较希望自己心甘情愿地娓娓道来①。

苏：费德罗，我的幸福泉源，我只是一介凡人，我若痴心妄想要跟如此优秀的作者在同一个主题上一较高下，那只会凸显我的荒谬而已。

费：你知道吗？不要再跟我假装客气了，只要能逼你发表言论，我可是什么都说得出来！

苏：还是别说出口吧。

费：不，我现在马上就要说，这是我的誓言。我发誓，但对什么发誓？向哪个神发誓？该怎么选择？就这样吧，如果你愿意〔236e〕，我就对这棵松树发誓。没错，我对松树立誓，你再不把你的言论在这棵树下发表出来，我就再也不为你朗诵，也不跟你分享我的任何言论了！

苏：哎呀，我的心肝，你可真是找到让一个慕爱言论②的人对你臣服的方法了。

费：那你还在推托什么？

---

① 从前文可以清楚看到苏格拉底对费德罗的渴望，但费德罗对苏格拉底是否有相同渴望却看不出来。但在这个段落中，我们可以看到，费德罗也同样展现出某种为爱而狂，不惜一切都要争取的状态。柏拉图通过剧情安排与人物互动，试图透露爱恋关系并不如吕西亚斯的演说所言，只能是一种不对等的关系，若爱恋关系不对等，那么代表着双方在关系内所追求的目标有所不同，而苏格拉底与费德罗所展现出的爱恋关系，却以他们两人共同对言论的热爱来确立，在此柏拉图已经为"爱恋"与"慕爱"之间的转换做了铺垫。
② "慕爱言论"在古希腊文中为"philologos"，其中包含"philo"（慕爱），与"logos"（言论），从字面上可以看出这种对言论的爱并非"eros"（欲爱）意义下的欲望爱，而是"慕爱"。由此可见"爱恋"与"慕爱"两种爱的对象不同，两种爱所展现出的关系也有所不同。

苏：没什么要推托的，你都发下重誓了，我感到受宠若惊。

> # 第三回　苏格拉底第一言论〔237a~241d〕
>
> 　　苏格拉底通过召唤缪斯女神引出言论，在讨论了欲爱的定义及与爱恋者交往的利弊之后得出结论：爱人所带来的爱情，对指引灵魂没有任何建设性的帮助，是世间最脆弱之物。

费：〔237a〕那开口吧！

苏：你知道我接下来要做什么吗？

费：什么？

苏：我要把脸蒙起来，这样才能把我的言论从头到尾快速讲出来，以免我盯着你感到羞赧自卑。

费：你发表言论就是了，其他的你想怎样就怎样吧。

苏：来到我身边吧，缪斯女神们，你们这称号若不是来自你们清亮的歌声，就是源自利古里亚这个音乐民族①。请帮助我，让我朗诵出这神话，我眼前这位善友要我务必宣读，好让他的才艺更加精进，尽管〔237b〕就我看来他已经技艺②出众。

---

① 利古里亚人分布于意大利西北沿海，是个十分古老的民族。此处对于利古里亚人喜爱音乐的描述，其实很难证明指的就是意大利西北沿海的这个民族，只能借由其他文献当中的一些侧面描述来推论。

② 技艺在此所对应的希腊文为"sophos"，字面上的意思为"有智慧""智者"，但柏拉图在使用这个词的时候，常常指的并不是今日所理解的"智慧"这个词。在这里"sophos"指的是对某种才能（技能）非常专精，比较接近"专家"的意思，因此在此译为"技艺"。

曾经有个男孩，应该说是一个貌美的少年才对，这个少年是许多人共同爱恋的对象。在这些爱恋他的人之中，有一个人很机灵，尽管这个人对这个少年的爱不比其他人少，却诱导少年相信自己一点儿也不爱他。这个人怂恿少年相信：交往对象应该要选择对自己无爱恋之情的人，而非对自己充满爱恋之情者①。这个人是这么说的：

孩子，要知道，在所有事情上，只要目标是要议论出个结果〔237c〕，那么就一定有个起点②：必须要知道你是为了什么议论，不然必定全盘皆错。然而，多数人都无视自己其实对各个事物都很无知，以为自己很懂，所以在一开始相互切磋的时候，都不同意别人说的，但随着讨论的进行，他们就开始游移自己的〔立场〕，最终既不同意自己，

---

① 我们可以发现苏格拉底在此采纳了吕西亚斯言论中的主要论点：跟无爱者交往比跟有爱者交往好。然而柏拉图在安排情境的时候，特意为这个论点安排了一个特别的脉络，来显示吕西亚斯的言论毫无可信之处。在苏格拉底的言论中，讲出"跟无爱者交往较好"这句话的人，本身是假装为无爱者的爱恋之人。这个人假装自己不爱其尝试说服的美少年，就是为了利用这言论来说服美少年与其交往。然而这个人的言论要奏效，必须符合两个条件：第一、这个人必须符合无爱者的条件，因此他必须给爱恋状态一个明确的定义，而他自己必须不符合这个定义所描述的状态；第二、这个人跟其他爱恋者之间可以明确区分开来，因此，这一言论表明，即使同样在爱恋的状态中，也有另外的因素来将爱恋者至少区分为两类。

② "议论的起点"在文献诠释中引起了很多讨论，许多人认为，在这个段落里面，柏拉图要强调定义的重要性，所以在议论某主题之前要先定义所议论的对象为何。然而，若此处的起点所指的是定义，那么我们可以质疑，如果定义本身就蕴含了了解此对象的本质，那定义之后为什么还需要讨论？起点在此有另一种解释，亦即界定词汇，就是给讨论主题所涉及的概念一个暂时的定义，来当作后面讨论的论证前提。以苏格拉底接下来的言论看来，此处的起点指的是最终得出"欲爱"定义之前的整个段落，而这个定义实际上在后面提出的论证中所扮演的角色即为论证前提。

也不认同对方①。

　　而我和你，不会重蹈覆辙。当这句话降临在我们面前：如果一定要选择，是要选那个毫无爱恋之情的人，还是选爱恋自己的人？我们要先思考什么是爱，爱的效应为何②〔237d〕。在这上面达成共识后，将眼光锁定在共识上，一边向共识推进，一边检视爱到底是利是弊③。

　　爱是一种欲望④，这一点所有人都十分明了。不过，无爱

---

① 苏格拉底强调，若讨论没有先界定主题对象，最后讨论者不仅会不同意其他人，也会不同意自己。不同意他人这一点很容易理解，但既不同意他人，也不同意自己才是柏拉图想要强调的关键。若讨论的开头对主题所涉及的主要概念丝毫没有界定，那么所有讨论者尽管运用的是同一个词语，所指涉的却可能是完全不同的概念，甚至同一个人对同一个词语所指涉的概念都在不断变动，因此导致了不仅相互不同意，自己前后的意见也会因为不同时间对相同词汇的指涉不同而前后相左。

② 苏格拉底在此指出，对某一事物的定义涉及两个层面：一是此事物的本质，二是此事物所展现出的效应。

③ 苏格拉底在此的态度与我稍早对于"议论起点"的诠释相吻合，以对一个探讨物的界定为前提，在所有人接受此前提的条件下才开始进行议论。

④ 在吕西亚斯的言论中，爱与欲望关系密切，但两者之间的确切关系为何却未曾清楚界定。但在苏格拉底第一言当中，苏格拉底首先就先将爱与欲望之间的关系界定清楚：爱是一种欲望，但不等同于欲望，换句话说，欲望有许多类型，其中一种是爱，因此不管爱或不爱，两种都有欲望。

　　苏格拉底的第一言论模仿了吕西亚斯的言论的风格，也陈列出几点来说明爱，然而，两者的差别在于，吕西亚斯所陈列的重点之间没有关联，各自独立，因此就算打乱重新进行排列组合也不影响理解，但苏格拉底第一言论则不然，其所陈列的点之间有特定的推论关系，因此只能用他所安排的顺序来理解。通过形式上的相似与相异，柏拉图想要彰显同样的素材有组织和没有组织之间就有很大的差异。苏格拉底第一言论采纳了跟吕西亚斯言论相同的论点（跟无爱者交往为好），在表面上也有所相似，唯一差别在于组织元素的结构，赋予了这个言论新的形式。因此，苏格拉底第一言论旨在批评吕西亚斯的言论的形式，而苏格拉底第二言论则批评吕西亚斯的言论的内容。

之人，同样欲求美 ①，这一点你我也都知道。倘若如此，爱与不爱要怎么区分呢？有一点需要注意，我们每一个人身上都有两种驱动力在引领我们，而此二者驱动我们往哪儿，我们就会往哪儿发展。这两种驱动力，一种是我们先天 ② 就有的，是追求欢愉 ③ 的欲望；一种是后天习得的，即仰慕崇高 ④。

这两种驱动力有时心有灵犀，〔237e〕有时分道扬镳，其力量相互拉锯，此起彼伏。如果理性的意见 ⑤ 较为强大，

---

① 欲望的对象在此被界定为"美"，希腊文为"kalos"。许多文献都讨论过为什么柏拉图将欲望的对象设定为美，柏拉图也不曾在任何对话录当中清楚地解释这一点。然而，若参照柏拉图的理念论来理解，欲望的基础是被动且非理性的，因此欲望追求的对象必定与真和善无关，因为真和善都必须用理性判断，但美作为理念本身，是所有让人有美的感触的基础，也就是说美的本质也许涉及知性判断，但美的效应却有其被动且非理性的成分。以此说来，任何引发这种想要、追求的心灵状态的对象都参与了美的理念，换句话说：某事物吸引我们，因为这个事物触动的某种心理状态让我们感受到了美，因此受到了吸引，进而成为追求的动机。在这样的定义下，所有欲望的对象都参与了美的理念，都在某种程度上在特定人心中激发起对美的感受，因此这些欲望的对象都是"美象"（美的表象）。

② "先天"（innate）的概念在哲学上时常被探讨，旨在说明人类不需要通过任何学习，与生俱来的能力或倾向，这里就将追求享乐、逃避受苦当作人类与生俱来的行动倾向。

③ "欢愉"，古希腊文写作"hedone"，在中文语境中很难找到一个词来明确表示这个简单的概念，因此以中文对"hedonism"的翻译"享乐主义"为参考进行翻译。这个概念对应的是英文中的"pleasure"，简单来说，当一个活动结束时，其所带来的正面的感受被称为欢愉，负面的感受被称为受苦。举例来说，肚子饿的状态为受苦，但一旦吃到食物，这个行动所带来的正面感受即为欢愉。

④ "仰慕崇高"在古希腊文中指的是追求更好。因此同样是欲求，仰慕崇高所追寻的是理性判断认为的较为美善的对象。

⑤ "意见"在此处所对应的古希腊文为"doxa"。"doxa"最常被译为"意见"（opinion），在特定的体系下也被译为"信念"（belief），但"doxa"本身的意义同时涵盖这两方面。"doxa"的动词形式"doxazein"指的是"看来如何如何"，因此时常被译为"谁认为如何如何"；名词"doxa"有当代"意见"之意，然而这个词同时也蕴含了"公共信念"的意思，也就是说，某事物普遍被整体社会成员认为为真或为假。举例来说，现代社会中，认为地球是圆的是当代社会中所有成员普遍共享的"doxa"，但在柏拉图的时代，社会中的"doxa"可能倾向于认为地球是平的。

我们就会在它的统治与引领下，追寻卓越，我们称此状态为"节制"①。〔238a〕但若是非理性的欲望力量较强大，就会支配着我们一味朝愉悦追寻，我们称这种支配为"纵欲"。②

然而，纵欲有许多名字，由于其多分支、多成分③，在人们身上彰显出来不同的形态，因此我们给予有此特质的人不同的称号，而这些称号通常都不怎么好听或体面。

〔比如说，〕如果对美食的欲望大过其他欲望，而且使理性将美食当作追求卓越的对象〔238b〕，这就被称作"饕餮"，而受此欲望牵制的人，就被称为"饕客"。若换成酒，那些为酒瘾控制的人，我们很清楚要如何称呼他们。其他欲望亦如是，〔追随什么享乐对象的〕欲望就配有什么样的称号，两者如姐妹般如影随形。我们可以清楚地看到，每一次欲望展现不同面貌的专横时，就得用不同

---

① "节制"在此处很明显与"禁欲"不同，"节制"强调的是行为"得当"而不"过度"，因此享乐本身在这个段落中被视为人所有行动的驱动力之一，享乐本身非善非恶，而是由追求享乐这一行为是"得当"还是"过度"来决定行为善恶。既然节制与否取决于行为是否有"度"或过"度"，"度"在此作为衡量标准，就预设了理性判断，因此当"仰慕崇高"的驱动力凌驾于"追求享乐"之上时，我们的行动就会"合度"不放纵。

② 与"节制"相反，当"追求享乐"的驱动力凌驾于"仰慕崇高"之上时，行为就会超过"适度"，理性意念没有足够的力量将行为引导在标准内，因此称其为"纵欲"。因此，在"纵欲"的概念里有"过度"、不理性之说，因为理性的功能在于划清限度，而纵欲则让追求享乐的欲望，超越了理性给自己划下的限度。

③ "多分支、多成分"所对应的希腊文为"polymeles kai polymeres"，十分精确地界定了各种放纵之间的关系。"poly"在希腊文中意指"多"，现代欧洲语言中还有许多词在使用这个词根。"polymeles"中的"melos"（meles 的单数原型）字面上指肢体，因此"polymeles"即一脉多支；而"polymeres"中的"meros"（meres 的单数原型）意指"部分""成分"，因此"polymeres"即一体多分。整体来说，即说明在"纵欲"，也就是追求享乐的驱动力的主导下，展现出的纵欲状态有许多分支与种类，它们虽同被享乐主导，却因为追求对象有所不同，而对"纵欲"用不同的命名方式进行界定。

的名字称呼它①。

我以上所说的是为了解释哪一种欲望呢？刚刚的探讨已经很明显了，不过说出来总比没说出来清楚：当排斥理性的欲望〔238c〕较旺盛时，就会驱使人扭曲判断，捏造意见，执意追求美好所引发的欢愉。在欲望的驱使下，我们会将肉体上的美好当作追求的对象且不断巩固，让欲望的驱动力变得无可抵挡。从这种欲望彰显出的纵欲形态，我们称为"欲爱"。②

告诉我，亲爱的朋友，费德罗，你同意我所说的吗？你看我看得都进入神人合一③的状态了。

费：我完全同意你刚刚所言，苏格拉底。你的言辞出乎意料地流畅，这真不像你。

苏：那你安静听我说。在这一点上，我感觉一定有什么神圣的东西〔238d〕，因为在我接下来的言论里，如果我好像被水精灵附身加持的话，别太意外。我正在宣讲的内容，与你刚刚过誉的言论能并驾齐驱了。

---

① 柏拉图在此处解释，日常生活中我们会用许多名称来指涉某种纵欲的行为，只要我们仔细检视每种名称，就会发现每种纵欲的行为是以其欲望过度追寻的对象来定义的，因此，当欲望过度追求饮酒时，就被称为"酒瘾"，追求美食就称为"饕餮"。纵欲，作为一种类型的行为相对于另一种被称为"节制"的类型，其内部会按照不同对象分裂成不同种类的纵欲，每种类型又可能各自依照对象细微的不同，而分化出子类型的纵欲。此处呼应前文说纵欲"多分支、多成分"，通过命名的方式，我们能够清楚地界定每种分支与成分。

② 苏格拉底此处的言论在第一部分展现了讨论进行时必要的第一步：界定核心概念。因此，这个部分的主旨就在于最终界定"欲爱"的概念。若纵欲借由享乐对象的不同，而能够分裂出不同种类的纵欲，那么"欲爱"在此对应的是：过度追求物质美所带来的享乐的这种纵欲，换句话说，当非理性欲求物质美（肉体、形态、表象、外形）凌驾于理性判断之上时，这种纵欲就会展现为追求美好的肉体，而被命名为"欲爱"。

③ "神人合一"在此指的是进入一种超越自己本来限制与条件的状态。

费： 你说得很对。

苏： 这全都归功于你。不过赶快接着听我说，因为灵感随时都可能弃我而去，这全凭圣灵^①决定。所以我们继续说这个机灵的爱恋者对少年讲的话。

> 我勇敢的孩子，在刚刚这一番探究与界定中，我们探讨的对象是不是很清楚了？接着还剩下一个问题要讨论〔238e〕，选择爱恋者交往和选择无爱者交往，按理来说各自会有什么利弊^②。
>
> 那些被欲望支配，为欢愉奴役的人，在面对自己魂牵梦萦的对象时必然只求一事：欢愉的最大化^③。而对这些病

---

① 在这篇对话录当中，随处可见各种神灵的称号，"圣灵"一词也时常出现，这在当代的语境中可能让读者感到有些疑惑，故在此稍微说明一下古希腊社会的信仰与这些词汇在这篇对话录里面的作用。

古希腊社会的信仰属于多神信仰，跟中国一些地区传统的民间信仰一样，不同神祇各自掌管不同领域。柏拉图此篇著作内出现了大量对圣灵的赞颂与呼唤，并且大量运用神话，这是一般被归类为哲学的著作中不常出现的书写形式，而柏拉图用对话录且大量使用神话的形式来呈现他的思想，这个形式是一个有理论基础的选择，而非纯粹修辞上的风格选择。"圣灵"一词的原文就是古希腊文的"神"，但为了避免读者错误地联想到一神教信仰体系的神，此处翻译为"圣灵"来强调两点：第一，"圣"强调其超越人类知性的状态，在此对话录当中这点被特别凸显出来。柏拉图认为每一个灵魂之所以有潜力追求更崇高的存在，是因为受到了更崇高存在的吸引，并将这种吸引力转化为动力来实现所追求的理想。第二，"灵"是为了强调这些神祇都是"灵魂"，灵魂是所有让整个存在界保持动态的基础，包括思想和行动，在柏拉图的思想中都是由灵魂来赋予其生命的。灵魂的问题在后文中会有更清楚、详细的讨论。

② 由此可以发现，苏格拉底给的第一篇言论与吕西亚斯的言论之间只有形式上的差异，在内容上完全承接了吕西亚斯言论当中的元素，甚至连提问方式也是，因此在界定"欲爱"之后，接着要检验的就是：跟爱恋者来往到底是利大于弊还是弊大于利。

③ 继定义"纵欲"为追求欢愉的欲望主导行为之后，此处将定义的对象转为"纵欲者"，用纵欲者的行为模式来界定这种类型的人。通过其行为模式可见，当追求欢愉成为主导我们所有行动的驱动力时，所有行动的唯一目标就是欢愉的最大化，即从欢愉的种类所对应的对象身上汲取最多的享受。因此饕客在美食中追求欢愉的最大化，而爱恋者，在此论述体系中，则在美丽的肉体上追求欢愉的最大化。

态的人来说，所有不违逆他的都讨他欢心，然而所有与他平起平坐甚至超越他的，他都倍感敌意①。

〔239a〕既然爱恋者无法承受他爱的人比他优异或跟他一样好，那么，他就会尽其所能打压他所爱的少年，让所爱之人永远维持比他低下的状态。

然而，无知较智慧低，懦弱较勇敢卑，漫谈较修辞下，反应迟钝不如学思敏捷，按此逻辑，倘若在爱恋者心性②上都已经看出以上这些恶，甚至其他更多的恶，不管是先天如此还是后天习得，其所爱之人身上必然是罪恶昭彰，而其他恶也很快就会被发现。若不想如此，其所爱之人就得放弃眼下即时的欢愉③。

由于爱恋者必然妒忌〔239b〕，因此会阻止自己心爱的人跟其他人有过多来往，即便是跟那些有利于他更好地成长的人的交际都要阻止。由此可见，爱恋者反倒成了对其所爱之人造

---

① 在界定"纵欲者"的行为为追求欢愉最大化之后，苏格拉底接着补充欢愉如何能最大化。欢愉产生的条件在于纵欲者本身愉悦，且不会感受到任何负面情绪，而追求对象本身的优越或平起平坐，在追求欢愉的脉络下，都只会使纵欲者恼羞成怒，因此欢愉最大化的结果就是所追求的对象都比自己低下。与此相对的就是"仰慕崇高"的驱动力，当一个人想追求进步，受到比自己优越的人的吸引，虽然过程中的挫折不会带来即时的欢愉，却是生命最终因实现自我而得到幸福的基础。

② "心性"在此为古希腊文"dianoia"的翻译，这个词最直接且常见的中文译文为"思想"，但"dianoia"的字义涵盖的范围比"思想"更广，所有非物质活动的产物都能够用"dianoia"指称，而"思想"二字在中文语境之内的意义相对狭隘，容易误导读者将此处解读为有意识的思考活动的成果。在此段落中，苏格拉底主要指的是从爱恋者所表现出来的意图和倾向当中，已经展现了某些恶，因为爱恋本身已经在先前被定义成纵欲的一种，那么他欲求的对象，既然一定会比他低下，一定会彰显出更多恶。因此在此将"dianoia"译为"心性"。

③ 跟爱恋者交往的后果，在此已经点明，即必然永远卑劣，且为了即时享乐得来的欢愉而甘之如饴。在此处，苏格拉底已经表明被爱者的下场，若不想永远卑劣，就必须放弃眼下的欢愉，并离开爱恋者。

成伤害的核心原因，而其中最严重的伤害，即导致所爱之人被排除在最高尚的智慧之外。爱恋者百般阻挠心上人接近的，正是对智慧的慕爱①，因为他惧怕有朝一日被所爱之人看不起。所以，爱恋者所有伎俩都是为了让其心爱的少年停留在一种全然无知的状态，而且要求少年的视线绝不从自己身上移开。爱恋者以为这样一来〔239c〕，其爱人就会享有最多的欢愉，但这实际上反而是对其所爱之人最大的伤害。

若对肉体占有和呵护的驱动力成了发号施令的主人，这将变成一种制约，让人以为汲取欢愉等同于追求善。以上这点正是我们应该要知道的。

我们看看，如果爱慕者追求的是个全身松软、毫无肌肉的少年，他不晒太阳，总是躲在层层阴影下，从没做过什么粗重的、比较累的工作，生活舒适，肌肤洁净、苍白无色，〔239d〕而且把维持这种生活形态当作一生志向，这画面太鲜明，还是不要继续描述了。然而，这里有一点很重要，要先提一下再处理其他重点：这样的肉体，在战场上会让敌人充满信心和勇气，却会让身边的朋友与爱人〔为他的美〕感到颤栗②。

---

① "对智慧的爱慕"对应的古希腊文是"philo-sophia"，也就是如今被称作"哲学"的古希腊文。在此对话录当中，"philo-sophia"大多不被译为"哲学"，因为一直到对话录的最后，才会对"哲学"这个概念进行定义，在此之前都只是指称一种"对智慧与知识的慕爱"，进而促使人追求智慧。

② 苏格拉底利用这句话来凸显爱恋者的荒谬。爱恋者被定义为其中一种纵欲，也就是过度追求肉体美好所带来的欢愉。因此其所爱的对象必然是其认为美的肉体，然而，若这个欲求对象能够跟爱恋者维持交往关系，代表爱恋者能够不断从对方身上汲取最大化的欢愉，而欢愉最大化的条件就是所爱之人永远不能超越爱恋者。在此逻辑下，所爱之人的肉体本身也不能超越爱恋者，而在古希腊社会的审美观中，苍白软弱的身体比不上黝黑的、经过锻炼的身体美，因此若爱恋者的肉体必然超越所爱之人，那么所爱之人的身体必然苍白瘫软。讽刺的是，这样苍白瘫软的肉体正是在战场上鼓舞敌方的肉体，但在爱恋者的眼中，却成为美到令人颤抖的肉体。

这个重点已经讲得非常清楚了，按照顺序，接下来要探讨的是：对于接受爱的一方来说，〔239e〕从爱恋者身上得到的陪伴与导护①，到底会带来什么样的利、什么样的弊。刚才所提到的论点对所有人来说都已经非常清楚明了了，爱恋者也一定了然于胸：他自己用尽心思，就是要让所爱之人毕生所求全都落空，让朋友、亲人，甚至所有高尚之人都与其隔离。

爱恋者要其所爱之人最好失去父亲、母亲、家人和朋友，因为他认为这些人的干扰与管束会〔240a〕让其和少年的交往无法达到欢愉的最大化。这还不是全貌。若少年多金，或者有其他财产，就会被他认为，少年的心不但不易被征服，而且就算被征服了也难以掌控。因此，爱恋者必然会对少年所拥有的怀抱妒忌之心，少年的财富如果被摧毁，爱恋者会更高兴。除此之外，爱恋者希望少年最好维持无妻、无儿、无家的状态，而且时间越久越好，让其能有更长时间来品尝欲望所结之果的甜美②。

---

① "导护"对应的古希腊文为"epitropeia"，字面上为"监护"的意思，在此可能映射古希腊社会中的一种习俗，即通过成年男子和少年之间的特殊关系来培训少年。《对话录》开头简略介绍古希腊社会的这个习俗，即成年男子与少年之间既有辅导关系，又存在欲望，这是古希腊社会中维护社会团结的特殊习俗。《费德罗篇》讨论的起点，就是以此习俗下的爱情概念来作为讨论体系的，柏拉图没有在《对话录》一开始就批评这样的风俗，而是通过一层层的讨论，来界定这种当时的社会关系所预设的爱情观及其后果，由此来检讨这种"少年之爱"的风俗。

② 行文至此，苏格拉底看似夸大了爱恋者带给自己所爱之人的下场，但在此必须提醒读者，此处的爱恋，是以"欲爱"的定义为前提所推导出的结果。在言论开头，苏格拉底先将欲爱定义为一种纵欲，既然是纵欲，那么推导出来的行为自然往过度的、极端的方向靠拢。爱恋者跟所爱之人之间的关系并非对等的爱慕，而只是一种达成特定目的的手段，对爱恋者来说，所爱之人只是满足欲望、获取最大化的欢愉的工具，其所爱之人不被视为一个人，而是一个有特定功能的对象。在此体系下，爱恋者希望所爱之人最好妻离子散，只能依附自己，并希望其所爱之人丢失所有朋友，在没人愿意与其来往的前提下只能崇拜爱恋者，以此来延长自己能够从其身上获取欢愉的时间。

当然，还有很多恶罄竹难书，但在这些短暂的欢愉当中，〔240b〕仍然掺杂了一丝神圣。谄媚者就如同一头恐怖的野兽，毋庸置疑是个灾难。尽管如此，这种人却天生被赋予了某种能力，并为他们带来了与缪斯女神能带来的相差不多的欢愉①。人们责怪那些亲近奉承阿谀者的人，因为跟这些人交往只会带来恶果。然而，同样类型的创作与作为，也带给大量群众不少类似的欢愉②，〔差别在于〕这种欢愉只消一日，而爱恋者对心爱的少年的日日纠缠，不但构成祸害，更对少年有着毁灭性的影响〔240c〕。

就如古话所言，"跟与我们年纪相仿的人来往，才能带来欢乐"③。我想，这大概是说相同年纪的人所认为的能带来欢愉的对象也相似，这种相似中可以孕育出慕爱④。然而，就算是相同年纪的人相互交往，也可能有以下情况。人们说，在所有事情上，只要是必须为之，对所有

---

① 苏格拉底在此处指的是美丽的言语所带来的欢愉，由于缪斯女神们就是所有艺术创作者的灵感来源，因此华美之词所带来的欢愉也属于缪斯女神们所带来的欢愉。爱恋者为了勾引所爱之人，同样需要用华美之词来谄媚对方，因此苏格拉底才用一种讽刺的方式，来说这些谄媚者也有过人之处，其辞藻华美不输于缪丝女神的加持的人。

② 柏拉图在此已经稍微透露了他对当时流行的修辞学的批评，谄媚与修辞其实许多相似之处，人们知道批评谄媚，且清楚靠近谄媚者的后果，却不察修辞对群众有着相同的效果，因为其让人难以察觉。

③ 此处引言是用来检视苏格拉底所揭露的爱恋者的问题到底是基于欲爱，还是可能有其他原因，而此处可能的其他原因就是年龄差距。如同前文的说明，古希腊这种独特的社会关系发生在成年男子与少年之间，因此年龄差距的因素必然蕴含在这一类爱恋关系当中。

④ 慕爱在此即"philia"，是一种比"友谊"还要抽象的倾慕关系，在此不译作"友谊"是为了避免理解上简化，故将友谊与爱慕切割。慕爱这种关系因为超越性别、年龄和单纯的欲望满足而时常被译为"友谊"，然而在此译为"慕爱"是为了强调这种情谊跟"爱""渴望""追求"之间的关系。

人来说都会变成一个重担。年纪上的差距当然是其中一个，在爱恋者与其所爱的少年之间的关系中更是如此。如果爱恋者与少年交往，年长的爱恋者当然日夜不想离开少年。由于需求〔240d〕与刺激，爱恋者所爱之人终其一生只为为爱恋者提供更多欢愉，爱恋者所见、所闻、所触、所识，所有感受都集中于其所爱之人身上，好让自己毫无间断地服侍他。

然而，从此以后，在有爱人相伴的所有日子里，要如何要求所爱之人、给其什么样的欢愉才能避免在过了花儿盛开的年纪、皮肤松弛逐渐衰老时，少年唾弃他，因他而作呕？而接下来的一切，〔240e〕这些不忍卒读的描述，如何能永远对少年形成约束？〔在如此考量下，〕少年因此承受监视，不管和世上哪个人来往，不管处于什么情境，都将饱受恶意与猜忌。他也许会时常听到爱人对他的不合度的夸赞，也会同样受到过分的批评。如果爱人成日酩酊大醉，讲话粗鲁，毫无操守、节制，这些批评对少年来说不但会让他难以忍受，而且算得上是一种污辱。

只要爱恋者还爱少年，这段关系对少年就只有损害与不悦；一旦爱恋者失去热情，在未来的日子里，就只剩下对少年的不信任。对两人共同的未来许下的那些诺言、以少年为对象的那些誓言与愿望，许诺者要费尽苦心才可能信守诺言〔241a〕，因此两人都会非常痛苦，只能通过对将来会降临的善的希冀来维持关系。然而，欠债到了该还的时候，支配、统治爱恋者〔行为〕的驱动力已经易主，节制取代了疯狂的爱，在少年尚未察觉的时候，〔爱他的人〕已经变成了另一个男人 ①。

爱恋者要求少年要对他过去的付出给予回报，开始提醒少年自己过去为他做了什么、说了什么，好像少年还在跟同样的人相处一般，又不敢承认自己已经变成了另一个人，之前许下的誓言〔241b〕早已不知如何信守，更不用说那些承诺，都是在他被不理性攫获时所许下的〔怎可能继续遵守〕。如今，他已经恢复理智，心理也恢复了健康状态，他不会再想像从前一样行事，也不想变回以前的自己了。因此，他会逃避自己的过去，这是他必然会犯下的错，过去的他有爱恋之情，然而今日已经事过境迁，他如今的角色变了，所以要逃避。而另一半见他如此，必定会追着要去挽回他，要以上苍为证〔要求他兑现诺言〕。

打从一开始，少年就应该知道，根本不应该与一个陷在爱恋中而必定不理智的人交往，〔241c〕反而应该跟一个对他毫无爱恋之情却十分理智的人在一起。所以说起来这是谁的错？少年死心塌地地将自己交给一个不守承诺的人，一个脾气不好的人，一个喜欢妒忌、令人不悦的人，更有甚者，交给一个将毁掉自己财富的人。此人对灵魂只有毁灭性的影响，没有任何建设性的帮助，而不管是上帝的灵魂还是人类的灵魂，都是世间最脆弱之物。

————————

① 从此段可见，对于柏拉图来说，人必然会在生命的某个阶段不再一味被欲望牵引，因为人到了一定的年纪之后，欲望的威力便随之消减，因此爱恋者有朝一日必然不再被欲望支配，而在这个时刻，他对少年的热情也就此消散。柏拉图通过苏格拉底之口在此将这种驱使力量的转换比作人格翻转，在支配行动的力量从追随欢愉转为理性地仰慕崇高时，行动主体好像变成了另一个人，而既然变成了另一个人，就不可能还守着过去自己许下的承诺。

所以，我的孩子，以上我讲的这些要好好记在脑袋里：要知道爱恋者给你带来爱情时，从来都不怀好意，爱恋者的爱只是像饥饿一样，急着要找人解馋，〔241d〕正如"狼对羊总是痴迷"，此话非常能够描述那些爱恋少年的爱恋者。

以上就是所有我想说的，费德罗，你不会再从我嘴巴里听到一个字了。既然我的言论发表完了，那换你说了。

第四回　第二中段：忏颂之必须〔241d~244a〕

苏格拉底彻底承认自己是被迷惑才说出对欲爱之神大不敬的言论，神之所以是神，是因为其高尚，而吕西亚斯和苏格拉底方才的言论，却贬损了被敬为神的欲爱。若欲爱是神，那么神怎么可能是导致众恶的原因呢？因此，苏格拉底要重新发表言论，以忏颂洗涤自己的罪。

费：我倒觉得你的话才讲到一半而已，你应该还要说那些不爱之人，他们的情形又如何，解释一下为什么人应该更希望把自己交付给这些无爱恋之情的人，这样的关系能带来什么样的好处。所以，苏格拉底，你为什么在这就打住了？

苏：〔241e〕我的幸福源泉，你难道没有听到，我已经开始用一种史诗的语调，而非酒神赞那种抒情的方式在讲述了吗？这该怪罪我吗？如果我还要继续赞颂另一方，那你觉得我将会做出什么事情来？你难道不晓得你刚刚对我下的水仙迷咒，必然会在我身上启发一些神圣的东西①吗？所以我就用一句话来宣示：刚刚一方被贬低到什么程度，另外一方就会以相同程度被赞誉。所以为什么还要花这么多时间来继续这个话题？反正不管哪一方，我们说的都已经够多了。不管这个传说最终的结局是什么，〔242a〕我都认同。所以我要走了，我打算在你对我施加更多制约之前，穿过这条河流。

费： 还不行！苏格拉底，在炎热散去之前你不能走，你没看到就要到正午了吗？跟我待在这里，继续说我们刚刚说的，等到凉爽袭来的时候，我们再一起离开。

苏： 不管怎样，费德罗，你对言论的品位极为高尚且令人崇拜，这就是我的看法：你一生中所产生的言论，〔242b〕大多数都属于你，不管是你朗诵的这些言论，还是你威逼、利诱或者强迫其他人说出的他们的言论。我对西米亚斯②已经破了例，但其他，你已经超过太多了，所以，我想，我又有言论要发表了，拜你所赐。

费： 我又不是要向你宣战！你又要发表什么言论？

苏： 我的少年，我刚刚本来想穿过河流，因为圣灵给我捎来了信息

---

① 先前的注解已经点出柏拉图会通过人物互动来暗示一些他之后才会解说清楚的思想部分，因此在这篇对话录当中，读者会不断注意到苏格拉底对费德罗用了许多暧昧的用词，且将自己的言论描述为因费德罗而引发某种神灵上身的经验。这个情节不断重复出现，重点在于让读者注意到对某人的爱慕与诱惑不是只有负面的影响，人若能够追求卓越，首先必须仰慕卓越，而对卓越的仰慕能够通过某个人身上展现出的特质来启发。这也是为什么慕爱与爱欲之间并非井水不犯河水，反之，非理性的热情是推动行动的原始动力。

② 西米亚斯（Simmias），公元前 6 世纪～前 5 世纪的古希腊哲学家，苏格拉底的学生，在柏拉图的《对话录》中，西米亚斯在四篇对话录中被提到，而他在《对话录》中真正参与对话的是《斐多篇》。

〔242c〕—— 一个我以前接收过的信号刚刚在我眼前显现了①。然而，每当我已经箭在弦上要做一件事情的时候，它就要我忍耐。我好像冥冥之中听到一个声音，这个声音不让我在为刚刚犯下的错误赎罪之前继续讲下去，因为刚刚这个错误关乎圣灵。我有通灵②的能力，尽管我没有完全致力于此，但跟那些几乎不会阅读或书写的通灵人不同，我的通灵能力用来回应我的所求恰到好处。所以，没错，眼下我完全能清楚地看到自己到底错在哪里。事实上，我的朋友，灵魂也有神圣的能力。但刚刚有个不知名的东西干扰我，从我开始发表言论，我就一直被某种担心、疑虑搞得十分失常。就如伊比库斯③所言〔242d〕：

　　过错若涉及神明，

---

①　在许多柏拉图的对话录当中都有这么一个桥段，即苏格拉底突然说自己听到了某个神灵给了他一个讯息，这种言论转折手法如此独特，使"苏格拉底的守护灵"，也被译为"苏格拉底的精灵"成为《对话录》研究的一个主题。在本篇对话录当中，苏格拉底并没有直接点出他在其他对话当中称为"灵魔"（daimon）的某种有神性的灵，而用了"圣灵"（theon）这个词。"daimon"在古希腊文中指的是作为人与神中介的灵性存在，在使用的脉络当中通常有"守护灵"的意义。"苏格拉底的守护灵"在《对话录》当中的角色都处于言论转折处，守护灵给苏格拉底的讯息只有"肯定"与"否定"，而没有确切言论，就如同此处守护灵给苏格拉底的消息，仅止于对苏格拉底第一言论做出否定的评语。关于"苏格拉底的守护灵"有许多讨论，由于这个守护灵的声音来自内在而非外在，因此比较像灵魂内部某个能够超脱其附着的身体对其存在造成的限制，让灵魂有机会重新反思，超脱本来受到环境与处境框架的思想。仔细检查此处文章的脉络，会发现苏格拉底第一言论逻辑上没有什么瑕疵，若接受这个论证的前提，也就是对爱欲的定义，那么就会导出其所提供的结论只是简单的逻辑推演。然而，柏拉图如果要让苏格拉底提出截然不同的爱情观，那么首先必须跳脱的是论证所设定的前提，完全用另一个视角来重新审视、重新提问。在这个段落中，守护灵的作用即是如此，用一个无法解释的方式，来质疑先前提出来的论点可能有缺陷，在这个质疑的引导下重新检讨整个问题的预设前提，而非只是推论论证过程是否有效。
②　"通灵"对应希腊文中的"mantike"，指的是由于接触到神的话语而有预言的能力，柏拉图特意在此处用这个词，以呼应之后"占卜术"（mantike）与"疯狂"（mania）之间的关系。
③　伊比库斯（Ibycus），公元前6世纪左右的古希腊诗人。

世间荣誉便不值一提。

然而，我已知晓，

自己犯下何等罪咎。

费： 你到底想说什么？

苏： 费德罗，我刚刚的言论很糟糕，糟糕极了，不管是你带来的那篇言论，还是我刚刚所言都太可怕了。

费： 怎么说？

苏： 这不仅是愚钝，从某些方面来看，更是不敬^①啊！还有比这更可怕的言论吗？

费： 你所言如果是真的，那大概没有了。

苏： 所以呢？欲爱是情欲之神阿佛洛狄忒^②的儿子，难道他不是神灵吗？

费： 人们是这么说的啊。

苏： 但吕西亚斯并不如此认为啊，还有，〔242e〕你让我的嘴说出的那篇言论也是，我是被你下了药才会说出那种话。然而，就如我刚刚说的，欲爱是神，是神圣的东西，怎么能同时又是邪恶的一方^③呢？而刚刚针对欲爱的两篇言论，都将他以邪恶的形式来呈现。看看，这就是我在欲爱的主题上犯

---

① "不敬"为希腊文 "asebe" 的翻译，"asebeia" 是古希腊社会中一种非常严重的过错，指的是对神灵不虔诚，在中文的语境中对神明"不敬"是最贴切的翻译。

② 阿佛洛狄忒（Aphrodite），古希腊神话中主管爱情与欲望的女神。"aphrodite" 在许多欧洲语言当中存在，多用来指与性欲相关的概念。因此，阿佛洛狄忒所代表的爱情仅限于性欲上的情欲，而非中文语境一般对"爱情"二字的想象。

③ 苏格拉底在这里用了一种非常简化且推论上有瑕疵的方式，来说"欲爱"不应该如前述两篇言论所言被归类在恶的一方。原因在于，欲爱是阿佛洛狄忒女神的儿子，因此也属于圣灵，既然被尊为圣灵，就不应该直接被归类到恶的一方，不应该认为欲爱会带来疯狂因此便属于邪恶。

下的错误。而这两篇言论中的愚钝，是城市中常见的愚钝，因为文明人既不会说圣洁之语，更不会说实话①。他们表现得好像很庄严的样子，〔243a〕好让他们可以制造一些假象来诓骗那些可怜的乡巴佬，从而获得声誉。所以，我认为我必须要净化自己。有人讲述传奇而犯下过错，所以需要净化，荷马〔对自己的过错〕丝毫不察，但斯特西克鲁斯②就意识到了自己的过错。因为他不再只一味地从讲述海伦之恶的角度去看，所以能跟荷马有不同见解，在缪斯女神的启发下，他终于知道人们为什么要控诉海伦，因此他接着立刻就创作了以下韵文：

> 史不符实也。
>
> 不，你不曾登上甲板，
>
> 〔243b〕不，你不曾踏进特洛伊城。

我们称此文为忏颂③，而当他完成这篇韵文的时候，他就恢复了看见世界的能力。

而我，我比这些人还聪明——至少在这一点上：因为，在我因说欲爱之神的坏话而要接受惩罚之前，我就先献上我

---

① 在柏拉图眼中，善于使用语言技巧的人更知道如何摆弄语言文字来编织幻象，因此对于语言越有掌握能力，越容易重视表象甚于实在。这句话展现了典型的"苏格拉底式讽刺"，语句本身有多层次的含义，因此不能直接把这句话的命题当作苏格拉底的判断。

② 斯特西克鲁斯（Stesichorus），公元前5世纪的古希腊诗人。

③ "忏颂"为"palinodie"的翻译，"palinodie"在古希腊文中指的是作者对先前作品内容做更替而重新创作的作品，"palin"为"后方""返回"之意，"odie"则是"歌曲"的意思。在此不采取音译，而用意译，因此译为"忏颂"，强调其忏悔重来之意。后世研究《费德罗篇》时常用"palinodie"来指苏格拉底第二言论，因为其第二言论的用途就在于更正其第一言论的内容。

的忏颂，而且要头上没有任何遮蔽和隐藏，虽然我刚刚因为过于羞愧而一直遮盖着脸。

费： 啊，苏格拉底，没什么比你说的更得我心了。

苏： 〔243c〕费德罗，你听〔我来说明〕，我刚刚发表的跟你卷轴里的那些言论有何不妥。假设有一个很高尚、善良的人，而他曾经，或当下，爱着跟他同样高尚、善良的人。如果正如刚刚我们所宣称的，爱恋者一定会为一些很琐碎的东西展现很强的攻击性，他们总是妒忌他们所爱的少年，因此会不断地对少年造成伤害。我假定，这个高尚、善良的人听了可能以为说出这些话的人是水手养大的，是一个从来没有得到过自由人该有的爱的人，而我们大概必须要用尽十八般武艺〔243d〕，才有可能让他同意我们刚刚对欲爱之神的批评。

费： 天哪，这很有可能，苏格拉底。

苏： 嗯，我在此人面前大概也会很羞愧，但我更惧怕欲爱之神本尊，所以我将要发表另一个言论，而这篇言论就如能饮之水一般，可以让我洗净我的嘴巴，把刚刚你放到我嘴里的那篇言论残留下的咸味洗掉。而至于吕西亚斯，我建议他最好赶快重写一篇，说明应该要跟有爱之人交往，而非无爱之人。

费： 他会的。因为只要你赞颂了爱，我就一定要去逼吕西亚斯〔243e〕就同主题也写出一篇演说来。

苏： 只要你还是你，我在这点上就能完全相信你。

费： 那你就放心说吧。

第五回　苏格拉底第二言论（忏颂）[244a~257b]

苏格拉底更正其言论，因为在这个论述当中预设了爱恋即疯狂，而疯狂即恶。然而，疯狂却是神赐予人的最为神圣的礼物。他认为，所有灵魂都爱美，但真正能通往美好，又有能力驾驭冲动与享乐的欲望，才可能拥有较为幸福的生活方式。

苏： 刚刚跟我说话的少年到哪里去了？他一定要听我的言论，以免去跟无爱之人交往。

费： 他就在你身边，守着你，每一次你希求他，他都在你左右。

苏： 那么，我的少年，请把下面我说的话放在心上：[244a] 刚刚说的，是费德罗的言论，来自米利诺斯①的庇托克斯②之子。而接下来我要说的，是斯特西克鲁斯的言论，来自希梅拉③的尤费摹斯④之子。言论应该是这样的：刚刚的第一个主张——"若想要有爱人，那应该选择无爱恋之情的人"并不切合事实，因为此主张强调爱人者疯狂，而无爱者明智。如果疯狂毫无疑问是恶，那么刚刚我们就讲对了。然而，在我们被赐予的所有善之中，最崇高的善就是疯狂，疯狂绝对是神赐予的礼物。

苏： 看看德尔菲神庙跟 [244b] 多多纳神庙⑤里面的女先知们，她

---

① 米利诺斯（Myrrhinousios），古希腊地名。
② 庇托克斯（Pythocles），费德罗的父亲，历史上没有留下对于此人的记载。
③ 希梅拉（Himera），位于西西里岛北岸，为古希腊的一个殖民城市。
④ 尤费摹斯（Euphemos），没有对此人的历史记载，关于其子斯特西克鲁斯的历史记载也非常稀少，因此除了一些著作，没有太多其人其事的记载。
⑤ 多多纳（Dodone），希腊地名，在希腊西北部的一处神谕之地，长期是希腊北方的宗教信仰中心。

们为希腊，尤其是为希腊人民带来了这么多的福祉，而这些都是在她们处于疯狂状态下达成的。还有，西碧耶①和其他地方的占卜师，不也都是在疯狂的状态下受到了神灵的启发，才为人们预言未来，将人们引上未来的正途的吗？以上这些都只是对所有人早已知晓的事情做个延伸罢了。有件事倒是可以作为见证：在很久以前，当人们要为事物命名的时候，人们完全不觉得疯狂是一件羞耻的事情，〔244c〕不然他们就不会以此来命名预言这门技艺，而会将其称作"巫术"（manike）②了。

首先，由于人们的称呼，疯狂成为神圣的一部分，人们也把疯狂跟神圣联想在一起。但是现在的人毫无美感，在这个名称里面多加了个"t"，"manike"（巫术）就变成了"mantike"（占卜术）。此外，还有那些洞视的艺术，即从鸟的飞行和其他征兆里面寻找对未来世事的认识。这种艺术，需要思虑的辅佐，因此其中有人的见解（oiesei）、人的智能

① 西碧耶（Sibylle），即女性预言占卜师。西碧耶不是神的代言人，通常是年长的女性，以第一人称发表其预知。
② 将柏拉图在此处的讨论搬到中文的语境中，可以相提并论的是"巫"这个字的使用。"巫"，就如同文中讨论的"疯狂"，在今日的语境中通常带有负面意义，而柏拉图想要用溯源的方式来说明"疯狂"在最早的时候被赋予的是某种神爱、通灵的正面意义，就如同"巫术"曾经也是用来跟神灵沟通的方式。"疯狂"在此指的就是超当下理性的理解范围，在状态上有断裂性差异，但在古代这种状态上剧烈的转换被认为是某种使人能够暂时接触到超越的、不可知的事物的能力所必须经历的过程，因此祭师或预言者都会展现出通过某种状态转换，来让自己接触到超越自己极限的知识。在中国台湾地区的文化脉络中仍然存在这样的角色，称作"乩童"。柏拉图在此并非想要探讨各文化信仰当中非理性的一环，而是想要探讨"疯狂"与"神圣"这两个概念之间被忽略的亲近性，因为不管是疯狂或者神圣，两者都超越了日常理性限度可以理解的范围，而柏拉图想要点出的，正是这种超越凡常所需要的动力本身并不理性，但也正因为起始点不在当下理性可理解的范围之内，才有可能带来超越当下视界的内容。

（noun）①和勘查（historian）②的成分。古时候人们称此艺术为"oionoistike"，而现代人将它称作"oionistike"，〔244d〕以为把"o"换成"w"③会比较庄严。所以，不管是因为要至臻完善还是要更有尊严，现代人所称的"oionistike"（预言术）或"mantike"（占卜术），都只是为命名而命名或为功能而命名。古人可以见证，本来的命名是以其展现的美来命名的，而理智的疯狂，正是从神那里降临在人群中的天资。

其次，疾病与试炼让大部分人备受煎熬，击溃了许多家庭。对古代人来说，这是神灵震怒的结果，而疯狂，借着预言者的天资去启发该启发的人，让人们找到方法来远离这些煎熬，〔244e〕人们便因此回到对神的祈祷和仪式上。接下来，在净化与初始的仪式中，对于被疯狂碰触的那些人来说，不管在当下还是在未来，疯狂都找到了可以让他们从当下的恶障中解放的方法④。

〔245a〕第三种疯狂和神灵附身的形式跟缪斯女神有关⑤。

---

① 此处所对应的希腊文为"nous"，柏拉图用此词来指最高级的知性活动，同时还指"智性"，即使智能得以展现的条件，以及"智能"，即从智性这个官能所展现出来的活动与能力。此处所指为"智能"，指人类这种最接近灵魂完美状态的能力。本文尝试区分"智性"与"智能"两个概念，前者对应于英文中的"intellect"，后者对应"intelligence"，且前者为后者的可能性条件。换句话说，拥有智性就如同拥有眼睛，但有眼睛的人却不一定有相同的视力，就如所有人都有智性，但每个人所展现出的智能确有差异。因此智能障碍并非没有智性，而是在发展智能上有障碍。

② "勘查"对应希腊文中的"historia"，希腊文字面上的意义就是"调查""勘查"，在词源上已经设定了这种调查针对的是经验上的知识和信息，延伸之后成为今日的"历史"。

③ 古希腊文中"w"为"o"的长音，在将希腊字母译为拉丁字母的时候，"w"都会写成"o"加上重音，因此在这里没办法通过拉丁字母看出来此处的修改差异。（繁体版原文即如此。——编者注）

④ 此处的第二种神圣疯狂形式是通过某种仪式来净化、消灾解难，有十分明确的目的性。后世研究指出，这个疯狂的类型指的是古希腊社会中独特存在的某个仪式。

⑤ 第三种类型的疯狂被称作"诗狂"，指的是创作者（当时诗与乐并不分离）灵感乍现，创作出超凡的作品。中文语境中所谓"诗性大发"大抵如是。

当缪斯女神攫获一个柔软、纯净且一尘不染的灵魂时，她会唤醒他，将他带到一个酩酊忘神的境界，让他以或歌或诗的形式来抒发自己。缪斯女神编排了数以千计的古人的作品来教育后世，而这个不知道自己被缪斯攫获而疯狂的人，来到诗歌面前，以为单凭技艺就能成为诗人，但他不过是个无才诗人，当他见到那些他在疯狂中写下的诗篇时，就会将自己明智时写的诗篇销毁。

〔245b〕这样你可以看到神所给予的疯狂能带来多少美好的作品和影响了吧？我们不应该对疯狂的状态还存有疑虑，更不应该让一个想要恫吓我们的言论困扰我们，反而应该认为比起跟理智的人谈情说爱，更应该接受有热情的人所展现的爱。但我们的这番言论，在证明以下这点之前，还不能宣布胜利，也就是说，神并不是为了让人们得到利益而将爱给了爱恋者与恋人①。相反，我们应该说，神是为了人们的最大幸福②，〔245c〕

① 目前《对话录》中出现的两篇对"与爱恋者交往是好或坏"做讨论的言论，都将这个问题以"与爱恋者交往是否有利"的角度来检讨这个问题，这点尤其能够在吕西亚斯的言论当中看出来。他的言论不仅仅说明了与爱恋者交往所带来的弊端，更强调了所有社会关系的经营，都以是否能给自己的过去、现在、未来带来最大利益为基础，苏格拉底的第一言论同样也从结果带来的负面影响来论证相同论点。苏格拉底在此处重新探讨这个问题，用不同的方式来检视前文所讨论"爱是好是坏"这个问题中的"好""坏"，而不直接把"好""坏"等同于"有用无用"。通过在本篇对话录中的自我反驳与重新提问的过程，来展现社会中对一个话题的探讨，时常将自己框限在单一角度，比如说"有用与否"上来讨论。因此，要进行更深入的探讨，就必须意识到问题的各个方面，避免将单一方面当作整体问题，以偏概全。
② 从前后两句能够观察到，苏格拉底在此处想要明确地将"利益"与"幸福"区分成两个不相等的概念。在柏拉图的问题脉络中，利益与幸福之间的关系尽管与道德有关，但道德却非主轴，在古希腊哲学中追求人生幸福才是主轴，而德行只是幸福的必要条件，因此跟道德哲学中探讨功利主义的提问有所落差。此处不但将幸福与利益分割开来，同时也将幸福与爱关联在一起，换句话说，此处苏格拉底已经开始铺陈后面要进行的探讨：爱是幸福的必要条件。幸福的问题从苏格拉底开始成为哲学探讨的核心，在苏格拉底之前，先苏哲学专注于解释宇宙起源与现象，从苏格拉底开始，才把重点由对外搜寻转为对内在心灵进行探讨，寻求认识自己，再去讨论认知中的世界。

而给了爱恋者与恋人这样的疯狂之爱①。这种说法也许无法说服那些固执己见的人，但却可以说服那些有智慧且有信念的人。所以，我们首先应该要真切地思考灵魂的本然——不管是神的还是人身上的，都要考虑其本然②及效应③。我们的论证就从这里开始。

所有灵魂皆永生。所有永远在运动状态者皆永生④。〔一

---

① 疯狂的第四种形式就是欲爱之狂，即对某人或某事物的热爱而行之疯狂的状态。欲爱之狂在后文中被苏格拉底视为四种疯狂类型当中最为神圣的类型，因为其他三种疯狂状态所产生的结果，都宛如神灵附身，最后会产出非常具体、特定的内容：预言内容、药到病除、天才诗篇，但欲爱之狂却是一股强大的动力，但确切将此动力引往什么方向发展，却并非已经定好的道路。这点在之后会有更多讨论。

② "本然"为古希腊文"physis"的翻译。"physis"时常被翻译为"自然"，但在中文语境中，"自然"这个词的意义被界定为"未经人为加工的外在环境"，然而"physis"就如同"nature"一词一样，意义较广，指的是此物创生中最核心的、使此物成为此物的关键。因此，为了避免中文理解偏差，此处译为"本然"，指事物之本的状态。

③ "效应"对应希腊文中的"ergon"，此词的意思包含"成果""功效"，指的是某事物本身运作状态所造成的结果，在此翻译为"效应"来强调某事物所展现出来的外在现象。哲学上提到的内涵与外延的定义，基本上就是此处的"本然"与"效应"的关系，内涵定义要找出定义对象内的核心特征，外延定义则通过列举所有展现定义对象的案例来界定。在此处，苏格拉底已经表明要充分理解某个对象，不仅要理解对象本身最核心的、界定它的元素，也要理解对象所引发的、具识别性的外在效应。

④ "灵魂永生"是柏拉图哲学中非常核心的理论。"灵魂"这个概念除了是柏拉图宇宙论的核心思想，用来解释整个宇宙的组成与运行之外，更是解释所有"生物"行为与行动的关键，因此"灵魂"同时也是柏拉图探讨不同生活方式与伦理学基础不可或缺的概念。《费德罗篇》对"灵魂永生论"提供了非常完整的定义与论证：所有永生之物之所以能永生，都是因为他们拥有自我引动的能力，而灵魂正是拥有此能力的自动者。古代哲学中探讨灵魂的存在以及其动态，首先是为了回应一个物理问题：在所有观察到的运动中，似乎有两种不同类型的运动相互无法化约，一种如石头滚动或风吹动树叶，物体的运动明显由另外一个物体引发；然而，还有另一种运动，例如想喝水而拿杯子，或者动物因为饥饿而捕食，这个类型的运动看似皆由内部引发。因此，为了解释从内部引发的这种运动，柏拉图将这个自动的引动者叫作"灵魂"。不同于日常语言中对于灵魂的想象，在柏拉图的思想体系中，灵魂的讨论是为了探讨"行动"的可能性基础，而灵魂永生指的也并不是一个人的意识记忆能够独立于身体永远存在，而是作为启动物体，使物体能展现行动的条件。灵魂之所以永生，正是因为其同时作为启动其他物体与被自己启动的东西，因此他永远都在运动状态中，且永远可以让自己维持在运动的（接下文）

物的运动〕若非是他引动其他物，就是他被其他物引发运动。然而，运动终止，就等同于生命终止。因此，自动者永远不会〔在动态中〕让自己的动能有所失去。由于他永远维持运动的状态，因此他就是所有其他物的推动者，更是所有运动的源头 ① 与原则 ②。

〔245d〕原则非创生的产物 ③。所有创生而来的事物都必然是从原则创生而来的，而原则本身却不从任何事物创生而来。若是原则本身要从其他事物创生而来，那么其他事物就不会是从原则创生而来的了。然而，由于原则并非创生物，因此必然不受衰败的影响。如果原则本身可能殒灭，那么就没有任何事物可能被创生出来，既不可能创生

（接上页）状态中，而当一个物体不再能有任何运动时，也正是这个物体的生命结终的时候，由于灵魂永远在运动状态中，因此灵魂的生命不会有终结的时刻，因此永生。

　　许多译者将此概念翻译为"灵魂不灭"或"灵魂不朽"，我译为"灵魂永生"，原因首先在于希腊文中柏拉图用的字本身为"不死"之意。再者，柏拉图在接下来的论证中，使用了"不朽"这个概念来说明灵魂作为所有运动的根本原则，而这一原则就定义来说不同于创生以及衰朽，因此"不朽"是原则的特质，而灵魂是因为其作为运动的原则而间接"不朽"，灵魂本身则因其自我启动的能力而"永生"。

① "源头"的希腊原文为"pege"，最直接的意义是泉源或流水，因此在这里指的是灵魂为万物运动的源泉，不断滋养所有物理或知性运动。

② "原则"在此并不是最完美的翻译，因为"原则"一词在中文语境中多被理解为"法则"，但在这里，柏拉图所用的希腊文"arche"同时有"原则"与"起源"的含义，正如"考古学"（archeology）的词根就显示了这是一门研究起源的学科。"arche"之所以既是起源也是原则，原因在于对于古希腊人来说，所有事物的出现都依循着某种原则，就如同中文语境中"道"的概念，同时被理解为"法则"和"起源"。正由于万物是依循一定原则而成为我们所理解的样态，原则就定义来说，就必然是事物的起源。

③ "创生"一词在古希腊文中为"genesis"，字面上的意义即"蕴生""创造"，有别于"physis"指的"孕育""生育出"。"原则"不是创生的产物，正因为原则是创生万物的源头法则，因此原则不属于任何创造物。而所有创生的产物，因为其在某个时刻被创生，其就必然衰朽。因此创生与衰颓正是所有物质的存在逻辑。柏拉图在此解释，原则之所以为原则，正是因为其作为源头，不能再后退被一个源头的源头创生，因此其非创生产物，而正由于原则非创生物，其就不会衰朽。灵魂因此不仅永生，而且不朽。

出从其他事物而来的原则，也不可能创生出从原则而来的事物①，若前提"所有事物依其原则而出现"为真，那么自动者就是所有运动的原则②。

然而，既然此物不会衰败也不由创生而来，那么没有它，天上所有以至地上万物〔245e〕都将倾颓、止息，且不可能再回到动态，被重新创生出来。这样我们就证明了，自动者必然不朽，可以不客气地说这就是灵魂的本然，是其定义。因为所有物体③，只要是从外被引发动作的，就都毫无生气；相反，所有由内自发的行动，都必然有生气④。若是如此，自动者〔246a〕必然是灵魂，而灵魂必然非创生之物，且永垂不朽。

在灵魂永生的问题上，这样的论证足够了。而关于灵

---

① 此处的论证看似复杂，其实是翻转论证，用荒谬的推论结果来否证前提。前提为：原则可能殒灭，如果原则可能殒灭，而原则在定义上是所有事物以其模样出现的条件，那么原则殒灭代表所有从原则而来的事物都会消失，因为原则不可能被创造出来，因此若原则是可能殒灭之物，那么这个从原则而来的整个宇宙存在就会灰飞烟灭。因为推论的结果过于荒谬，所以原则必然不朽。
② 自动者作为使所有运动得以存在的启动者，它因此是所有运动的起源原则，所有运动由它而生。
③ 此处"物体"指的是所有物质存在，在希腊文中用"soma"（身体）来指称所有占据空间，自成单位的物质存在。
④ "生气"就是有生命的意思，即英文中的"animated"。在柏拉图的思想体系中，所有能够自主行动的物体，都因为有灵魂附着而有生命，因此展现出有生气的样子。这个词中文翻译难以尽善尽美，我不选择翻译成"生命"，免得与"个体在延续时间中延展出的存在"，亦即英文的"life"相混淆；也不选择"活力"，避免跟"活动力"，即英文的"energy"混淆。"生气"是较为理想的一种翻译，因为灵魂在古希腊文中最根本的意义与气息有关，如吹一口气让某事物活过来能够自己行动一样，就如同"动画"在英、法文当中用"animation"一词，指的就是让本来没有生命的画面，好像自己动起来、活了过来一样。

魂的形象①我还需要多说一些。如果要讨论灵魂是哪一类的东西，那要讲的内容既长又神圣〔会超越一般人能理解的范围〕②。但是，如果只是要说灵魂看起来像是哪一类东西，那就还在人类可能认知的范围内，所以我们的讨论就这样进行。

我们可以将灵魂比喻为由飞马与车夫引领的马车③。在神的领域里，马儿和车夫的质量都是至善至美的④，但是，

---

① "形象"一词所对应的希腊文为"eidos"，"eidos"在各种文字的翻译当中都造成了诸多困扰，因为"eidos"是柏拉图思想体系中的核心概念"理型"，但其在词义上却是个非常常用且意义广泛的词，因此翻译上为了理解通顺会按照不同语境来翻译。"eidos"从动词"eido"，即"看见""显现"而来，因此"eidos"的字义首先是"模样"，也就是当我们看见某物时，某物是以某个样子显现出来的，由这一层意义就衍生出"外形""形象""形状"的意义，再继续抽象，就有了"形式"和"种类"的意义。读者可能会觉得这些意义之间相差甚远，但从"模样"到"形式"或"种类"这些字义，最根本上指的都是事物显现出的固定形态，这个形态进一步让我们得以进行分门别类，因此其同时具有"形式"和"种类"之意。

② 柏拉图在此处说明了"神话"或"寓言"在《对话录》中的功能与作用。针对某些本质性的问题，因为讨论过于抽象复杂，超过了大部分人的理解范围，因此与其用论述的方式来让读者理解，柏拉图选择用图像的方式来呈现问题，帮助理解，而《对话录》当中的神话与寓言，都是通过虚构故事的方式来塑造一个个例子帮助理解的。此处对神话作用的简短提点，呼应此对话录当中第二部分针对修辞的讨论，柏拉图认为，修辞如果针对的是每一种智能运作的方式来给予相对应的论证方式就是好的修辞，反之，如果只是想刺激听者的情绪以达到说服目的，就只是诡辩。关于这个部分在后文会有更多讨论。

③ 灵魂的形象因为过度抽象，因此苏格拉底在此用一个具体形象来说明灵魂所呈现的样貌，后世将其称为"飞马车"的神话，即将灵魂比喻为由马和车夫所引导前进的马车，而马和车夫象征的即灵魂内部的驱动力。

④ 在"神之灵魂"的讨论上，柏拉图并没有详细说明神的灵魂若比喻为飞行的马车有多少匹马，只说所有神灵的灵魂之内部组成都是至善至美的，在此处做一些补充。柏拉图之所以将灵魂比喻为飞行的马车，是因为马车由多种力量驱动，在非神圣灵魂中，驱动马车的力量有三种，而且三者不一定往同一个方向驱动，因此灵魂最终的移动方向就会是三股势力制衡的结果。在神的领域，思想、意志与行动之间三位一体，换句话说，在思想或意志想要实现什么的瞬间，行动就已经被实现了，不像在人世间，当我们想到要做什么，到欲求执行的意志，直到行动实现意志，三者之间从想到实现有一个必然过程，而在这个过程当中，可能会因为特定偏差，行动最终就没有实现。如果"灵魂"在柏拉图的理论当中只是一股势力，一种让所有动态得以实现的可能性，那么在神圣的领域，换句话说，在灵魂完美的状态中，这股势力内部均衡，因此在思与行之间没有任何分别；然而当灵魂不在神圣的领域时，它的构成势力就因内部差异，而能够被分析成三股组成势力。

〔246b〕在我们这些创造物身上，马儿和车夫都是混种。第一，在人类身上，引车的是一对马；第二，这两匹马的其中一匹至美至善，完全听从驾车者的指令，禀性纯良，而另外一匹却完全相反①。这就是为什么对我们人类来说，要做这个掌管马车的车夫必定困难且徒劳无功②。

那我们为什么会称一个生命永生的同时又会死亡呢？这里我尝试解释一下。所有灵魂都掌管那些没有生气的物体③，而灵魂穿梭在整个苍穹，从一个形体穿到另一个形体④。因此，当

---

① 人类灵魂的三个驱动力即为：马车夫，亦即理智，负责判断；良马，贯彻理性判断的力量，亦即情志、意志力；劣马，追寻欢愉而反抗理性判断的力量。良马和劣马的区分刚好对应苏格拉底第一言论当中对人的行动当中的两种驱动力的讨论：一种驱动力追求欢愉，另一种仰慕崇高，前者如劣马违背理智，后者如良马遵循理性判断。

② 正因为人类的灵魂当中所有势力内部不均衡，还可能相互抗衡，因此人类的智能不仅在于判断，还必须克制、驯服不服从的劣马，因此每一个行动的实现，都是一场斗争的结果。举例来说：学生想要专心学习，他的智能让他有能力判断专心学习是目前的最佳选择，然而同时各种诱惑从食物、睡眠、娱乐等方面都想让他分心，若今天学生的智能不足以战胜劣马的力量，那么他就会贪睡、贪吃、贪玩，如是等等，最终行为的结果就是他的所作所为跟当初的决定相背。若今天学生的智能足以抗衡所有诱惑，那么他就会专心学习，而在两个极端当中的所有程度差异，都是一场两股势力抗争的结果。

③ "没有生气的物体"就如前文所解释的，必须借由外在给予动力来引发其运动。在此，柏拉图尝试说明所有物质形体在没有灵魂进驻之前，都没有生气，就如同石头一般，需要外力推动才会有动作。灵魂的功能就在于给予生命力，让万物有生气，因为灵魂是所有运动的原始基础，因此灵魂才在上文被称作"运动原则"。由此可见，灵魂在这里并非一般意义下有人格、有个性的灵魂，而只是一股永恒保持动态的能量，当能量附着在某个物体上时，就如同机器被能源发动一样，让人看起来好像自己在运作，但实际上其仍然是凭借能源才能运动。

④ 在这个意义下，灵魂对柏拉图来说就是所有被称为"生物"，能自我运作产生动态的物都不可或缺的能量，因为只有灵魂能够赋予源源不绝引发动能的能力。在此必须时时注意，此处的灵魂是用来解释宇宙间所有运动的基础，不管是物理运动还是智能运动。换句话说，灵魂是用来说明运动的起源点为何的。如果所有物体都需要其他物体引发动态，那最原始的运动从哪里来？从这里可以看到一个物理问题过渡到形而上学问题的过程，物理学探讨有运动之后的个别运动中所整合出的规律以寻求法则，但不探讨运动本身从何而来，为什么运动存在；而"灵魂"的提出，就是为了解释在所有观察到的物理动态、心理动态、智能动态所展现的所有运动，到底需要什么样的条件，才能不断被展现出来。

灵魂处于完美状态的时候〔246c〕，其有双翼，可在高空飞越且管理整个宇宙。然而，当灵魂失去翅膀时，就会下坠直到抓到一些稳固的东西，当取得一个属于地上的身体的时候，就居住在这个身体里，而这个身体从此就看起来好像会自己行动一般，身体能够如此行动正是源自灵魂给其的力量。所以由此推论，被创造的生物既奔向死亡又同时永生①。因此被我们称为"向死生物"②的，就是一个身体与一个灵魂结合在一起③的东西，而永生物④〔246d〕这点没有任何言论可以理性论

① 生物之所以奔向死亡，却在某种意义上维持永生，原因在于物质的肉体会衰朽崩解，因此肉体会死亡，但曾经赋予肉体生命的灵魂却维持永生（参见 245c 开始对灵魂永生的讨论）。再次提醒，此处灵魂只是抽象的能量，不会有任何个性、人格或个体的记忆，不会拥有其赋予生命对象的记忆。

② "向死生物"这个翻译实在远未达到尽善尽美，这个词要表达的就是所有生命皆有限，皆为奔向死亡的生命。在此之所以不选择用"不朽"，如同之前已经解释过的，在概念上"不朽"与"永生"并不能画上等号；此外，不选择"凡俗"，因为"凡"所对应的是"圣"，而此处"向死"所对立的是"不死"，而"不死"之物与"神圣"之物的概念也不能直接画上等号。中文的哲学翻译书当中常见到将"mortal"译为"有死"，我认为此概念不仅在语言上过度西化，意义也不尽正确，因为"向死"这个词一来较为符合中文语境中可能创造出的词，二者较为精确。将"mortal"译为"有死"，是为了跟"immortal"的译文"不死"形成对比，然而，中文内，与"不死"字义上镜射的应是"会死"，只是中文显得太过口语化且突兀。"有死"这个翻译，完全是在用西方语言的方式构筑词汇，因为"mortal"是形容词就认为所指涉的必定是一个属性，显现这个属性者就拥有这个属性，因此显现出死亡的生物就拥有死亡这个性质，因此译为"有死"。事实上，"死亡"并没有被当作一个可以拥有或不能拥有的属性，因此"有死"这个定义并不精确，而"向死"则强调奔向死亡，因此这类生物从出生就开始奔向死亡，而其对立的概念也不译为"不死"，而译为"永生"，强调"向死"与"永生"是概念上而非字面上的对立。在这些考虑下，我将此概念译为"向死生物"，凸显当中"死"与"生"的关系。

③ 柏拉图对"生物"的定义，就是灵魂加上其所附着的身体。

④ "永生物"这个翻译也不尽完美，在此我坚持要用"生物"这个词，而不用"存在"，因为两者概念不同，因此并非所有存在都是生物，而此处的讨论重点是"生物"的定义。这个词所指涉的概念十分奇怪，物体同时被定义为生物，因此是灵魂加上身体，但同时灵魂跟身体的结合体却永不分离，因此身体不会有哪一天因失去动能而不再有生气。

证①。因为我们既没有感知，也无法拥有足够的思考，只能勉强投射一个神圣的形象：也就是一个永生的生命，既有灵魂又有身体，两者自然而然永远结合在一起。然而，其实在这一点上，我们所讲的都只是一些赞美神灵的话。现在，我们要了解为什么灵魂会失去翅膀，又为什么会坠落。以下是一些可能的理由。

翅膀的存在，是为了承载重物将其上提，一直提升到神灵居住的高度。翅膀，因此大概是整个物体世界里面最接近圣灵的实在②。然而，所有圣灵都是华美、有智慧且良善的〔246e〕，而且拥有所有属于美善类的性质。因此，这些美好良善的性质是养育翅膀最好的粮食，相反，丑陋、邪恶和所有不良善的性质，都会降格且摧毁所有带着双翼的那些存在③。

———————————

① 正是因为"永生物"这个概念十分晦涩，故苏格拉底在此处说明这种生物根本没有任何言论可以论证，因为这只是理性推理上将"永生"与"向死"的概念放到生物上。既然有向死生物，而向死生物是灵魂跟完美程度很低的物体结合的产物，那么理论上应该有完美程度超越向死生物的。在此必须澄清，"生物"一词并非今日所说的有机物活体的意义，而是如前文当中所说的，以能够自体运作的能力来界定的生命。

② 在此必须再次提醒读者，从将灵魂比喻为会飞的马车开始，这篇对话录便已进入用象征手法进行讨论与说明的状态，因此对文章的理解不能停留在字面第一层指涉所给的意义。

③ 此处涉及简单理念上的分类，翅膀能够承载重物向上，因此使上升与坠落成为主要的运动差异，而此处的上升与坠落指涉的正是灵魂自我提升或自甘堕落的变化，而非物理位置上的移动。翅膀的提升或堕落取决于滋润其的粮食是美善还是丑恶，灵魂本身在最纯粹的状态时与圣灵属于同类，而圣灵之所以为圣，正因为其集中了所有优点，而跟圣灵相反的就是其所有优点的反面。此处，就如同《对话录》许多其他段落一样，柏拉图都安排了这样的设计让读者反思被我们称为"神灵"的对象，因为这些对象本身体现了"神灵"的概念，而"神灵"的概念就定义来说，即是所有正面价值与完美境界的集合，跟所有卑劣丑恶的性质应该要划清界限，在这个意义上，去虚构神灵犯错或丑陋，等同于说"美很丑""善很恶"这类的矛盾。这与苏格拉底在前文中用"由于欲爱（eros）是神灵，故不可能是恶果的根源"来驳斥吕西亚斯和苏格拉底自己的第一则言论的思维方式相同。简言之，以良善滋养双翼，双翼会向上提升；以良善程度较低的粮食喂养双翼，那么双翼就会受损而往下沉沦，随着粮食的质量越来越低，双翼受损程度会越来越重，直到消失坠地。此处有一个简单的理念，即我们用来滋养自己的东西，将通过消化而成为我们的一部分，因此粮食（不管精神上或物质上）的质量就决定了我们自己的质量，简单举例，若所见所闻皆是真假不分，那么要成为一个有正知正念者就十分困难。

那掌管整个苍穹的宙斯①驾着马车驰骋在天空上，看着世界万物且使万物井然有序。在他之后，整个神与灵的军团，分别管辖 11 个辖区〔247a〕，赫斯提亚②独自留守在神灵的正中央。而其他的神灵被编排在分成的十二个领域内，每一个人都坚守着自己的岗位③。这是一幅多么精彩、多样又美丽的画面：这些神灵以画同心圆的方式在宇宙中循环演进，每个神灵都克尽己力，对自己被分配到的工作很满意，而每个神灵身后都跟着那些想要追寻他们，且有能力跟随他们的其他神灵，因为神灵的心中容不下"妒忌"④〔因此没有争相跟随的状况〕。

---

① 宙斯，古希腊神话当中统领宇宙的至高无上的神。古希腊的神祇跟民间信仰中的神祇有些类似，神灵之间有地位层级之分，掌管的领域也有所不同。在此处，苏格拉底讲述的就是以宙斯为众神之首的，总共十二个主要掌管宇宙各方面的神祇。此文中将十二神祇描述得像行星运作般，以同心圆的方式排开各自运行。这样的概念被历史学家证实，大概是在柏拉图之后，才开始用星象学的原则来描述神祇，而"十二神祇"的讨论方式也大概是从柏拉图的时代开始出现的。

② 赫斯提亚（Hestia）是家户之神，在此处这个女神是十二神祇同心圆运动的轴心，在正当中维持不动，作为整个宇宙的参照点。

③ 由此可见，"十二神祇"并非代表古希腊神话当中只有十二个神灵，而是众多神灵中有十二个负责统领各自领域，其他神灵则被分派在这十二个领域当中。此处的希腊文，根据 L. 布里松（L. Brisson）的研究，柏拉图用了许多军事词汇，来描写神灵的部属与层级分配。

④ 在神灵之界，这个象征手法尝试将所有的可能存有，分为纯粹、毫无杂染的存有跟混杂而不纯粹的存有，前者象征神灵，后者则是所有奔向死亡的存在。既然概念上的区分在于构成内容的纯粹或杂染，那么在纯粹神圣的概念中就容不下"妒忌"的概念，因为"妒忌"在定义上代表着嫉妒他人者，想要别人拥有、自己却尚未拥有的东西，神灵不可能嫉妒，并非只是因为神灵有德行，而是因为神灵就定义来说能够实现所有其意向所指的东西，而其没有的性质则是其不想要的，自然就不会拥有，更不会嫉妒。正是因为在神灵之界没有妒忌，所以所有神灵的运行方式，都遵循其本性中所定义出的本分，因此众神的运行在古希腊思想当中永远是和谐、稳定、永恒的，而这种运行方式最接近的运动就是无始无终的循环运动。

　　然而，每当他们参加众神宴 ① 时，〔247b〕他们都会上升到苍穹内缘的边界 ②。在这个攀升的过程中，神灵们的马车都平稳且容易驾驶 ③，因此很容易就能前进；然而其他灵魔 ④ 的马车就前进得万分辛苦，因为他们的马都长着肿瘤，这会让他们觉得马车沉重无比，而这样的马也会不断将马车拉向凡尘，这让驯服能力较差的马夫更加吃力 ⑤。在上升的过程中，灵魂将要面对

---

①　在此处柏拉图想要说明神话里众神宴有很重要的功能，但众神宴并不是实际存在的希腊神话或习俗传说。柏拉图需要让苏格拉底讲神话的时候讨论到众神宴，因为"飨宴"是集会会饮畅谈的场合，也正是灵魂汲取最合适的养分的场合，因此所有灵魂都会尽全力让自己参与众神宴。

②　众神宴的地点在苍穹的背脊上，刚刚好在整个奔向死亡的世界与永生界的边界上。此处想要用象征说明的是，灵魂作为唯一能够在两个界域穿梭的介质，最适合它的状态是处于神灵的界域，然而由于灵魂关照所有物质体，因此灵魂多半的时间都处于混杂在其他物当中的状态，而无法停留在神灵的界域，但是所有灵魂都具备足够的潜能上升到苍穹之脊。

　　再进一步说，因为有自动能力而成为所有动态之原则的灵魂，它的自动能力所体现出来的运动并非任何物理运动，而是知性运动。简单来说，柏拉图认为任何物理运动的出现，都需要由外力启动，因此自动者必然是知性运动。换句话说，灵魂的动态就是思想的所有形式。既然灵魂所展现出的所有动态都属于思想活动，而思想又必然有内容（想着什么），在哲学上称此为"意向性"（intentionality），因此思想的内容，或者思想活动的对象，就是此处灵魂的食粮。当灵魂思考的内容越纯粹，其粮食就越美善，其翅膀就越轻盈；反之，若灵魂的思想活动总是停留在各人的意见、感觉、似是而非的内容上，那么翅膀就会因为粮食的质量不佳而营养不良，最终因无法承载重物而就此沉沦。

③　前文苏格拉底就已经说过，神灵的灵魂出身良好，内部没有多股力量相冲突，因此行动自如，想到哪里就能立即到哪里。在此，神圣马车同样也是用象征手法来说明一般生物的智能有限，而完美的智能内部是没有任何矛盾冲突的，因此思想、行动与意志之间没有任何隔阂，所想所愿会立即实现。

④　灵魔（daimon）在希腊文中指的是灵体存在，却不享有跟神一样的地位，因此通常指的是古希腊信仰中的各类灵。它们能展现各种不同的魔力，好比说自然界的力量，因此译为"灵魔"。

⑤　至于离开神圣领域的灵魂，就如前文所言由一个车夫与两匹马来引领前进，之所以马车有三个前进要素，就是因为这类灵魂的内部有三股势力，即负责判断的力、服从贯彻的意志力，以及受欢愉诱惑的贪欲。因此在马车行进时，即便车夫给了对的方向，用尽全力引导马车朝向众神宴前进，不受控的贪欲也会一直想要追求即时享受而将马车拉往凡尘，好去消费一些简单快速的欢愉。然而，虽然马车处于三股力量的拉扯下，但最终的行进方向仍然全权由车夫负责，也就是理智的部分，因为灵魂的理智不仅负责判断，还负责管束其他两股力量。在此"驯服能力较差"的车夫指的就是理智的能力较差，较难约束欲望的人。（接下页）

最高尚的挑战与历练。当灵魂达到天庭之际，这些本就永生的灵魂，就会进入苍穹的外庭〔247c〕，在苍穹之脊上停歇。从此之后就只需一边被圆周运动所承载着前进，一边冥思①着那些苍穹之外的存有。

这个在苍穹之外的地方的荣耀，从来没有任何这个世间的诗人歌颂过，也没有任何歌颂能够配得上它。眼下有个机会要我们必须要说实话，我们这不正是在讲述真理吗？这些无色无形的智性的存有②，都是最真实的存在③，这些存

（接上页）由此可见，对柏拉图来说，只要灵魂还拥有智能的部分（植物对柏拉图来说，就是尽管拥有灵魂，但智能的部分却已经毫无作用了），智能的部分就应对灵魂所展现出的行动负起全部的责任。

　　这个段落非常清楚地呈现在哲学史上称作"伦理学主智主义"（Intellectualism）的源头。主智主义的特色在于主张"知行合一"：由于行为的掌控完全由智能负责，因此"知道什么是善就必然为善，不为善就代表对善的所知有所瑕疵"。正确的知识不仅蕴含了正确的判断（判断哪种行为为善），更蕴含正确引导不受欲望诱惑的能力，如果知识足够透彻明了，其正知正念的优越性之于欲望对象高下立判。"知行合一"的想法时常被认为过度严苛，过度理想，然而对柏拉图来说，他不但不认为正确的知识"必然"引发正当的行为，更强调对于凡俗灵魂来说，每一个行动都是一场搏斗的结果，因为坠落凡尘的灵魂会受到欲望与表象干扰，正知正念与义行都必须经历挣扎与煎熬才有可能实现。

① "冥思"即希腊文的动词"theoreo"，亦即"theory"的词根。在此指涉的并非极具主动性的"思考"，而是智能在某种境界下，某些意念突然了然于胸的过程。由于"天庭之外"象征超越且脱离智性的日常状态，在这个界域中，智性所接触到的是最完美的智能运作收获的最纯粹的结晶。这些结晶超越智性在日常状态所能触及的范围，因此不能通过主动的思考触及，而是智能在孕育出适合的温床，提供足够条件之后，被动"悟道"本来凡俗状态不具有的理念。而这些在天庭之外的被我解释为完美智能的结晶，就是柏拉图称为"理型"的概念。

② "无色无形的智性的存有"在此指的就是"理型"，因为"理型"既然是完美思绪的结晶，就没有任何外表与内涵的区别或差异，其中，"无色无形"是因为"理型"除了理型的内涵外没有任何其他性质，同时也因为"理型"不是具体的存在，无法被感官捕捉，只能通过智能在艰难的沉思过程后才有可能触及。请参见导论关于"理型"的解说。

③ 所谓"最真实的存在"（to on ontos），此处柏拉图指的是"理型"所解构的智性实在，对应柏拉图哲学当中对于"知性之域"与"感性之域"的区分中的"知性之域"。这里的词汇与概念都相当复杂，我尝试一一解释清楚。对于柏拉图来说，只有"知性之域"的实在是真正真实且完美的实在，"真实"是因为在"知性之域"没有"表象"与"实在"的区别，（接下页）

有只有通过智性思考才能碰触到他们。由于智性思考是由灵魂来引导的活动，而这些〔247d〕占据苍穹外庭的存有则是真实的认知对象①。接下来，一个圣灵的思想是通过智性与毫无杂染的知识来喂养的，就跟其他所有忧虑着要喂养自己思想的灵魂一样。思想在如此的喂养下绽放，而当思想拥抱真实的实在一段时间后，它将在自己沉思真理的活动中找到滋养与美味，直到圆周运动将它带回起点②。然而在整个圆周运动的过程中，它沉思的是正义等的核心、

（接上页）只有"实在"；"完美"是因为"知性之域"是所有"圆满"且"完结"的实在，不像"感性之域"还会不断变化。"知性之域"也被译为"理想世界"，我认为这完全是错误翻译。近年所有语言的译本都重新检讨过这个翻译，可发现多数译本中将其翻译为"世界"（world），预设其是一个地理存在，然而在柏拉图的用字里面，并没有指涉这是个地理上真实的存在，因此本译文选择"域"来指涉一个不必然有具体存在的范围。"知性之域"并非指涉思想的领域，因为思想包含纯粹的基本构成，也包含混杂感觉的思绪。"知性之域"所指的是完美智能所展现的思绪整体，而这个思绪整体就如同由"节点"所编织的网，这些"节点"就像"结晶"一般是要编织这面网所必须有的结构支撑点，而网就是"节点"间的特定关系的张力所构成的。这些"节点"就是"理型"，"理型"所张出的网域就是"知性之域"，里面包含使任何思绪可能出现的最基础、纯粹的参照点。举例来说，"善"对柏拉图来说，是所有理型中最重要的一个，一般日常状态下，所有人都会跟"善"相关的念头或想象，这些念头或想象掺杂着众多其他思绪，例如"好脾气""温和""亲切"这些跟"善"本身并不相等的念头，但要衍生这些念头，思绪当中又必须有"善"的理念为"正向"价值的基础，因此在"知性之域"中，"善"就是整个结构中不可缺的"节点"，只有在它的支撑下，才能使其他正向价值的思绪混杂在一起并体现在"感性之域"当中。
① 柏拉图不止一次在《对话录》中说明，"理型"才是真知的对象。然而，"真知"的概念跟当代社会的知识概念已经有很大的差异，所以特别写作"真知"来指涉柏拉图眼中纯粹、不承受世事变化冲击的智能成果，跟今日"知识"所指"有基础、相对稳定且有共识"的思想成果不同。现代意义下的知识在柏拉图的思想当中会被归类为"意见"（doxa），也就是如前所述的社会中的集体共同认为真实的思想结论。
② 前面说明过，在古希腊思想中最完美的运动是循环，因此在进入天庭之外后，被乘载着去冥思每个理型也是一个循环运动，在冥思过所有理型之后，便会返回天庭之内。然而，天庭之外属于"永恒"（eternal）界域，不同于"永生"是个延续不断、没有终点的概念，"永恒"是个连时间都被排除在外的概念，因此进入天庭外这循环运动理论上是在刹那间完成的，没有时间上的延展。

智慧、真知①，而不是那些变幻无常的物，更不是那些在我们现有的存在中被当作实在〔247e〕却仍不断变幻的事物②。而当灵魂沉思这些最真实的存在〔理型〕时，便会因满足而返回到天庭的内缘③，回到它本来居住的地方。当它回来的时候，马夫就必须将马儿带到马槽前去，添补上给神灵的食物，然后给马儿饮甘露。

〔248a〕以上就是神灵们的生活方式。至于其他灵魂，最好的那个灵魂会跟随与自己形象最为相似的神灵④，灵魂会带领着车夫上升直至天庭外缘，因为它已经习得了圆周运动。但因为它的马过于喧闹，它无法将双眼专注在真实

---

① 此处重新强调在天庭之外灵魂所汲取的是"理型"，也就是所有思绪最纯粹的核心，也是智慧与真知的源头，因此灵魂所习得的是"正义""善""美"等的核心。"真知"在此为古希腊文中的"episteme"，时常被翻译为"科学"，因为这个词所指涉的是最为真实不二的知识，如前所述跟现代的"知识"或"科学"意义相差甚远，因此译为"真知"。

② 从这里可以确定，"知性之域"与"感性之域"的关键差别在于是否承受"变化"，"知性之域"永恒不承受任何变异，纯粹且没有任何分歧，而"感性之域"则是变幻万千，不仅因时而易，更因人而易、因境而易、因情而易等。

③ 所有的灵魂不会永远停留在"知性之域"，原因在于"灵魂"的定义与其本性就是"动态"，以及创生更多"动态"，因此灵魂的存在形式就是悠游在各种形体之间，让形体取得动能并产生由内而发的行动能力。这也是为何柏拉图在多个对话录当中，不断强调"灵魂"的惯常状态离"知性之域"十分遥远，强调灵魂只是有潜能可以达"知性之域"，若没有任何努力与坚持，灵魂的惯常状态就是在表象、偏见与欲望之间拉扯。

④ 这个象征环节不断出现在本对话录当中，苏格拉底多次表明灵魂会跟随与自己相似、却较为崇高且完美的灵魂运行，用比较简单的方式说明：各个灵魂受到的吸引有所不同，有些崇尚正义、有些崇尚善、有些崇尚工艺，如是等等。灵魂之所以会受到不同对象的吸引，正是因为其想要成为的模样与吸引他的对象相似，换句话说，灵魂与吸引灵魂的对象相似，只是相似之处尚未完全实现。在这个意义下，灵魂之所以跟随与自己形象最相近的神灵，是因为与其习气相近，而此相近则是因为心之所向相同，心之所向相同则又说明为何灵魂会受到特定对象吸引。简单来说，我们想要的东西通常都是我们仰慕的对象所蕴含的元素，因为想要，所以这些元素就又会成为吸引我们的东西。若我们既有能力判断什么对象才是真正吸引自己的，又有能力不受外力诱惑而朝此方向前进，最后我们就会成为一开始我们所仰慕的对象的样子。

的实在上①。因此，这个灵魂有时仰望，有时又低头向下沉沦，这都是因为它的马儿的干扰所致。所以它能环抱某些实在，却没能力认识其他的实在。而剩下的那些灵魂，尽管每个灵魂都受到启发想要向上，它们都不断尝试扰动、翻动〔248b〕，都想要超越其他灵魂，也尝试追寻，但却因有心无力而每每深陷在自己的运转轨道上。不管是噪声、竞争还是强行争取，由于马车队本身天生不足、后天失调②，许多灵魂都有所残缺，灵魂的翅膀上的羽毛严重受损。总而言之，所有灵魂，由于疲惫积累，最后只能离苍穹的顶端越来越远，无法沉思真实实在，而当他们远离真实实在的认识时，就只能把对实在的意见③当作养分填补。那又何必为了看一眼"真理之原"④而花费这么大的力气

① 从苏格拉底此处的象征寓言中可以看到，柏拉图所构想的存有，是依照智能运行的完美程度区分出一系列层级的存在。最完美的那些能够到达天庭之外，而剩下的那些只能各自追随自己欣赏的神祇，一边望着欲望与表象的干扰，一边期望跟上这些完美的灵魂，但因为天生不足且后天失调，这些不完美的灵魂最好的状态也就只能冥思到一部分的理型。由此可见，柏拉图认为人类的灵魂永远不可能有穷尽知识的时候，尽管人类的智能能够不断地有新成果，但由于种种条件限制及存在状态，人类的智慧永远不会有完结穷尽的一天。

② 前面解释过完美的灵魂之间没有嫉妒与竞争，因为理智、情志与欲念三者合一；然而，在不完美的灵魂之间，就会因为想要得到的跟确切得到的有落差，而相互竞争、争夺的状态。

③ "意见"在前文已经说明过，即是"看起来如何"，因此属于"表象"。然而，"表象"在柏拉图的思想当中也有一系列不同层级的结果。"意见"尽管属于实在的表象，却可能撷取真实的某些方面，因此可能有"真实意见"与"错误意见"之分，"真实意见"等于反映出真实的某个片面结论，而在一系列不同程度的表象当中，离真实最远的就是无中生有的"幻象"，其对真实不仅是从内容上更是从结构上进行了扭曲。寓言在此处用了视觉当作比喻，当不完美的灵魂没有能力驾驭马车跟上神灵，随着马车离真实的实在渐行渐远，这些灵魂所能冥思的对象就只剩下实在"看起来的样子"，也就是"意见"。

④ "真理之原"（to aletheias），希腊文字面直译为"那个真理的地方"，此处译为"真理之原"，好跟之后马吃粮草的比喻做对应。在此用象征的手法来说"知性之域"里面散布各处的"理型"，是因为"理型"是真理的参照点，因此将"知性之域"比喻为"真理之原"。

呢？因为真理之原才能称得上灵魂内部最好的那一部分所希冀的〔粮草〕，而灵魂的翅膀，〔248c〕其轻盈与否也取决于滋养它的粮食。

阿德拉斯提亚①对此也有解说。所有伴随神灵的灵魂，都会知晓某些真理，直到运转到下一轮〔众神宴〕的时候，那些有能力、持续进取的灵魂，就能够保持无损，但若是下一轮的时候没能力跟上神灵的运行，就无法再继续取得真知，而之前所学到的真理也会遭到遗忘②，被剥夺殆尽，渐渐开始充斥丑陋与扭曲〔的实在〕③。灵魂因此开始变得沉重，羽毛开始掉落，最终坠落地面。依照规则，灵

① 阿德拉斯提亚（Adrastia），希腊神话中的神灵，为"不可抗拒"之意，意即"命运"。根据法文译者的注解，在《理想国篇》第五卷中，阿德拉斯提亚是涅墨西斯（Nemesis）的小名，而涅墨西斯则是复仇女神，为所有人带来应得的惩罚。布里松认为借由这一点能够建立《费德罗篇》跟《理想国篇》中的厄尔神话之间的关联。《理想国篇》第十卷中出现过厄尔神话，描述厄尔死后还魂，向世人讲述灵魂的各种样态。柏拉图在此特意提及阿德拉斯提亚（命运），是为了在接下来说明灵魂的各种形态所体现的各种命运。

② "遗忘"（lethe）正是肉体对智能所产生的限制之一，此处的"遗忘"指的并不是灵魂会遗忘"前世今生"的记忆，就如前文所作的解释，个体的记忆会随着肉体的消逝而消失，因此灵魂层次上的遗忘指的是灵魂本身曾经在冥思中得到的知识，会因为久居肉体，接触的信息都变成必须通过肉体得来的"感知"或"判断"，因此将生活处境中最常接触的实在当成真正的实在，而遗忘了真实实在并非感官直接被动感知的实在。因此此处的"遗忘"是存有层次的遗忘，而非具体存在于生命中，因为时间与肉体记忆有限的关系而出现的遗忘。

③ 承接上文，在灵魂遗忘"知性之域"所展现的真实实在，习惯把肉体所接触的表象当成实在，甚至将通过中介再现出来的表象（例如通过语言所讲述的经验、图画等，都是一种再现的方式）这种经过二度折射的实在当作唯一的实在的时候，柏拉图认为我们用来滋养灵魂的就是较为丑陋，甚至扭曲的思想。

这个段落也许是《费德罗篇》当中最神秘、最难以分析的段落。苏格拉底在此说了灵魂转世轮回的故事，而且很详细地说在灵魂坠地之后的第一次轮回，因为此时保有最多对真知的回忆，所以会孕育出哲学家，之后如果继续退步就会成为其他人，如此发展出总共九种人的轮回体系。而在此九种人的轮回之后，就会成为动物、植物等那些肉体限制越来越高的生物。

魂在第一次轮回①的时候〔248d〕，不能随便附着到野兽身上，而那些本来知晓最多真理的灵魂，会〔在坠落时〕化为孕育人的种子，培育出那些受智慧吸引②、受美吸引、受缪斯女神或欲爱之神启发的人（哲学家）；而到了第二轮，灵魂所播种的对象，将孕育出受秩序吸引的国王、战士和领导者；第三轮则会孕育出政治家、管理者或喜好钱财的人；第四轮会孕育出喜好体能活动、重视训练或保养身体的人；〔248e〕第五轮会孕育出以预言为生，或从事预言的人；第六轮会孕育出诗人及所有玩弄拟象③的人；第七轮会孕育出所有从事工艺、农业的人；第八轮会孕育出辩士与

---

① 在此处必须再次提醒读者柏拉图惯用的象征手法，由于通篇对灵魂的描述都是神话，而非论述，因此此处的灵魂轮回转世，也需要脱离字面讲述其背后的意义，重新建构柏拉图可能要传达的讯息。此段落中，灵魂投胎播下什么种子，仰赖的区分方式在于灵魂"回忆"起真实实在的能力，因此重点不在于什么人天生有什么能力，而在于某些人在生命中展现出了某些特质，依据这些特质，我们区分九种不同的"生活方式"，而我们用"哲学家""国王""政治家"等来"命名"这九种不同的生活方式。由于柏拉图在此没有详细说明或多加描写，因此我依照柏拉图前后探讨所涉及的思想，来重建出对这个段落的诠释。读者若留心柏拉图对文句的安排，会发现每一种人的关键差异在于他们受不同对象吸引：哲学家受知识、美、缪斯吸引，国王或领导者受秩序吸引，政治家受到物质的分配吸引，如是等等。这九种不同的生活方式，分别代表了生命中所求的九个类型，而不同类型的人因为受不同对象吸引，会引导自己的行动去追随这些对象，最终实现不同的生活方式。因此，神话不在于说某些人天生就要当哲学家，而是某些灵魂会受到智慧吸引，当灵魂在生命中不断去追求智慧时，那么它最终就会展现出被命名为"哲学家"的"生活方式"，以此类推其他。
② 此处将"哲学家"放在括号当中是因为尽管希腊原文当中用的是后世译为"哲学家"的"philosophos"一词，但在此处指涉的却并非"哲学家"这个称号，而是"爱慕智慧的人"。古希腊文中时常出现这种合并字，就像前文中形容费德罗为爱慕言论的人，其所对应的希腊文即"philologos"。
③ "拟象"（mimesis）指的是通过某种媒介来制造与实在相似的幻象，在英文中所对应的是"simulacre"。诗人之所以被放在这一个分类中，是因为对柏拉图来说，诗人是通过文字所投射的影像来彰显真理的某个特定方面，因此诗作或者画作所创造出来的都是"拟象"，是用特定的角度来观看实在。"拟象"与"实在"之间的相似性不一定是表面上的，对柏拉图来说，更不在于跟感官所捕捉的实在之间的相似性。

煽动者 ①；第九轮会孕育出暴君 ②。

在这些轮回里面，那些行事合乎正义的人，会获得较好的灵魂 ③；那些以不正义的方式过一生的人，就会得到更低等的灵魂。每一个灵魂要在无数年之后才可能返回初始点，而在这之前，灵魂无法取得翅膀〔249a〕——除了那些热爱智慧或那些引领孩子去热爱智慧的人，他们只需要轮回三

---

① "辩士"（sophistes）指的是"看似有智慧的人"，言下之意即这些人只是表面上看起来有智慧，实则不然。"辩士"是古希腊社会中很特殊的一种产物，指那些对什么主题都能提出长篇大论，要人付钱来跟其学习一些技能——不管是辩论的技巧，还是泛泛没有特定领域可以通过口头传授的技能——的人。柏拉图将这些人定义为"通过语言创造幻象来说服听众的人"，因此辩士与诗人之间的差别在于，诗人所创造的是"拟象"，某种程度上可以忠实地反映实在，但辩士通过语言创造的却是"幻象"，是用扭曲的方式反映实在，以此从中得利。

② "暴君"在这里指的不是一个头衔，而是有特定行事方式的人。"暴君"在此指的是任性地只按自己好恶行事，完全依据自己的欲望而活的人。暴君被放在最底层，并非对暴君所有的道德判断的结果，而是其引导自己行动的驱动力，离灵魂本来的状态最远，也是借着"暴君"的生活方式相对于其他形式的排序，让我得以重新找到这九种生活方式的分类方式。

若读者还记得，前文中苏格拉底说明了灵魂的三股势力：智能、意志力与欲望。智能下判断（车夫），负责认识真理与智慧；意志力执行命令（良马）；而欲望则倾向去消费立即的欢愉，贪图享乐（劣马）。这九种生活方式的差别就是引领生命的主要势力，受智慧吸引的人若其引领生活的方式以智能为主导，就会产生被称作"哲学家"的生活方式。从国王以降，从第二轮到第八轮都跟"秩序"有关，所对应的就是遵照规则的意志力作为主导：第二轮到第四轮在于要所掌控的对象服从特定秩序，因此国王在城邦中体现秩序，政治家在物质分配中要求秩序，运动员在自己的身体上展现特定秩序；而第五轮到第八轮则是依照特定秩序或法则来制造对象，例如预言者依照特定秩序传达神的旨意，诗人依照语言内的秩序创造诗作，工匠或农民依照物或自然法则制造或孕育出产品，最后辩士则是通过扭曲实在的秩序来创造幻象。第九轮，暴君，则以自己的欲望为行为主导，其智能已经完全丧失对行为的约束能力，因此离灵魂本来的状态最远。请参见第 89 页图表对九种生活方式的整理。

③ 此段落文字不断让人产生轮回转世及因果报应的错觉，先不讨论柏拉图是否真的相信且想表达某种业果理论，"行事合乎正义"就已经预设了对正义的认知与遵守，两者涉及的是智能与意志力这两部分的能力，也就是说这种灵魂的车夫和良马都有能力让自己的行为不偏离正轨，因此灵魂在展现这种生活方式之后，不会因为智能与意志力削弱而变得丑恶低劣。反之，如果灵魂在生命中的智能，总是没有足够力量做出好的判断以对抗欲望与诱惑，最终让欲望主导人生中的选择，这样的生活方式会让智能与意志力形同虚设——越不使用就越退化，因此只可能继续向下沉沦。

个 1000 年。这样的灵魂,如果连续 3000 年都选择追随这种生活方式,他们的灵魂就会长出翅膀,逃出在地表人间的轮回 ①。至于其他灵魂,在每一次生命尽头的时候,就必须要接受审判。审判过后,某些灵魂必须到监狱里思过,因此坠入地底;某些灵魂则上升到跟其他星宿一同运行,〔249b〕又或者在人世间用人的形象过一种值得过的生活。而千年之后,这些灵魂又重新回来分发一遍,每个灵魂可以选择自己的第二世要去哪里。从这里开始,附着在人类身上的灵魂,就可能附到野兽的身上去;或者相反,那些附着在野兽身上的灵魂,重新回到人类的躯壳里。不管如何,那些从未见过真理的灵魂,是不可能以人的形式存在的 ②。

---

① 神话至此描述了灵魂总体的运动。尽管灵魂会在不同生活方式之间轮回,但我们会发现灵魂也是在进行周而复始的循环运动,因此在一段时间之后就会返回天庭,重新开始。而坠地的灵魂如果追求超越凡尘的智慧,那么最接近神圣的那个部分就会越来越发达,最终可能加速其返回天庭的过程。

② 由此可见,柏拉图认为人类的灵魂还保留着神圣的部分,也就是智能,因此我们对自己的行动还能够完全负起责任,尽管在人的形体里面,灵魂会受到感官、身体需求和欲望的干扰,但人的灵魂仍然有机会一窥真实,追寻且实现智慧。这样的生活方式需要预设智能与意志力的部分有能力与欲望抗衡,因为行动出于判断与意志的坚持,才有了符不符合道德的问题的存在。回到运动的类型上,就比较容易理解为何意志行动比欲望行为高尚,因为欲望是被动由对象所引发的,然而意志行动却是自主行动,不依赖外力,因此其最为接近灵魂本身作为自动体的状态。也是基于此判断,对柏拉图来说人类的生活方式比其他生物高等,因为人有潜力自律自主,能够把欲望与需求对行动的影响降到最低,但这里只肯定人类灵魂的潜力,并不代表所有人都能够自律自主,更不代表不需任何努力便可以达到自律自主。

人应该要用理性 ① 的方式触及理型 ②，从感官接收的纷繁嘈杂的声息中，用理性能力掌握单一整体 ③。〔249c〕这就是回忆 ④，我们每个人身上的灵魂在其伴随神灵的时候都曾从

---

① "理性"在此所对应的希腊文为 "logos"。希腊文如几乎所有古代语言一样，由于词汇比现代语言少，概念区分的细致程度不如现代，因此每一个单词所指涉的意义非常广泛，其中"logos"就是造成后世翻译困难的词汇之一。"logos"从动词 "legein"而来，而 "legein"最直接也最常被用来指"说话"，因此 "logos"最普遍的意义即为"话语"或"言论"。然而在古代的思想脉络中，说话的能力蕴含了分析（区分）和组合的能力，即将单词分开且用特定秩序组合在一起的能力，因此进一步指"理性"。

② "理型"是柏拉图哲学当中非常重要的概念，尽管有后世学者认为柏拉图在其晚期思想当中开始逐渐放弃"理型"的概念，因为他的后期代表作《辩士篇》当中没有使用"理型"（eidos）这个说法，然而这个观点仍有许多争议，因为在《辩士篇》之后的作品当中，"理型"（eidos）的概念又再度出现。第 152 页注③稍微说明了"理型"与"知性之域"的概念，然而，"理型"的概念涉及非常庞大的诠释与思想发展，直到今日，各个哲学研究者之间对于"理型"的解读和使用仍有很大差异，请参见导论。

③ 这个句子当中透露了柏拉图对于智能触及"理型"的方法与机制的理解。对于柏拉图来说，针对一个认知对象，我们可以发觉两种类型的认知方式，通过感官所描绘的对象讯息杂多且不但在不同人之间可能不一，随着条件转换同一个人对同一对象的感知甚至也可能前后相异；此外，如果人运用理性能力在纷纭的讯息中分析、综合，就能够最终给出一个知性整体，不但能够完整定义此对象，而且作为整体，这个认知还能够将此对象明确地跟其他事物在认知上区分开来。举例来说，每个人对三角形的物品都有不同的感官经验与描述，个别三角形之间也有所差异，然而通过理性分析与综合能力，就能给三角形一个定义：三个内角之和等于 180°。

④ "回忆"（anamnesis）亦是一个极具柏拉图思想特色的概念，一般称为"回忆说"。柏拉图认为，每个有灵魂的生物，都具有领悟真知的潜能，而这种"领悟"不是向外探索，而是向内回忆，因为每个灵魂在自己运动周期的某个时刻，都一定或多或少冥思过"知性之域"的真实实在，并因此拥有真知，尤其当灵魂栖居于人的形象当中时，代表灵魂的智能部分还有能力主导行动，因此柏拉图主张每个人都能够通过引导而回忆起这些隐藏在灵魂中被遗忘的真知。在《美诺篇》当中，柏拉图就通过苏格拉底与一个奴隶孩童的对话，来展示一个从来没有学习过的人仍然可以在引导下演绎出几何学知识。在此处有几点需要进一步厘清，以免造成错误理解。第 153 页注①说明，此处"真知"跟现代意义下的知识有所差异，更与现代意义的"科学"完全不同，关于柏拉图对"真知"（真实知识）的定义为何，这点学界至今还有众多不同说法，共识只有"真知"的对象是"理型"。换句话说，知识真正认识的对象是"理型"，但具体来说，当智能认识"理型"时，确切展现出的是什么形式与内容的知识，各家说法不一。然而，不管在哪一种诠释下，"回忆"都不是字面上独自回想特定内容的意思，"回忆"必须通过一场灵魂与自我辩论的过程，才能在思辩当中用推论的方式最终触及较为纯粹的理念，厘清思绪的层次。苏格拉底自称"知识的助产士"，就是指自己在人的灵魂与自我辩论过程中，能起到引导作用。更详细的关于"回忆说"的讨论请参见导论。

高处眺望，认识我们眼下称为存有的那些东西，而它则仰望
且冥思那些真实的存在。这就是为什么唯一能够长出翅膀的
灵魂是承载哲学家思想的灵魂，这完全符合正义。因为这种
靠自己的力量让自己永远掌握回忆的能力，正是使神灵得以
是神的原因。由此可见，有能力用正确的方法进行回忆，圆
满其最终应该圆满的，才是唯一臻于完满的人[1]。然而，这
样的人不挂怀人间世俗之物〔249d〕，追求趋近神圣，因此
在许多人心中，这样的人有违常态[2]，殊不知这样的人才是
有神灵加持[3]的。

　　以上正是第四种疯狂要论说的重点：在这种状态里面，

---

[1]　此处"臻于完满的人"指的是"完成"（telos）的概念，也就是达到"圆满"境界的人。由于这两个中文翻译都难以让读者撷取清晰的意义，因此译为"臻于完满"。"臻于完满"在古希腊社会当中是对一个人最高的赞美。

[2]　行文至此，苏格拉底已表明在凡尘之境中，那些一心追求智慧、被称作"爱智者"（哲学家）的人，在其他人眼里有违常态，因为其生活方式太过接近灵魂本身的生活方式，而灵魂自从坠落到地上附着于肉体之后，便不再能自然而然地用其本来的生活方式生活，因此这种对智慧或知识探索到废寝忘食的人，有违人体在自然状态下会出现的生活方式。换句话说，哲学家必然显得与世界脱节，因为尽管其生活方式贴近灵魂神圣的状态，但却偏离了生物这种形体在感知之境当中正常会展现出来的生活方式。

[3]　"神灵加持"所对应的希腊文为"enthousias"，也就是今日在西方语言中的"热忱"一词的根源。我在此将其译为"神灵加持"，因为其字面上拆解的意义正是"神灵进驻"，是用"神灵上身"的意念来指涉对特定活动或事业具有异于常人的热情。

灵魂的双眼仰望注视着美，且回忆着真实〔的美〕^①，灵魂因此长出了翅膀，而且一旦有了翅膀，就会产生不停歇地翱翔的欲望。就如同鸟儿一般，眼光向高远的地方看，因此轻视所有地上的事物，这就是其被人们指责疯狂的原因^②〔249e〕。

总之，在所有神灵加持的形式里面，第四种形式最为美善，所结出的果实也最为甜美——不管是被加持的灵魂结出的，还是与其有共同目标的灵魂所结出的^③。这就是为什么一旦被这种疯狂所占据，追求爱人的那些人就会被称作"美的恋人"^④。

---

① 在神圣疯狂的第四种形式中，苏格拉底指出，让灵魂陷入爱恋疯狂的对象是"美"，呼应了苏格拉底第一言论中所说的"所有人都欲求美"。许多研究都指出柏拉图此处对爱的对象为什么是美缺乏论证，事实上在所有跟"爱"相关的对话录当中，柏拉图都没有说明为什么吸引灵魂、让灵魂爱慕的对象或多或少都展现出美，宛如这个前提不证自明。然而，我们同时很难反证这一点：一个对象之所以吸引我们，是因为其让我们被动感受到一种使此对象鹤立鸡群的冲击，让我们想要进一步亲近它。这种感受既被动，且是即时的、不含判断的，这种赞叹在语言脉络中最为符合"美"的使用。此处"真实的美"指的就是"美"的"理型"，而每一个让我们觉得美的对象，都因为参与了这个理型，而让我们在思考它的时候能有对"美"的意见。

此处读者能够发现，柏拉图定义"美"的方式，并非被认为美的"对象"之间的共通点，例如比例和谐，或符合潮流，柏拉图对"美"的定义是从对象在感受者身上引发的共同"情状"（pathos）而来。

"吸引力"在古希腊哲学当中占有十分重要的地位，因为"吸引力"不是机械性且被动的反应，而是主体受到吸引，自发性转化为行动的动力。因此"爱"的讨论在哲学中一直占有非常重要的地位，因为"爱"一直以来是被用来解释让人有能力超越既定限制的吸引力。
② 爱，不管是欲爱还是慕爱，它的关键性质都在于引发强烈追求的动力，不管追求的对象是一个人还是一份事业，爱都是那个最为强烈且原始的冲动，让人疯狂地专注在追求一个目标上。正因为这种强烈的吸引让人偏离了日常生活不断重复的轨道，甚至偏离了群体不断重复的轨道，这种"异常"的表现就被众人称作"疯狂"。由此可见，社会中对"疯狂"的指涉最根本的意义在于"偏离常态"，进入一种例外的状态。
③ 此处可见，苏格拉底已经跳出前两个言论中"爱恋者"与"所爱之人"之间的情感或能力不对等的关系，但更明确的分析在后文才为清楚。
④ 此处所有"爱"在希腊文中都是"eros"，也就是我译为"欲爱"的概念。"欲爱"的对象是最直接的表象上的美，因此引发"欲爱"的对象都是非常具体的物质对象，即人或事物的外形和表象。

就如同我刚刚所言，所有人类的灵魂都一定沉思过存有，否则便不可能以人类的形象生活〔250a〕。然而，要在凡俗土地上回忆真实实在，不管对哪个灵魂来说都非常困难：那些目光短浅、只看见凡间事物表象的灵魂无法回忆起真实[①]；而那些坠地之后交友不慎，遗忘高尚的事物，转而趋向不义的灵魂也没有能力回忆；就只剩下很少的灵魂，还带着足够的回忆可以重新思索实在。

然而，当这些灵魂沉思这些尘世间的事物，放心[②]不再内守时，其并不知道如何思考这些被动感受到的事物[③]，因为通过感官所得知的事物永远不够明了。〔250b〕正义、明智和其他那些灵魂视为珍宝的沉思对象，一旦到了尘世间就都失

① 正如我曾多次说明的，对柏拉图来说，生活在知性与感性混杂之域的生命，因为其生存条件的限制，更倾向依赖表象，也就是说，我们倾向依赖眼睛所见，我们的行为决策会受表象影响（例如看到天色阴黑会带伞，看到特定长相的人会较为警戒或信赖），这样混淆表象与实在的状态，是对生存在这种条件下的生命来说最为舒适的生活方式。人类之所以能够追寻表象背后的真实，在柏拉图的论述下，是因为人类的灵魂还没完全忘记自己本来的状态，也就是说在驱动人类生命的力量当中有"对张"（ambiguity）相歧之力，让人类不自我局限于物质世界所给予的生存条件。在此意义上，后世学者将"文化"称作"第二自然"，这在某种程度上也符合柏拉图的想法。然而，柏拉图不断在多篇对话录中强调，人类要追求超越"感性之域"或"物质世界"，都不是毫不费力便可达成的，灵魂要穿越众多表象的干扰、清楚看到表象背后的理路，都必然要经历许多不舒适的试炼与努力，在意志力坚持下才能有所成就。若没有足够的意志力忍受脱离惯习范围的不适，那么灵魂就如苏格拉底此处所言，会逐渐遗忘它本来的能力与潜力，以为自己只能随波逐流地活着。
② "放心"，希腊文为"ouket'en"，意即"不在里面"，此处借用孟子"求放心而已"的意念，来说明灵魂会向外搜寻那些诱惑且让自己分心的表象事物。
③ 苏格拉底在此处强调，灵魂"回忆"的重点正是要看穿感官内的对象的多元多样，内敛分析每个对象都只是一个表象，而表象背后支持它的实在，比种类繁多的感官对象简单明了。举例来说，同样是衣服，通过感官所见的每一件衣服如此独特，其所展现的美或价值也都一枝独秀，如果我们着重追求感官所传达的独特性，那每件衣服都值得拥有，因为没有一件相同；然而若着重表象背后的理念，那么众多个体也不过是同一个意念的众多表象罢了。

去了光芒，使灵魂无法对其〔核心存在①进行思考〕。由于灵魂在坠地之后的有生之年必须超越不敏锐的感官来思考，因此只有少数的灵魂在历经磨难之后才有可能对"实在的影像"进行沉思。此外，因为影像跟其所反映的实在之间存在着某种"家族气息"②，所以〔才可能通过影像来认知实在〕。美自身③是多么光彩夺目，而我们必须跟随宙斯，其他人跟随他们自己的神，才能窥见其神圣且圣洁的一面。要见识这些，我们被设定为要达到美的最高境界，如果能容我这么说的话〔250c〕。我们庆幸我们天生便有这种完善的设定，在那些在未来等着我们的丑恶找到我们之前，我们至少能够找到一处遮风避雨之处。完善、单纯、静定和确信，当它们向我们彰显④，我们只能用神话传奇描绘它们，只有在纯净中俯视灵魂，

① "核心存在"一词所对应的是"enesti"，"en"指"在里面""内在"，而"esti"则是"being"，在此译为"存在"。这个段落中，苏格拉底强调，那些最为崇高的理念，若在"知性之域"则没有表象与实在的差异，因此能够"直视"这些理念自身。然而这些理念在混杂的"感知之域"，多数状况下只能看到"义行"或"明智的选择"，而"正义"与"明智"理念本身只能通过物质个体来展现，在这个意义下光辉锐减，使灵魂难以对让义行符合正义的正义本身进行思考，只倾向注重义行的表象、后果或效益。

② "家族气息"（to tou eikasthentos genos），指的是所有参与共同理型的影像之间都有着模糊的相似性，如同家族成员一般，不完全相似，每个各有不同，却能够观察出同属家族成员。20世纪的哲学家维根斯坦（Ludwig Wittgenstein, 1889—1951）所提出的"家族相似性"的概念，不仅用词与柏拉图用词相似，概念所指涉的哲学问题也十分相近，让诸多学者进而开始研究维根斯坦思想中柏拉图的成分与痕迹。关于柏拉图哲学与维根斯坦思想之间的关系研究，可参阅帕尔格雷夫麦克米伦出版社 2013 年出版的 L. 佩里西诺托和 B. 拉莫·卡马拉的著作《维根斯坦与柏拉图：联系、比较与对比》。

③ "美自身"此处指涉一个独特的概念，也就是"美"的理型，对柏拉图来说，美的"理型"就是美自身最纯粹的状态，换句话说，是使"美"成为"美"，也是使"美的事物"展现"美"的必要条件。

④ "彰显"的希腊文为"phantasma"，有"呈现""显现"的意思，在特定的体系下会被译为"现象"。此处的"彰显"并非"现象"，因为苏格拉底强调的是理念中最为纯粹的部分，即自我呈现在灵魂中的智能部分，因此有"现"却无"象"，因此此处不是指被感官捕捉到的现象。

灵魂才是纯净的。少了灵魂的引领，名称所呼唤的就只剩下眼下这副躯壳，灵魂如扇贝黏着它的壳一般〔黏着身体〕①。

借助回忆，我们才能够说出以上这些言论。由于回忆对于过去带着那些悔憾，我们才会说得又臭又长②。

回到"美"这个主题上，就如我们刚刚所言〔250d〕，事物由于美而有了光辉，也正是美所引发的光辉，让我们的灵魂，尽管到了尘世，也能通过那些最能清楚、明亮地投射出事物的官能，掌握事物的光辉。视觉③是我们身体上最为清晰、敏锐的知觉，但是我们无法通过视觉来看自己的思想④。顺道一提：如果刚刚这一席话都是因爱而发，那有多惊人。哪种可怖的爱不启发思想？若思想能够将自己所接收到的感知影像看得清楚，那么所有能激起爱的那些实在，都应该能在思想中自动被看清楚才对。然而事实并非如此，只有美才具有照耀、〔250e〕激发爱意的能力。

因此，那些离初衷已远、放纵自己或者使自己堕落的灵魂，不再敏锐于如何将眼界带向彼岸，亦即带往美自身。对

---

① 将灵魂与肉体的关系比作扇贝与贝壳十分有趣，一方面苏格拉底想要凸显灵魂自我封锁在肉体内部，另一方面他又想强调，虽然真正活着的部分是扇贝而非贝壳，但两者紧紧相连，且已经认定自己就是扇贝与贝壳的整体，就如同灵魂与躯体，两者相粘太过紧密、以至于让灵魂把人体加上灵魂当作自己的整体来认识。

② 这两段当中，柏拉图不断让苏格拉底提到"神话""传奇"或"又臭又长的言论"来呼应整个灵魂探讨的开头，苏格拉底说灵魂的问题超过多数人的理解能力，因此只用"神话"的方式论述，不然就必须要以过于冗长的言论，才能描绘出这些超越日常理解范围的对象。

③ 在整个西方哲学史当中，视觉相较于其他官能都有较高的地位，对于真理、洞见等的讨论也多用"光芒"与"看见"来比喻性地来说到知识。

④ 在这句话当中，苏格拉底终于清楚地说出"感官"与"思想"之间的差异，感官当然能触及真实的影像，然而，对柏拉图来说，被动的感官永远都无法与主动的思想相同，而对真实实在的认知只能通过主动思想的能力，才有机会触及较为纯粹的理念，因为感官所得来的讯息都经过肉体的限制折射，因此杂而不纯。

于那些被用"美"来描述的事物，这些灵魂并非以景仰之心视之，反而是向欢愉臣服①。它们因此用野兽的标准规范自己，〔251a〕纵欲交媾，沉沦于那些违反自然的欢愉也不焦虑、不害臊。相反，那些还在初始状态的灵魂、眼中还有众多残存的真实影像的灵魂，当看到一张接近圣洁的脸或身体的外形时②，看到这美到几乎是美自身完美的模拟③，首先会感到一阵颤抖，因为从前〔曾经经历过〕的焦虑又降临到它们身上了。接着，拥有这种灵魂的人会将视线转到带给他们这种感觉的对象上，〔拥有一张接近圣洁的脸或身体的少年〕，并且像对神一样景仰他，如果他们不怕自己被当作疯子的话，就会像对神献祭一样，将自己献给少年。然而，当他们颤抖时，他们开始流汗，〔251b〕全身莫名其妙地发热。事实上，当他们

---

① 此处再次找到了在苏格拉底第一言论当中的两种驱动力之间的分别：一为仰慕崇高，二为追求欢愉。苏格拉底尽管推翻了自己第一个言论中的结论，却没有驳斥所有论述内容。"美"尽管是所有人欲求的对象，但有些人将较为靠近真实的"美"当作追求对象，而也有人认为其所感受到的"美"，来自表象所带来的欢愉，因此将美所带来的欢愉当作追求对象，沉溺享乐。在此对话录的脉络当中，美所带来的欢愉，就是美丽的躯体所带来的欢愉。

② 由此处可见，柏拉图并不认为真实的爱当中没有欲望，反之，欲望是爱情的动力来源。因此，灵魂感受到美的当下，对展现出表象美的对象仍然充满钦慕，而此对象躯体所发出的光辉也是爱的动力来源之一。因此，放纵堕落与仰慕崇高的灵魂在美的表象所造成的诱惑上，没有区别，区别在于放纵堕落者受到诱惑就一定要满足欲望，而后者不然。

③ 当灵魂被触动的时候，触动其对象所彰显出的东西被称为"美"，而当我们对某事物的美感到惊讶与赞叹时，这种感觉在某种程度上就如同"美自身"突然彰显一般，会让灵魂感受到某种"超越"凡俗的对象。正是因此，美与爱两者在哲学上的重要性，都在于超越理性的非理性刺激，也就是说，理性作为某种分析综合机制，本身会不断地形成惯性半封闭系统，借以加快运作速度。简单的因果关系、直觉反应、偏见等都属于理性僵化的产物，而人之所以会对事物突然感到的惊艳，一方面是因为对象在一定程度上超越我们已经习惯的日常世界，另一方面是感到惊艳的同时也意识到超越日常的存在，即对"崇高"的感知。在这个环节上，不管是崇高，还是超越，都还属于非理性的某种感受，在这个意义上，我们能说理性发展的条件本身可能并不理性，比如说对世界的理性研究探讨本身是出自对世界的惊艳与好奇，而这两者并不理性。

的双眼接收到向他们奔流而来的美好，且让他们全身发热时，灵魂的羽毛也得到了滋润，而此热度同时也融化了那些藏污纳垢、僵硬且堵塞、阻挠翅膀生长的东西。除此之外，因为有了养分，根部开始肿胀，身体开始长出羽毛。此刻，灵魂滚烫并经历着孩子长牙齿时那种顶撞的疼痛。那些正在钻出的牙齿让人无食欲，牙龈发炎红肿，完全就跟灵魂长羽毛的时候所必须经历的痛苦一模一样：滚烫、发炎、瘙痒①。

〔251c〕每当他们将眼光放在少年的美上，且从美身上得到一些让他们能更接近美的粒子（"欲望的波澜"这种说法就是这么来的）时，灵魂就会因此充满生命力且热力四射，会忘却疼痛〔251d〕并沉浸在欢乐中。然而，灵魂一旦开始凋零，长出羽毛的地方便开始干枯，由于开口闭合，刚长出的羽毛就又因此被堵住了。然而这些跟欲望一起被困住的新羽，像努力振翅的鸡一样，奋力顶着被堵塞的开口，一个一个地冒出。当灵魂撑过这针刺般的疼痛时，便会再现对于美的回忆，灵魂因此又再度欢乐。

这两种感受的交融不断折磨着灵魂②，他们为找不到方法

---

① 苏格拉底在此处用非常具象的方式描述陷入爱情的过程与动态为何。在"美"的触动下，灵魂因为"爱"这个对其展现"美"的对象而被追求的欲望充满，这种欲望有别于肉体上的需求与满足，是一种对爱恋对象的钦慕，这种钦慕让灵魂感受到一种完全不同于习惯状态的感受，因此在不适应以及爱的疯狂推动下全身发痒。柏拉图在此用了"红肿""瘙痒""发炎"等医学词汇来描述灵魂受到刺激的反应，而这种疯狂欲望的刺激会让灵魂充满能量。灵魂，在先前的定义就是能够引发动态的能量，因此充满能量的灵魂开始回复到自己初始的状态，根据苏格拉底之前的描述，灵魂初始的状态就是长着翅膀，由两匹马和一位车夫组成的马车，在这个意义下，受到爱情滋润的灵魂开始长出本来已剥落的羽翅。
② 灵魂在热恋的状态下既充满欢喜又充满痛苦。充满欢喜是因为当其见到心爱之人，其心爱之人所展现出来的美的光辉会不断转化成让灵魂充满动力的爱，但同时这种充满能量的状态却是坠地灵魂在肉体习惯的生活形态中产生冲突的状态，因此会带来痛苦。

来让自己脱离这个状态而气愤，被疯狂攫获的他们〔251e〕夜里无法成眠，白天也坐立不安，在欲望的驱使下，他们奔向那些自己认为美的对象存在的地方。而当他们终于领悟，让自己完全被欲望的波澜渗透的时候，他们就完全摆脱了所有阻碍。他们吁了一口气，对他们来说那些生长过程中针扎的疼痛都过去了，而眼下这个时候，他们享受着最美味的欢愉〔252a〕。他们绝对不会自愿离开眼下这个状态，没有任何其他事物可以摆在这个美丽尤物之前，母亲、兄弟、同袍……都被他们忘却。他们一点儿都不在乎那些由于他们的漠不关心而失去的财富，从前他们认为好的东西如今他们都已不屑一顾①。他们已经准备好从此之后成为爱的对象的奴隶，要他们睡哪里他们就睡哪里，只要能够在自己欲求的对象附近就好。他们景仰着那个美的对象，为自己找到了帮自己医治〔252b〕身上最严重之病痛苦恶的医生。

上述这种病状②，我的少年，我言语倾诉的对象，人们称其为欲爱，不过神灵们本来给的名字，我如果讲给你听，你大概会笑出来，因为你还这么年轻。有几个像荷马一样的诗人引用了下面这段他们所珍藏的关于欲爱的词，第二首不但完全没有崇敬之心，更是一点儿都不尊重格律。以下就是他们唱诵的词：

---

① 这个段落当中，苏格拉底巨细靡遗地描述了爱恋之人疯狂的状态。前文在理论上对第四种神圣疯狂形式——疯狂欲爱进行描写，而在此处则用实境的方式展现这种疯狂形式在人身上呈现的状态。

② 病状，对应的是原文中的"pathos"。前文中我将"pathos"译为"情感"，而此处又译为"病状"，也许会引发读者疑惑。"pathos"有很丰富的含义，较为清楚的定位方式是将"pathos"和"logos"相对理解，"logos"所指的是主动理解，而"pathos"所指的就是被动、被引发的状态。在这个意义下，"pathos"在特定脉络中指的便是被引发的情感，而在其他脉络中指的则是被引发的无法控制的病状，"pathology"（病理学）一词就是从此词根而来的。

〔252c〕凡人称之欲爱，以表达此物之飞翔（potenos）①；

不朽之人称之带翅（pteros）②，因为它必定让人长出羽翼。

信也好，不信也罢，我想不管是让人恋爱的原因，还是爱情带来的效应，恋人们都有过以上描述的经验。

那些跟随宙斯侍驾的灵魂们，有能力承载这位有羽翼且非常沉重的神；然而，跟随阿瑞斯③侍驾并完成运转的那些灵魂，当有朝一日被欲爱攫获之时，就会疑心自己的爱人用了不公不义的方式对待自己，这些带杀气的灵魂随时都可以跟〔自己心爱的〕少年同归于尽④〔252d〕。就这样，每个灵魂终其一生都在竭尽自己的全力与荣耀模仿那个自己追随的神灵。只要还没坠落，还在第一轮的轮回里面，其就会用这种方式处世，与爱人和其他人相处。因此，在对少年的爱恋上，每个人都会按照自己的倾向做选择，就好像给自己奉了一尊神一样，帮其立雕像、装饰，〔252e〕以此来热烈庆祝⑤。

---

① 在此处苏格拉底再次使用词汇间的相似性来论证两者的共同起源，这种论证方式在一般的论证中并非有效的形式。"飞翔"一词在希腊文中写作"potenos"，与"pteros"相近，以此来说明"欲爱"（eros）就是让灵魂长翅膀的力量。

② 此处指的是希腊文"pt-eros"，"pt"为"羽翼"或"飞翔"的字头，而"eros"则与"欲爱"同义。

③ 阿瑞斯（Ares），古希腊神话中的战神，为宙斯与赫拉之子。

④ 从此处可见，苏格拉底并不认为吕西亚斯的言论完全错误，欲爱是可能导致疯狂及相互毁灭的，但这并非欲爱最核心或必然的状态。之所以会将疯狂导向毁灭，苏格拉底在此暗示，是因为灵魂车夫控制马车的能力不足。

⑤ 在苏格拉底讲述宙斯所统领的十一位神灵的段落中，我说明过此处每个神灵便如同每个理念的守护神。换句话说，正义之神就是那个完美彰显正义本身的神灵，而追随他的灵魂就是那些受到正义吸引，想要追随正义的灵魂。因此，对我们产生吸引的对象本身就已经是我们追求的对象，因为其彰显了某些我们本来就渴望且追求的特质，所以对我们有吸引力。在这个意义上，苏格拉底说"每个人按照他的倾向做选择"，因为吸引自己的东西与自己追求的东西同为一体，而自己追求的东西又与自己想要成为的样子相连相通。因此，真正吸引灵魂的，是灵魂在探索的自己，更是灵魂对自己认识的产物。

那些追随宙斯的灵魂所心爱的对象就会有着与宙斯相似的灵魂①，它们同时会悉心检视自己心爱的对象是否天生爱慕知识②且有会领导风范③。它们一旦找到这样的对象，就会为之痴迷，而且会用尽办法让心爱的对象吻合其所追求的模范。相反，若灵魂尚未认清自己想追求的对象，那么它们就会学习且培训追捕的能力，以使它们在找到线索的当下，能够用自己的方法来探索自己追寻的神灵有着什么样的天生特质④

---

① 此处必须进一步说明宙斯、追随者与求爱对象三者之间的关系。柏拉图此处从"宙斯的追随者"开始探讨，因为追随宙斯，仰慕所有宙斯所体现的德性——知性之域的领导者，所以追随宙斯者必定钟爱那些散发出与宙斯相同气息的其他灵魂，而其求爱的潜在对象就必定是体现这类气质的灵魂。然而，若我们更仔细地推敲，就会发现：灵魂之所以会追随宙斯，是因为其受宙斯吸引，而宙斯则是完美展现知性之域领导者之定义的代名词。由此可见，柏拉图在此提供了一个循环论证：灵魂被特定对象吸引，因为这些对象散发出了相似于灵魂所追随的神灵的气质；然而，灵魂之所以追随特定神灵，是因为其天生受到这些神灵的吸引与启发。从这点来看，灵魂会被什么吸引并没有一个理性的解释，有些人天生会受到知识的吸引，而有些人会受到勇敢或善良吸引，这些不同的吸引便在行动中展现为对不同目标的追求。总而言之，心爱的对象与追随对象之间的相似关系，正暗示着"爱"作为"追随"的原动力，使爱的对象体现了追随对象的气质。后文会把这个相似性继续延伸，强调让灵魂仰慕的对象其实是灵魂本身想追求的形象，因此爱的对象、追随的对象与作为行动者的灵魂本身，三者之间都存在着相似性，差别只在于这些相似特质已实现与否。

② "爱慕知识"即"philo-sophia"，此处不译为"哲学"，是因为此处所指的是展现出的性质，而非哲学活动或学科。

③ 前文当中曾介绍，宙斯为众神之首，领导所有神灵，既然他是神圣灵魂之首，又为领导，那么宙斯体现出的即为在智能与领导上的最完美德性，而其他神灵随着其岗位的不同则完美体现其他德性。

④ 本页注①中指出，灵魂被什么吸引并没有一个理性的解释，然而，此处柏拉图却强调，灵魂能够明确厘清产生这股吸引力的对象为何，而灵魂因为受吸引而追随的确切对象又为何。如此说来，从被动承受且非理性的吸引力，到主动认定追随对象的过程间，仍然有智能做判断的空间。换句话说，我们也许无法理性解释自己为什么感到被吸引，然而被动且非理性的吸引力，却能够通过智能的理解与分析去界定这股吸引力的源头是我们真正想追求的对象，因此追求的对象是一个理性的选择（尽管最初所感受到的吸引力追根究底并没有足够的理性解释）。举例来说：所有灵魂都受美好吸引，某些事物没有理由地向我们展现强烈的吸引力，然而最终将吸引力聚焦为明确的对象的是智能运作的结果，例如将华美的服饰、青春的外表、良善的个性或智慧当作追求的对象。如此说来，同样的吸引力就会因为智能不同的厘清结果，而选择不同的追求对象。

〔253a〕。因为对它们来说，将眼光锁定在自己追随的神灵身上，是必然的要务。

接下来，当这些灵魂借着仅存的回忆终于触及其所追随的神灵时，在神灵的加持下，它们从此往后的行为和活动都会像跟神灵借来的一样，让那些世俗的人的灵魂能享有圣灵的一部分。不过是否能顺利拥有这样的结果，〔在行动中体现神圣的一面〕，是否有资格拥有这样的结果，当然是由它们所追求的爱人来决定了。因此，这些灵魂更加珍惜它们的爱人。如果这些灵魂向源头追溯，不管源头是宙斯还是菿袭，它们对心爱之人的灵魂的汲取，都会辗转促使心上人尽可能地〔253b〕趋近于他们所追随的神灵。

另外，那些追随赫拉的灵魂所寻找的心爱的对象，就是天生具有君主的气质的灵魂，而当它们真的找到这个对象的时候，就会变得跟其一样（拥有君主气质）。而那些追随阿波罗和其他神灵的灵魂，则会将自己的步调调整到跟自己跟随的神灵一样，拥有这种灵魂的人所找寻的少年，正是那些天生有着与所追随神灵相同的气质的少年。当他们找到对象的时候，就会效法自己的对象，以此培训这些少年，为他们建言，引领他们，让他们知道如何符合典范①，且在此过程中不会对自己心爱的少年有任何妒忌或邪念。相反地，他们会用尽心力引领这些少年，让他们尽可能地成就自己，〔253c〕同时效仿他们所追

---

① 从此段落可以看出来，所爱之人尽管是产生爱恋之情的直接对象，但爱恋的对象却只是追随对象的拟象，就如同倒映出自己真正追随的对象的影子一般。而真正追随的对象（彰显某德性的神灵）就如同典范一样，使灵魂竭力想让爱人忠实地反映出自己所追寻的典范，并以此督促其爱人培养出典范所彰显的特质。在此意义上，爱情就不再只是双方的事，而是两者对于共同典范的追寻。

随的神灵①。总之，真正的爱人所体现的冲动和目标的实现有很大关系，如果能如我所说的，成功用对彼此的冲动实现目标的话，一方就追求到了美自身，而另一方就获得了幸福，这个幸福起于其爱人被欲爱所引发的疯狂，直到征服所爱之人成为其慕爱②为止。以上讲述了要用什么方法才可能征服所爱。

让我们回想一下，在这个神话的开头，我们认为每个灵魂内都有三个要素：其中两个是马匹〔253d〕，第三个是车夫。现在，请记好这个画面。在这两匹马中，我们说，有一匹是善马，而另一匹不是，善者引我们向德性，恶者引我们往丑恶。这点我们还没解释，现在该说的就是这点。具体来说，一匹马占据最好的位置，其形象最为正直、清爽、利落，脖子高挺，鼻子线条上扬，毛色洁白，黑眼深邃，且热爱荣誉如同热爱明智与智慧，不需要鞭打来使它听令，给它激励及跟它说理就足够了。另一匹马则完全相反〔253e〕，扭曲、多变，没人知道是什么造就了它。它脖子肥短，面相歪斜，毛色污黑，灰色的双眼充满血丝，暴戾且虚假，双耳被毛覆

---

① 在此必须点出一个论证的细节：灵魂要所爱之人仿效追寻的典范，这点看起来好像是灵魂将自己的典范强压在所爱之人之上，然而，如果灵魂认清了自己追随的典范，因此认定所爱之人为彰显这股吸引力的核心对象，那么其所爱之人便正因为彰显了此典范的气质而成为灵魂所爱。由此说来，灵魂要所爱之人仿效典范，正是帮助所爱之人成就自己想追随的自我。简单来说，我们爱什么样的人，正是因为这个人身上显现出了我们所追求的特质，而既然此人身上显现出了这些特质，那么正说明此人也有意无意正在追随这些特质，这样的爱慕关系就使得双方督促彼此追随共同追求的典范。

② 在这一句话当中清楚看见了"欲爱"与"慕爱"之间的关系。"欲爱"的关键在于它所带来的"冲动"，也就是这股不理性的吸引力使灵魂充满动能和冲动，然而冲动不一定会被引导向良善的目标，因此如果灵魂的智能部分成功引导这股冲动实现目标，它终极的目标就是"美自身"，也就是美的理念，将展现在智慧、勇气或其他德性当中。因为理念相较于欢愉或享乐恒定，因此追求理念的生命较追求享乐的生命稳定，起落较少。因此，在这样的关系中，双方才体现出幸福。

盖以致将近于聋，只有鞭打它，让它感到疼痛它才会前进。

当车夫看到自己心爱的对象出现时，他会感受到热力充满灵魂，放任自己被〔欲望〕〔254a〕搔痒侵袭，此时服从车夫的那匹马会用明智克制自己，压抑自己不要冲向心爱之人；然而，另一匹马不顾车夫的鞭打，不顾一切就要暴力地冲过去，给自己的伙伴和车夫带来极大劫难。车夫克制着自己的马儿们，一边靠近少年，一边提醒自己情欲之神（阿佛洛狄忒）所带来的欢愉是多么美味。一开始，两匹马都能抵挡诱惑，它们只有被逼迫时才会去做违抗戒律①的可怕事情〔254b〕。然而，当邪恶到已不知界限何在时，马儿就会任由摆布，要它们做什么它们就照着做什么。

马儿就这样冲到少年身边，相距不过咫尺之遥，臆想着少年美丽的胴体宛如星宿般明亮。当车夫注视着如此光芒，他的回忆便会引领他往美的本然②前进。当他看到美的理型③和明智并排站在他眼前纯洁的道上时，眼睛所见的景象让他充满焦虑却又怀有崇敬之情，他因此冷静退步，〔254c〕且硬逼着自己从少年身边离开，严厉管好两匹互斗的马儿：其中一匹管理起来毫无困难，因为它不抵抗命令；另一匹则因

---

① "戒律"为希腊文"nomos"的翻译，"nomos"时常被译为"法"，然而此词的意义指的是广义的"规范""律则""规律"。此希腊字的动词，"nemo"有"切割""分配"意，名词因此有"分配"之意。在此预设了一个分配的规则，来导出分配的结果，因此"nomos"也有"规则"的含义。在此处译为"戒律"，是考量到这里将知性在纯粹状态下的运作规则，转变成为应该遵守的律则（因为多数时间并非处于纯粹的状态）。

② 美的"本然"指的是孕育美、使美成为美的源头，"本然"一词为希腊文中的"physis"的翻译，就同前文所说，"physis"时常被译为"自然"，但有鉴于中文语境内"自然"的意义被框限在"非人造"的意义下，因此此处译为"本然"。

③ 美的"理型"（eidos），亦即前文中"美自身"所指涉的对象。关于"理型"的讨论请参考导论。

为淹没在纵欲当中而抵死不从。当两匹马都退后之后，其中一匹充满着愧和惊恐，汗水浸湿了灵魂；而另外一匹只要马衔和坠落带来的疼痛一过，连气都还没喘完，就责怪车夫与同伴懦弱无勇，没勇气实现一开始的协议，并恣意妄为〔254d〕。不理车夫与白马的回绝，黑马尝试要求他们扭头〔再次冲向少年〕，车夫与白马则一边苦苦哀求，一边承受着全世界的苦痛，以此牵制黑马，央求黑马作罢。

然而，一旦时机再度到来，尽管白马与车夫都能释怀，黑马却一再提醒且要挟他们，一边嘶声吵闹，一边奋力拖着他们再度接近灵魂心爱的对象，急着向少年表白。当他们再度接近少年的时候，黑马抬起头，张大嘴用力咬着马衔，使尽全身力气拉车。尽管少年对车夫的吸引力比上次更大，车夫仍然硬是按捺住自己且往后退，〔254e〕好像他身上有一条绳索，比纵欲的那匹马更加用力地将他向后拉，用力到黑马牙齿碎裂、舌头与下颚淌血，这股力强迫黑马的腿和臀部着地，让黑马感到更加痛楚①。

经过多次这样的暴冲与克制之后，这头恶性野兽终于放弃纵欲，从此之后放低姿态，跟从车夫思虑过后该做的决定。而当黑马再次看到美丽的物件时，它怕得好像这个东西会要了它的命一样。这样的结果就是，有爱恋之情者的灵魂，当

---

① 在这个段落当中，柏拉图用了很生动的方式，形容灵魂内部欲望冲动与明智之间的拉锯。从此段落可见，柏拉图认为爱必定由吸引力而生，而冲动和欲望更是爱不可或缺的元素，没有冲动与欲望，爱就没有动力去追求爱慕的对象，不管此对象是一个具体的人还是一个价值或是理念，爱都是提供大量动能的那种欲望。纵欲与爱慕之间的差别，并非在于有无冲动或欲望，而是在于代表理智的马车夫是否有足够的能力克制自己的欲望，让这股冲动不会发泄在表面且即时的享乐上。

跟随在少年身边时，既充满了爱却也充满焦虑。〔255a〕就是这样，其对待其所爱的人才会像神灵一般，只有无限制的奉献：爱慕者没有任何假装，是真真切切地迷恋〔少年〕；而被爱的人，自然而然地会在奉献者身上找到慕爱友谊①。倘若在此之前有其他同伴或其他人围着少年，跟他说靠近有爱恋之情的人很羞耻，少年可能会因此推开爱他的人。但随着年龄的增长，他会认清陪伴他的人中谁才是有资格爱他的那个〔255b〕。因为命运不会让一个坏人和另一个坏人之间产生友谊，也不允许善人无法和另一个善人结为朋友②。

然而，一旦少年认可，让爱恋者靠近自己，其就会接纳且听从爱恋者，和他经营共同的关系，而一旦靠近，爱恋者的良善就会更清晰地展现出来。这困扰着少年，他领悟到，其跟其他所有人——友人、父母——享有的亲昵③加起来，与这位好似神灵附体的慕友相较，也都显得微不足道。当爱慕者坚持这种作风，花时间陪伴在自己心爱的人身边，就会替

---

① 此处文章清楚地点出，"慕爱"（philo）只有在多次试炼，追随欢愉享乐的驱动力已经完全被理智所驯服之后，对追求对象的爱恋之情，才会在良好的引导下，追寻更恒定根本的对象，从而从爱恋之情变成稳定的慕爱。慕爱所维系的双方，尽管欣赏欲求彼此所彰显出的美好，但彼此的理智却都知晓，其关系中最核心的组成是共同对德性的追求。在这个意义上，"philos"又反过来呼应了它最初字面上的意义：朋友。
② 恶人之间无法享有慕爱或友谊，这个论点是柏拉图和亚里士多德伦理学思想当中极具特色的一点。由于柏拉图与亚里士多德认为，友谊都是由共同对德性的追求所确立的（尽管柏拉图并没有系统性地讨论"德性"这个概念），因此，既然友谊的本质在于两者共同追求德性所建立的联结，那么恶人之所以是恶人，正是因为其缺乏或破坏了德性，所以恶人之间不可能有真正的友情，否则此人就并非真正的恶人。在这个论点下，柏拉图在《理想国篇》当中才会讨论到暴君尽管能够恣意妄行，却得不到幸福，因为他无法跟任何人，甚至跟他自己享有恒定的友谊关系。
③ "亲昵"所对应的希腊文为"plesiaze"，为"亲近"之意，在此处指的也是被动感受到的情感，也就是英文当中"affection"所指涉的概念。这种情感通常由亲近或习惯而生，其强度远不及欲爱的热情，因此在此译为"亲昵"，指明此种情感是因亲近而生的。

爱人注意体格训练和与〔255c〕其他聚会场所的联结。就如宙斯爱上伽倪墨得斯①时，因为他用了太过丰满的方式接近爱人，所以只要一触就盈满，而剩下的只能随地四流。同样地，如果一个气息或一个声音，从一些平滑稳固的对象处传来，最后会回到它们自己的起点上，美的这股涌泉会回到少年身上，且经过他的眼前，而眼睛正是直通灵魂之处。因此他超越、满溢，把灵魂长翅膀的开口〔255d〕都清洗干净，让其不再阻塞，这就是被爱之人的灵魂在被爱充满之后长出翅膀的状态。

所以陷入爱恋的人，必须别过头去，因为其既不知道自己经历了什么，也无法用理智来解释，就好像看着镜子里的自己一样②。只要所爱之人在，痛楚就会得到缓解，这对双方都是一样的。而当爱人不在身边时，渴望与被渴望两者会合而为一，〔255e〕"以爱回报爱"③这种相互之爱就此出现。但其不会以"爱"④来称呼，也不会想象这就是"爱"，而是将此

---

① 在古希腊神话里，伽倪墨得斯（Ganymedes）是特洛伊王子，天神宙斯因为爱恋他而化身为鹰将他叼走，带到众神所在的奥林匹斯山上，并用最好的马匹补偿特洛伊国王，跟国王说他的儿子将获得永生并拥有祀奉天神的机会。然而，宙斯的妻子赫拉妒忌伽倪墨得斯，最后宙斯只好将伽倪墨得斯变成水瓶座。文章此处描述的"盈满"与"随地四流"就是映射这则神话故事当中，伽倪墨得斯最终并没有维持宙斯的爱人的身份太久，而是被变成了水瓶星座，这也正是因为宙斯在追求爱人时的无度所致。
② 此处柏拉图特别点出，"看着自己心爱的人就好像看着镜子里的自己"，由此指出心爱什么对象也许追究根究底并没有理性解释，但对方之所以吸引自己让自己想要追求，是因为对方就是自己，追求对方在某种程度上就是追求想要成为的自己。
③ "以爱回报爱"（erotos anterota）这句提醒读者在这种爱慕关系当中，双方不再像吕西亚斯的言论或苏格拉底第一言论当中，有爱恋者与其所爱之人之间的主动与被动的区别。在真正的爱慕关系当中，双方处于对等的关系，共同经营对共同目标的追寻。
④ 此处的"爱"指的是欲爱，也就是 eros，为了跟后面的"慕"形成对比，而选择译为"爱"。

视为"慕"〔的友谊〕①。被爱的一方欲求对方，可能比对方欲求他少一点，但仍然想要看对方、碰对方，甚至躺在对方身旁，若是如此，那么该来的大概就很有机会发生②。

　　然而，当他们真的在彼此身边躺下时，爱慕者身上不受管束的黑马会跟车夫说，在它受了这么多痛苦之后，应该给它一点甜头作为补偿〔256a〕。被爱的少年身上的黑马没什么好说的，但是，当欲望满溢时，少年又还无法掌握理性，他会将双臂环绕在这个爱他且只希望他好的人身上，来见证他的亲昵③。每一次他们卧在彼此身边，少年都做好准备，不会拒绝爱慕者的请求，而在爱慕者的灵魂中，车夫用他的修养与理性克制不前。假设，要有节制地生活，且爱慕智慧④，就必须要让思想中最为美善的部分来引领。确信与和谐带领着凡尘中的生命〔256b〕：不管是那些做自己的主人，有条理节制的生命，还是那些成为〔欲望的〕奴役而心灵沾染恶习的生命，抑或是那些解放身上德性的生命，三者都一样⑤。在他们生命终结的时候，若被翅膀抬举而变得轻盈，就会成为三者之中胜利的那一方，真的像奥林匹克竞赛一般，不论是人

① "慕"在此对应的即"慕爱"（philia），因为此处讨论要将慕爱联结到"友谊"的核心构成上，因此在译文中将两者皆保留。
② 此处文章写得有些隐晦，简单来说，柏拉图认为爱恋之情本就以强烈的欲望呈现，若不加以克制，那么彼此的吸引力就会被用最简单的方式消费，也就是表象或肉体上最直接的欢愉。
③ 此处的关系仍然讨论的是前面提到的古希腊成年男子与少年之间的爱恋关系。这种社会关系所导致的不对等状态，在柏拉图讨论的脉络中呈现为"理性能力掌握不足"，因此少年灵魂中的马车夫尚未有足够成熟的力量克制纵欲的驱动力。
④ 此处的"爱慕智慧"对应古希腊文中的"philo-sophia"，然而此处并非"哲学"这门学科之意，而是爱好智慧而引发的行动。
⑤ 此处三者刚好对应到马车夫（智能），黑马（欲望）和白马（意志力），即灵魂当中的三股驱动力。

类智慧还是神圣的疯狂，都没有能力带给一个人如此伟大的良善。

但倘若爱恋者的生活模式轻率且不爱智慧，反而爱荣耀〔256c〕，那么在酒醉或其他无知的状态下，不受管束的马儿就会同一鼻孔出气，因为马儿会找到那些跟它们沆瀣一气、不受管束的灵魂，一起奔向同一目标。这些人会选择多数人确信的对象去追求，且达到目的①。在达到目的之后，它们还会回来再度索取，不过这也十分罕见，因为这个行动并未经过思想整体的同意②。〔256d〕如果两个相爱的人，一个人比另一人低下，而在彼此热恋之时与之后，都深信自己引领着对方，且与对方一同得到与分享了最大化的好处，那么他们便会相信自己不会在未来交手时成为对方的敌人。

不过，在他们生命走到尽头的时候，因为他们没有翅膀，也不曾督促自己飞翔，所以当他们攫获欲爱之疯狂的方式的时候，就是赢得体能奖项的时候，放弃身体〔对他们来说〕就不是小事。迎向黑暗或者在尘世间行走，并不是天庭对那些在天庭之下已经开始游荡的灵魂的期望，相反，天规是希望这些生命都能够朝着幸福、光明走，且在路途上相互陪伴〔256e〕，而正是因为相爱，在成为爱人时也会成为有羽翼的灵魂。

我的孩子，当你得到爱你的人的友谊时你会享有的所有圣洁就是这些了。相反，跟那些无爱恋之情的人交往，听信

---

① 柏拉图在此处暗示了，多数人确信的事，往往并非通往幸福的方向，但最主要的是这样的选择并非独立自主的判断结果，而是从众反智、随波逐流的结果。

② 听从多数人的意见去追求的目标时常看似大家一致，但其实内在差异甚多，这也是为什么追求直接快速的对象，尽管看似追求的是共同目标，却难以维系关系的稳定，其原因就是这种直觉上、不经思考与判断的相似性十分模糊混杂，缺乏明确的共同性。

那些凡夫俗子自以为是的智慧之言，只会让你享受一些凡人的好处，只会在友爱者灵魂上创造奴役，而多数人还把这当作德性〔257a〕来赞扬，这会让他们的灵魂再花上 9 000 年的时间，继续在尘世，甚至比尘世还要低下的地方，失去智性地游荡。

看吧，我的朋友，欲爱之神，这就是我们能献给你的最美且最好的忏颂，用以赎罪。至于其他，尤其是命名，华美流畅如诗，这就是我的看法。所以，请宽恕我的第一篇言论并热情接纳现在这篇言论，以彰显你的美善与崇高。至于你所赐这篇关于欲爱的艺术，请不要再将它从我身边夺走，不要因为冲动而离开，请赐予我，让我从现在开始更能受到美丽的少年的尊敬、喜爱。

〔257b〕如果刚刚我和费德罗对你说了太过僭越的话，请不要介意。那是吕西亚斯说的，他才是那篇言论的生父，你应该谴责他，记住，是他在你的主题上讲了这样的话。请让他转向哲学｛爱智｝之路，就如同他的兄弟玻勒马霍斯一样，也好让他的小爱人｛费德罗｝不再被两种言论撕裂，而用他的生命，在智慧之爱｛哲学｝的启发下，发表向欲爱之神致敬的言论。

第二部分　论书写形式

第六回　　导言〔257b~259d〕

〔257b~258c〕对吕西亚斯之演说作家身份的批判

费：苏格拉底，如果你认为这样的确对我们较好，〔257c〕那我跟你一起祈愿，好让心愿实现。你的言论让我惊叹许久，而这篇言论比起前一篇真是美得多了，我担心，如果吕西亚斯真的答应再重新写一篇来跟你较量，他的言论和你的一比会逊色许多。说到这里，我令人惊叹的朋友，有个政治家就在这点上夸大其词，说吕西亚斯是演说作家①，因此也许哪天他会因为爱惜自己的荣耀而放弃书写。

苏：这是一个很好笑的想法，年轻人，如果你以为他会受旁人威胁的话，〔257d〕那你的想象偏离你朋友实在太远了。不过，你会这么说，一定是觉得那个夸大其词的人所说的话带着贬义吧。

费：这很明显吧，苏格拉底。你又不是不知道，在城邦里头，那些最有权力、看起来最高尚的人全都羞于写作，更不用说把书写的作品转交到其他人手上了，因为他们担心在将来会招

---

① "演说作家"（logographos，logographer），是柏拉图时代一个很特殊的职业，专门为别人撰写演讲稿。因此，演说作家并非演说家，因为他们自己并不宣读自己写的演说，而是收费为别人撰写各类言论。演说作家在此处所引发的问题讨论有三点：一是他为收费而创作言论；二是写作作为思想表达的方式带来的问题；三是书写言论对知识探寻带来的问题。

在此厘清几个用词："写作"一词指的是撰写文章并产出相对其整体性内容的活动，而"书写"则单纯指行文撰写的动作，前者有"内涵创作"之意，后者只指"写"这个动作。

来批评，更担心被人贴上"辩士"①的标签。

苏："再尝味更鲜"，你难道还不懂吗，费德罗？〔257e〕你没看到那些追求名留青史的政治家们都特别想要书写自己的言论，使其流传于世吗？总之，他们每写下一篇言论，都会在开头清楚地写着所有赞扬此篇言论者的名字，对这些政治家而言，这是多么舒坦的事情啊！

费：你说这些是想表达什么呢？我不懂。

苏：〔258a〕你不知道政治家在开始写文章的时候都一定会找到赞同他的人吗？

费：怎么说？

苏：他们可能都会写"这篇文章取悦了"，接着写"议会""公民大会"或者是"议会与公民大会"，然后写"某某人进言"。我们的作家就是用这种姿态来介绍自己，赞许自己的才华的。接着，他会向赞扬他的那些人演绎一下他的知识，有时候写得无比长。你觉得，这难道不是言论被写下来的问题吗②？

费：〔258b〕正是。

苏：然而，如果言论够格，那么作者就欢喜地走出剧场；但如果情况相反，就要剥去他言论书写者的身份，不许他说自己是作者，那么他跟他的同伙都会失意③。

---

① 辩士是柏拉图和亚里士多德时代前后出现的一种特殊身份，也是柏拉图与亚里士多德毕生打击的对象。参见第158页注①。

② 此处柏拉图点出言论写作所衍生出的第一个问题，即作者有目的地写作，以讨好读者、赚取赞扬，因为书写下来的言论方便扩散和搜集评论，而作者也会在他的作品中详载这些赞扬，用这种累积赞扬数量的方式来证明自己作文的质量。

③ 苏格拉底在此点出书写言论所造成的写作他律，即写作已变成取得认同的工具，而非把写作本身当作探究真理的途径。

费：是这样没错。

苏：很明显，在他们心中，这个事业里面没有谬赞，只有仰慕。

费：绝对如此。

〔258c~258e〕 何为好的说话或书写形式

苏：告诉我，一个演说家或一个国王，如果〔258c〕他有来库古①、梭伦②和大流士③的能力④，能够在城邦里变成永垂不朽的、制造言论的人，他难道不会把自己的生命看得跟神一样吗？而后世读了他书写下来的文章，难道不会跟他有一样的想法吗？

费：正是如此。

苏：结论就是，你觉得这样一个人，不管他是谁，也不管他跟吕西亚斯有什么过节，会用"制造言论的人"来指责吕西亚斯吗？

费：依你所言好像是不太可能，因为他会让别人觉得他的指责是出于自己私人的〔眼红的〕欲望。

苏：〔258d〕所以这样一来，所有人都清楚了，将言论书写下来这件事本身并非丑陋的。

费：但为什么会如此呢？

---

① 来库古（Lycurgus），公元前7世纪左右古希腊政治家，为斯巴达王族，传说中他曾对斯巴达进行政治改革，是斯巴达的传奇立法者。
② 梭伦（Solon），古希腊雅典政治家，致力于改革与立法，最为著名的就是"梭伦改革"。
③ 大流士一世（Darius），公元前5世纪波斯国王，两度征讨希腊没有成功，但对于波斯王国的行政体系的建立与统一度量衡有重大功绩。
④ 在此处举这三人为例并非偶然，因为使三人名留青史的都是他们制定且书写下来的圭臬。由于当时书写并不普遍，因此书写的内容在早先不外乎是法条、典则。

苏：我想，真正丑陋的，不管是书写还是口头上的不华美，都是因为表达的方式丑陋、邪恶①。

费：这点不证自明。

苏：什么能够决定我们说或讲的方式是美还是丑，费德罗；我们是否需要向吕西亚斯，还是哪个从来没有书写，也绝对不会书写的人讨教，才能知道关于政治或个人事务的写作，应该要用什么体例来写？像诗人一样，还是不拘格式，跟一般人一样就好？

〔258e～259d〕 蝉的神话

费：〔258e〕你居然问是否有需要？如果不是为了享受这种〔探讨所带来的〕欢愉，我们活着还有什么意义？但我想这种欢愉，不是那种不先经历痛苦就根本无从品尝的欢愉，应该是能令人感到全身舒坦，而且我们可以正正当当将其称为"服侍"②的欢愉。

苏：我看我们也不赶时间，而且我想那些树上的蝉，自然在最热的时候唱得最大声，它们正在上面一边相互交谈〔259a〕，一边看着我们。如果它们正在盯着我们两个，而日正当中，我

---

① 苏格拉底在此处强调，写作并不是像一开始的讨论中所言，所有写作都因为被书写下来而不再良善，反之，是写作的方式，甚至，是组织思想的方式，使言论有好有坏。他从这里开始讨论修辞学的问题。由于在古代，修辞学是说服的艺术，因此柏拉图对其多有批评，认为修辞学会通过文字操纵心灵。此处开始有了更进一步的讨论，将修辞学当中使修辞学有好有坏的核心原因展现出来。

② "服侍"对应的希腊文为"andrapododeis"，蕴含奴隶的意思。这里说明了辩论探讨所带来的欢愉，就同臣服于需求的欢愉一般，这种欢愉服侍着我们对言论探讨的热衷。费德罗和苏格拉底在通篇对话录当中，都对言论探讨展现出极高的热忱，而辩论探讨活动本身也会让参与者享有讨论的欢愉。

们又跟其他人一样没什么意见交流，只知道打盹，任由自己的思想被懒惰蛊惑，那么它们大概会取笑我们，估量我们大概是奴隶，来到它们这块高地休息，就像那些赶羊的人中午都会到水源附近一样。反之，如果这些蝉看到我俩交谈，而且丝毫不受它们的歌声蛊惑，那么我们就好像在航行中忽略了那些〔用声音魅惑人的〕水妖①一样，〔259b〕它们应该会对我们十分满意，将上帝允诺它们的特权颁给我们。

费：什么特权？我从来没听过。

苏：一个喜爱缪斯的人应该不太可能不知道这件事啊。人们是这样说的，从前，蝉本来是人，相传那些在缪斯女神诞生之前就存在的人，在缪斯女神出现且其歌唱也现世之后，便因为歌唱所带来的欢愉而忘却饮食〔259c〕，在不知不觉中死去了。从这些人开始，蝉这个物种才出现。它们从缪斯女神那里得到了特权，终生都不需要饮食，只需一直歌唱，至死方休，而它们会去寻找缪斯女神，它们会看尘间有哪些人还赞扬自己，而这些人之中谁值得怀念。正是如此，对忒耳普西科瑞②，记载里面指出，那些在歌声中赞扬蝉的人，蝉也让他们变得更加珍贵〔259d〕。而对依蕾托③，蝉会跟那些讲述爱情之事物的人说话，

---

① 此处引申呼应荷马作品《奥德赛》(Odysseia) 中尤利西斯 (Ulysses) 在航行中听到的勾魂的水妖歌声。在其描述中，水妖借着动听的歌声引诱水手让他们迷失方向，而尤利西斯让水手们把耳朵封住，专注航线，因此逃过一劫。这个引申同时也呼应前述对于爱与追求的讨论，尽管理智判断好了什么才是真正核心的追求对象，但仍然会不断地被表象上的美好享乐引诱而偏离目标。
② 忒耳普西科瑞 (Terpsichore)，古希腊神话中九位缪斯女神当中的一位，为主司舞蹈与歌唱的缪斯女神。其名字当中的 "terpo" 为喜爱，"chora" 为舞蹈，因此为歌舞缪斯。
③ 依蕾托 (Erato) 也是九位缪斯女神当中的一位，"erato" 以 "eros" 为词根，因此指的是爱人，故依蕾托是掌管诗词颂的缪斯女神。由于古代时常将依蕾托与爱情诗歌联结在一起，所以之后才有依蕾托主掌爱情诗这一说法，事实上缪斯本身主宰的是所有种类的诗歌。

对其他人也一样，以我们怀念它们的形式来决定。对长女卡利俄珀①和次女乌拉尼娅②，蝉会注意那些一生都爱智慧的人，还有那些赞扬它们所掌管的音乐的人。因为在所有缪斯之间，是它们掌管苍天和预言言论，不管是人所发表的还是神所发表的，都会让人听到最美的音律。所以你看，我们有理由继续谈话，而不向中午袭来的睡意投降。

第七回　论题发展〔259d~278e〕

所有艺术都预设真实的认知。要对复杂的灵魂给出复杂的言论，对单纯的灵魂给出单纯的言论，如果我们无法做到以上这些，我们就无法真正熟悉演讲辩论技艺——不管是用来教学还是说服他人。

费：那我们就来聊聊吧。

苏：〔259e〕我们刚刚提议要探讨是什么决定了一篇言论，不管用讲的还是写的，也不管写得好还是不好。

费：没错。

苏：所以在一开始发表这些精彩且美丽的言论的时候，发言者的思想里面并不一定知道其言论中到底哪些是真的，哪些

---

① 卡利俄珀（Calliope），掌管史诗修辞的缪斯，"calliope"字面上的意义即"悦耳之声"，卡利俄珀是九位缪斯当中最为年长的一位，因此称其为长女。

② 乌拉尼娅（Ourania），主司天文占星的缪斯女神，"ourania"为"天空的"之意。

是假的 ①。

费： 苏格拉底，我的朋友，在这方面我听人说过，对那些想要成为演说家的人来说，正确地辨别言论中哪些是真实且符合正义，哪些不是，是没有任何必要的〔260a〕，但学习那些在大多数人判断中貌似正确的事物，却十分必要 ②。因为在这里用来说服别人的是意见，而非真理。

苏： "不可以轻视那些有知者的看法"，费德罗，应该要尝试判断其所言是否正确。不过你刚刚所言也不可不慎。

费： 你说得对。

苏： 我们就这样来检视这个问题。

费： 怎么检视？

苏： 〔260b〕假设我想要在你获得战马之后说服你去战场上击退敌人，但我们两人没人知道马是什么，而我只知道一件事情，那就是费德罗以为马这种动物是有着大耳朵且日常生活中会

---

① 在此处苏格拉底点出的是，当语言发展到一定程度时，会开始超出现实指涉的现象，也就是说语言叙述的能力已经足以建构出自己的真伪参照，在讲述的时候，甚至连作者都不需要知道言论内容的真伪。在今日这个问题已不再被视为需要讨论的问题，因为语言的发展已经达到很高程度的相对自主性，借由叙事能够虚构情境的能力也显得稀松平常，然而，回到当时的思想发展脉络，反而可以注意到语言并非从一开始便有此能力。语言在其初始阶段指涉的内容关系十分简单，因此指涉的范围层次较少且范围较小，容易让人误认为语言的指涉不超过实在，其实这只是因为语言的复杂程度太低，不足以建构出超过当时所认定的"实在"的范围。当语言与认知的复杂程度不断提升，事实上是认知和语言能够建构出的复杂度，已经超越简单的经验描述，语言在内能够通过叙事来自我界定语句的真假对错，而此真假对错可以相对独立于被称为实在领域的真假对错。换句话说，小说中叙述出的真假对错尽管不存在于所谓真实的实在，但其叙事仍然能够让读者探讨其中的真假对错。
② 费德罗此处指出了很重要的一点：演说或修辞中的症结是他律性。也就是说，与其坚持什么是符合真实正义，不如符合听众认为的真实正义，而听众认为的真实正义到底是不是真的真实正义，就变得不重要了。

看到的动物①。

费：太荒谬了，苏格拉底。

苏：还没完。如果我真想说服你创作一篇赞颂驴的言论，而我称它为"马"，那我会跟你说，这种动物不管在家里，还是在乡下都难以获得，因为〔260c〕它们可以用来战斗，而且能够背负很重的行李，对许多事情都很有帮助②。

费：这真的还是太荒谬了。

苏：所以，对自己的朋友，到底要荒谬、好笑些，还是要吓人且讨人厌？

费：答案很明显。

苏：所以说，当演说家不知道何为善恶，又到了一个充满无知的城邦，然后开始说服城邦里的人，不是像刚刚那样赞颂驴，把它当作马，而是赞颂邪恶，把邪恶当作善③。且在他知晓多

---

① 苏格拉底用夸大的方式，示范如何用语言说服的方式诓骗听众，换句话说，如何用语言塑造一个非真实，甚至错误虚假的内容，并让人信以为真。柏拉图花费了大量心力研究弄假成真和搬弄是非背后的机制为何，及语言是如何让不存在的事物活灵活现的。

② 苏格拉底此处的案例尽管有些夸大，但却可以一窥骗术的机制。案例当中，听众不知道驴，也不知道马是什么，因此当有人说一个模棱两可，既可以用来说驴，也可以用来描述马的叙述时，就有机会指驴为马，将宣称是马的定义安在驴这种动物上。由此可见，骗术的前提在于认知的缺乏，但却不一定完全没有任何知识，因为在完全没有任何认知的状态下，判断便无从产生，因此骗术利用的是一些零碎模糊的印象，且用模棱两可的话语内容，让说话的内容符合听众脑中零碎模糊的印象，借此使其将假的判断为真。由此也可以注意到，名词的存在并非由其指涉物作为意义根据，名词本身最初也许只是对一个意义整体的命名，却因为名字的相对独立存在，而使其指涉概念的精确程度不再必要，让名词空洞，便创造了鱼目混珠用叙述任意填充名词指涉的可能性。换句话说，"马"或"驴"的名词因为认知的缺乏，且名字本身所指涉的意义模糊不明，因此有空间操作，将特定本来属于驴的内容安在"马"这一名词上，让人误信那是马的定义。这个问题是"谬误"存在的关键，柏拉图在《泰鄂提得斯篇》与《辩士篇》当中对此有更深入的讨论。

③ "马"和"驴"的案例与"善"和"恶"混淆的案例，差别在于前者指涉的是具体的物，而后者则是抽象的价值。苏格拉底想要展示，如果连有具体指涉物的名词都能够被混淆，那么没有具体指涉物的价值更有可能被言论混淆。

数人的意见之后，他就会说服大家与其为善，不如为恶。在这样的情况下，你认为演说这种艺术〔260d〕会带来什么样的结果？

费： 一定是很不好〔的结果〕。

苏： 所以，我的好孩子，我们这不就把演说这门艺术的场域探勘殆尽了？而一定会有人说，"你们这些语出惊人的人，怎么犯下此等蠢事？我从来不教对真理毫无认识的人演说，但是，若我的意见还有点儿分量，我希望你们在拿我出去招摇撞骗的时候多点儿认知。这就是我的重要声明，没有我，那些认识实在的人也无法知道何谓说服的艺术"。

费：〔260e〕他这样说不对吗？

苏： 如果这些言论可以证明这是一门技艺的话，我就同意。但我一直听到某些言论，认为演说并不是一门技艺，只是一种没用途的技巧罢了。一个拉柯尼亚人① 说，如果这门技艺无法达到真理，那么说话就不是一门技艺②，因为说话永远无法拥有真理。

费：〔261a〕我们很需要这样的言论，苏格拉底，那你把这些言论都呈现出来，我们来看他们是怎么说的。

苏： 我这就把它们一并呈现出来。高尚的野兽们，拜托你们说服

---

① 拉科尼亚人（Laconian），希腊伯罗奔尼撒半岛东南部区域的居民，一直是斯巴达的核心区域。

② "技艺"一词所对应的是"techne"，此字是"技术"与"艺术"的词源。在哲学中，"techne"相对于"episteme"，是一门实用、入世的学问，是在实际工作当中汲取创造产品的知识，虽然不同于"episteme"的抽象、出世与实用无关的知识，但"techne"的目标仍然是用实际的方式、涉及运作的道理，在实作中重复执行。在这个意义上，"技艺"必定指涉真理的寻求，而不能只有用途。

费德罗这个少年，如果他对智慧没有足够的爱慕①，那就没有
任何事物是他有能力论说的了。该你回应了，费德罗。

费： 质问我吧!

苏： 那么，总体来说，演说是一门通过说话影响心灵②的艺术，不
管是在议会，还是在公民大会，抑或是在私人场合，演说的
题目可以很微不足道〔261b〕或掷地有声，而正当地使用方
法绝对不是针对那些细碎简单的题目。你听到的应该是像这
样的说法吧?

费： 不是，完全不是这个意思，只有在书写或说话的过程中，
才有技艺可言。我们可以在公民大会上听到，但没听过的
更多。

苏： 但是你只听过涅斯托尔③在尤利西斯④的"演辩的艺术"，那是
在特洛伊的时候他们休闲娱乐时写的东西，你没听过帕拉梅
德⑤的说法吗?

费：〔261c〕是啊，但我甚至没听过涅斯托尔，如果你不认为高尔

---

① 对智慧没有足够的爱慕，即没有足够的哲学知识，两者在希腊文中所用的是同一个词。
② 此处的"心灵"在希腊文中为"phyche"，亦即前文"灵魂"的希腊文，这里之所以没有翻译成"灵魂"，是因为指涉有些微差异，强行统一反而会使句子语义混乱。特此说明，本文中"心灵"一词所指为灵魂的所有意识内容的整体，而"灵魂"指的则是使此意识内容存在的基础，虽然两者指的是同一对象，却因为涉及不同问题，而不选择用同一个翻译词，但仍然必须提醒读者，"灵魂"与"心灵"在希腊文中所对应的是同一个词。
③ 涅斯托尔（Nestor），古希腊神话中的人物，这个人物出现在荷马的两篇巨著《伊利亚特》（Ilias）和《奥德赛》当中，此处引用的就是《伊利亚特》当中谈论修辞艺术的智者。"nestor"在某些西方语言当中因此有"睿智"的意思。
④ 尤利西斯是史诗《伊利亚特》当中的人物，尤利西斯和涅斯托尔是这篇史诗中以修辞艺术著称的两个人物。此处柏拉图援引了一部虚构史诗当中的修辞术作，用一种讽刺的风格来展现当时所使用的修辞学根本没有坚固的理论依据。
⑤ 帕拉梅德（Palamede）是阿尔戈斯（Argos）的英雄，他以信念、才华与修辞艺术著称，但仍然因遭到尤利西斯陷害，而被阿伽门农（Agamemnon）判处死刑。

吉亚 ① 可以与涅斯托尔相媲美，而特拉西马库斯 ② 和西奥多 ③ 可以与奥德赛媲美的话。

苏：也许。我们先把这些人放一边。告诉我，在法庭上，反对方会做什么？难道不是提出相反的论述吗？你如何称呼这种行为呢？

费：相反论述啊。

苏：在正义或不义的意义上吗？

费：是。

苏：但是，那些用这门技艺做出这种行为的人，如果想这么做，〔261d〕那么面对同一群听众时，他们的言论难道不是听起来是正义的，而后又变得不正义吗？

费：然后呢？

苏：如果在公民大会上用这种方式说话，难道不会让人以为同样的事情，有时是好的，有时却是相反的吗？

费：是没错。

苏：我们现在来讲〔人称〕埃利亚的帕拉梅德 ④。我们不知道他说话的技艺，但他能够让大家听在了他的言论后觉得同样

---

① 高尔吉亚（Gorgias, 前483—前375），古希腊著名的辩士，先苏时期的哲学家、修辞学家。柏拉图的一篇对话录即以他为名，称《高尔吉亚篇》。
② 特拉西马库斯（Thrasymachus），古希腊时代的著名辩士，作品和事迹都没有留下完整记载，对古希腊修辞的主要贡献是开创了押韵修辞，除此之外，多数人对他的认识源自他是柏拉图《理想国篇》当中的对话人物。
③ 西奥多（Theodore），公元前5世纪末的拜占庭演说家，其撰写了修辞学手册，完善了修辞学的方法架构。
④ 历史上并没有记载这个"〔人称〕埃利亚的帕拉梅德"指的是谁，但此处很明显指的是一位辩士，有学者认为柏拉图此处影射的是埃利亚的芝诺（Zeno, 前490—前436），一位提出运动悖论的哲学家。

一件事可以既相似又相异，既单一又多重，甚至既静止又运动①。

费： 太厉害了。

苏： 然而并不是只有在议会里面，这种相互矛盾的言论才存在〔261e〕，在公民大会上也有，甚至所有触及言语的领域都可能运用这样的技艺。假如这种技艺真的存在，那么在所有具备潜力和能力的人身上，这种技艺就能让所有事物都彼此相似②，而当其他人在背后也使用相似的技艺时，就会揭发他的操弄。

费： 你为什么这么说？

苏： 我觉得这个论点比较清楚。骗术在以下哪一种情况下比较容易成功，那些很不一样的事物，还是那些差异少的？

费： 〔262a〕差异少的。

苏： 所以就很明显了。比起大步移动，慢慢一点一点地移动更可以逃过视线然后往相反方向移动③。

费： 我不反对。

苏： 那么尝试对他人使用骗术，且自己不会上当的人，一定要清

① 此处描写的是当时辩士运用修辞能力操纵听众。对柏拉图来说，辩士最关键的特征，同时也是辩士独特的能力，就是让听众相信其明显造成矛盾的话语。

② 在此段落当中，柏拉图通过苏格拉底之口，不断强调"相似"这个概念，可见诡辩的关键作用并不在于把虚假错误地奉为真理，反之，诡辩的技巧在于模糊所有差异，让每个讨论的对象之间没有清楚的界定与概念。换句话说，当每个想法看起来都差不多的时候，有效的判断就无立足之地。因此与其说诡辩颠倒是非黑白，还不如说诡辩是在混淆是非黑白之间的区分，只要区分不再清楚，听者自然容易错判。

③ 此处苏格拉底更进一步分析，诡辩混淆界线的机制为何，混淆差异不再追求一次到位说服别人相信驴是马，而在于进行一连串模棱两可的叙事，使驴被说成能负重的珍贵驮兽，因为能负重而适合上战场当坐骑，直到最后被说成是马。

　　楚区分那些相似的实在，以及不相似的实在 ①。

费： 确实。

苏： 如果我们不知道每个实在的真实处到底为何，不知道那些相似程度到底是大是小，我们极有可能没办法把这个东西从其他东西里面区分出来吧？

费： 〔262b〕不可能区分出来。

苏： 如果今天我们有一个意见 ② 跟事实不合，我们处于被欺瞒的状态，那这个状态很明显是由某些相似性而来的 ③。

费： 没错，事情往往就是这样演变的。

苏： 所以，有可能有一种技艺，借由实在的事物之间的相似性，一点一点转变，直到最后走到相反的一端。如果我们自己不清楚一个事物的真实性，我们自身可能逃过这种状态吗？

费： 不，永远不可能。

苏： 〔262c〕所以，我的朋友，这个说话的技艺，我们刚刚已经表明了，如果不认识事物真理，只涉猎意见的话，这门技艺根

---

① 苏格拉底这句话呼应了另一篇对话录《小希庇亚篇》(*Hippias elatton*) 当中对于欺骗者本身是否知晓真理的讨论，然而尽管此处讨论的是骗术，但对柏拉图来说，诡辩者，或称辩士，并非玩弄骗术，因为他们没有刻意去欺骗，只有意图要听者信任他，所以诡辩者对柏拉图来说比骗子更激进，因为骗子还知道真假有别，而诡辩者已经不在意真假之间的区别了。

② doxa，请参见第 123 页注⑤。

③ 苏格拉底在此处尝试分析一个假信念或假的意见是如何形成的，首先必须区分的就是印象或思想中的对象与所谓实在中的对象之间，有没有同一性的关系，也就是说，思绪当中的对象与所谓实在当中的对象之间，有没有一对一的对应关系。实情与意见之间如果可能混淆，那是因为二者间有空间让相似性介入，让一连串与所谓实情看起来相似的意见，堆砌到最后形成完全不忠于实情的意见。换句话说，对一个对象的意见，在意见中并没有办法整体而全面地掌握此对象，而每个针对同一对象的意见都只掌握了特定的某个方面，在这个前提下，才可能用一系列偏离的意见来堆砌出一个与所谓实在不同的对象。

本就是笑话，完全没有技艺可言 ①。

费：恐怕是这样。

苏：所以在你带来的那篇吕西亚斯的演讲，以及我们刚刚探讨的言论中，你想知道哪些部分毫无技艺可言，而哪些部分又可称得上是艺术吗？

费：我最想知道的就是这点，而我们刚刚说的都太摸不着边际 ②，太缺乏适当的典范了。

苏：我们运气很好，刚刚我们的两篇言论〔262d〕刚好可以作为一种案例来说明适当的典范，让我们了解一下那些自身知道真伪的人，是怎么通过操弄言语来引导听众的视听的吧。就以我的案例来说，我把功劳归功于此地的神灵，当然也可能是缪斯女神的代言人们，它们在我们头上唱个不停，向我们传授这种技艺，而我们自身并不具备这种说话的技艺。

费：你爱怎么说都行，但你说的都要有证据可以检验才行。

苏：那你必须重新检视吕西亚斯演说的开头。

费：〔262e〕"关于我的所思所为，我的意图你全然知晓。我所思如我所言，列举出这个问题的利弊对你我都有利。你不会拒绝我，正因为我并不爱你。对于那些有爱恋之情者，一旦欲望止息，他们便后悔……"

苏：停。先说说在这里有什么错误或有失技艺之处，好吗？

---

① 经过这些讨论，苏格拉底总结：如上所述的技艺操弄的不是知识而是意见，因此根本称不上是技艺，只能算是伎俩。

② 希腊原文中用的词为"pyilos"，字面上的意思为"贫瘠""光秃秃"，意指之前讲的空有骨架，但没有足够内容让人充分理解，因此需要举个例子来呈现骨架蕴含的典范。

费：〔263a〕好。

苏：对于有些事物，所有人都无异议，但在某些事物上却会有所争议，可能不是所有人都对这点十分明了。

费：我觉得我懂你说的，但你能解释得清楚一点儿吗？

苏：我们用一个名词的时候，比如"铁"或"钱"，难道所有听到的人的脑袋里想的不是同一个对象吗？

费：是同一个对象。

苏：那当我们说"正义"或"善"的时候，难道不是每个人都朝自己想理解的方向去理解，导致我们不只相互之间有异议，连跟自己都难有共识^①吗？

费：没错。

苏：〔263b〕所以在某些词的指涉上大家能达成共识，但在另一些词上却不然。

费：是这样没错。

苏：那么，这两种词里面，哪一种比较容易误导我们？哪一种更能展现修辞术的威力？

费：当然是会有歧义的那一种词^②，这很明显。

苏：因此，如果致力于习得修辞学这门技艺，首先必须确立区分

---

① 苏格拉底在此处举的例子可区分出两种类型的名词，一类为有具体物作为指涉，另一类则是以一个概念或意念作为指涉。这两者之间并没有根本上的不同，只是第一类名词由于指涉具体的物件，多数时候对名词意义的掌握便显得较为明确，而第二类名词因为指涉的对象较为抽象，多数人掌握得较为不严谨，因此有操作其意义指涉的空间。

② 由此可见，容易被误导的并不只是因为缺乏认知，而是在集体当中对字词的指涉本来就已经有歧义。简单来说，"铁"或"钱"这类词比较不容易被误导，只是因为其在指涉上较不会有歧义，而不是因为这类词的意义较为明确或真实。

这两种词的途径，并且掌握每个类①的特征，其中一些必然蕴含着多义与分歧，而另一些则相反。

费：〔263c〕啊，苏格拉底，要是能掌握这些，定能悟到类②之精华。

苏： 接下来，我想我们不能让这些类继续逃过我们的注意力，所以要让感官敏锐，好让我们能够精确掌握我们要区分的事物本身所属的类。

费： 当然。

苏： 因此，我们刚刚探讨的"爱"，是属于大家会有争议的那一类，还是毫无争议的那一类？

费： 我想是属于有争议的那类。就如你刚刚就这个主题所表达的看法，爱可能同时对爱恋者与所爱之人带来损害，也可能带来最大的善。

苏：〔263d〕你所言极是。不过你可以告诉我，我刚刚发言的时候有没有先从界定"爱是什么"开始？因为我刚刚被神灵附

---

① "类"在此的古希腊文为"eidos"，与柏拉图的"理型"为同一个词。"eidos"最基础的词义和"看见"有关，指的是事物所显现且被察觉的形态，因此有"形式""种类"，甚至有时有"图像"的意思。在此翻译为"种类"，而非"理型"或"图像"，一来因为前文专注于区分两个集合，其中一个的指涉比较具体而不容易被误导，另一个集合则由字义指涉多义且分歧的字词组成，因此按照文章逻辑，在此确立的就是两个种类；二来，柏拉图使用"理型"概念的时候，会特别去探讨"理型"和"自在自得"的条件，因此会在后面加上"kath auto（by itself）"，但在此并没有此用法；最后，文章脉络没有任何线索与"影像"的议题直接相关，尽管在两种类型中，其中一种是字词所投射的影像清楚具体，而另一种则投射不出确切的影像，然而此处后面紧接着两种区分，若译为"影像"便无法解释为何后面接着的是二分法的确立，因此唯一适当的翻译为"类"。
② 因为柏拉图在此讨论的是一个词所指涉到的思想，而词本身指涉的对象又都具普遍性，因此其指涉的其实是思想中针对其指涉对象所区分出来的一个类，比如说"椅子"这个词指涉的是"椅子"的普遍概念，而非特定的某一把椅子。在此，思想里面对应字词指涉的就是此处译文中的"类"。

身①，狂热得什么都不记得了。

费： 有的。天哪，你的界定可真是极端严谨啊！

苏： 噢！如此说来，作为阿奇罗之女的水仙和赫尔墨斯之子潘②，他们所加持的言论跟吕西亚斯的比起来是如此高尚。当然也可能是我空口说白话，但也可能相反：可能是吕西亚斯谈爱的言论一开始就强迫我们按照他所希冀的样子来构想爱〔263e〕，并且根据这个构想安排言论铺陈，以达到他要的结论。你想要我们再回顾一遍吕西亚斯的言论的开头吗？

费： 如果你觉得有需要的话我就念，不过我觉得你要找的不在这里。

苏： 念吧，这样我才能亲耳听到他到底是怎么讲的。

费： "关于我的所思所为，我的意图你全然知晓。我所思如我所言，列举出这个问题的利弊对你我都有利。〔264a〕你不会拒绝我，正因为我并不爱你③。对于那些有爱恋之情者，一旦欲望止息，他们便后悔没做些本来能做且对自己有利的事情。"

苏： 这个人需要付出很多努力才可能达到我们寻求的程度啊！他不从开头写，却从结尾倒过来组织他的言论，把整个思绪都颠倒过来了，他劈头先从该做结论的部分写起，写那些爱恋者论述到结尾才应该跟少年说的话。难道我说错了吗？费德

---

① "神灵上身"的古希腊文为"enthousiastikon"，读者可以轻易发现其与欧洲语言中的"热忱"十分相似，英文写作"enthusiastic"。此词的根本意思是某个人进入神灵中的这种状态，字头"en"指得是"里面"，而"thou"指的是"神"（theos）。"热忱"因此蕴含"超越个人的动力"之意，指一个人做事宛如神助一般。
② 潘（Pan），希腊神话中半人半羊的大地之神，之后成为牧神。由于潘代表的是自然，因此象征富饶多产。
③ 第106页注①。

罗，我亲爱的朋友。

费：〔264b〕完全如你所说，苏格拉底，这篇言论倒果为因。

苏：除此之外呢？难道没有人觉得这篇文章就像一堆元素载浮载沉吗？文章里呈现的第二点难道有什么必然性，让它一定要被摆在第二点，而不是让其他点先呈现吗？如果你问我的意见，我觉得他好像是想到什么就写什么，尽管这些思绪本身并不糟糕。而你，你写文章没有什么必须注意的规则，但一定会让文章内的元素的呈现方式有所安排，前后有序。

费：你真好，居然相信我有能力精确地分析〔264c〕吕西亚斯写作的过程。

苏：你至少会同意一点，那就是所有言论都像生物一样，必须和属于它自己的身体结合才能成为一个生物，所以不能缺头、缺脚，且一定要有躯干和四肢。写作的时候也一样，要让每个元素各自清楚，整体也要清楚。①

费：的确如此。

苏：这么说来，你就来检视一下你同伴的这篇言论吧，看他到底是清楚还是不清楚。你将会发现这卷轴上所写的与刻在佛里吉亚之迈达斯②的墓碑上的墓志铭没什么不同。

费：〔264d〕哪一篇墓志铭？有什么特别之处吗？

苏：听好了——

---

① 此处柏拉图通过苏格拉底的这个比喻说明了一个十分重要的概念：元素和整体同样重要，更重要的是元素之间得以构成整体的关系，也就是我译为"关节"的、英文中的"articulation"的概念。"articulation"最基本的意义是"关节"，也就是骨骼之间不只是相互联结而且是相互分隔的关系，因此在译文中强调"关"的意思中的分隔与"结"的意思中的联结之意，译为"关结"。
② 迈达斯（Midas），佛里吉亚（Phrygy）的国王，时常被视为英雄人物。

> 黄铜处子，我这么立于迈达斯之墓上，
>
> 只要水还潺潺地流，只要参天大树还继续青苍，
>
> 我就常驻此地，立于哭泣者前，
>
> 我向过客们说：迈达斯，于此安详。

〔264e〕墓志铭里头的每个元素，不管先读，还是最后读，都没有差别，我想你应该知道我在讲什么^①吧。

费：你在嘲讽我们的言论对吧，苏格拉底。

苏：那么我们就跳过这篇言论，以减轻你的负担。不过在我看来，此言论提供了一个很丰富的典范，它能让人看见该检视的地方，更重要的是，能让我们避免重蹈覆辙。那我们就来检视其他〔两则刚刚讨论过的〕言论^②，因为对我来说，如果我们想要探问话语的艺术，这些言论中就蕴含了适合拿来思考的〔元素〕。

费：〔265a〕怎么说？

苏：这两则言论相互矛盾：其中一则说我们应该跟爱恋者交往，另一则说不应该跟爱恋者来往。

费：这也太过刚烈了。

苏：我以为你会掌握到一点真理，不过，我说这话也确实太过

---

① 此处苏格拉底对于吕西亚斯的言论的分析就很清楚了，苏格拉底在费德罗朗诵之后，就已经说吕西亚斯的言论当中的元素并非都错，此处更是明白点出，吕西亚斯的言论之所以不好，在于他只是毫无顺序地列出一堆元素，彼此之间没有任何关系，就如同这篇墓志铭一般，即使把所有句子打乱重新排序，对其意义也不会有任何影响。若是元素之间并没有特定关系，相对来说，元素就无法形成一个意义整体，这也是为什么苏格拉底认为吕西亚斯的言论并非好的修辞，这点除了论题内容本身的问题之外，更重要的是思想元素在此言论当中没有任何组织。

② 此处的两篇言论指的是苏格拉底自己提出的第一与第二篇言论。

疯狂。但是我要找的就是疯狂，我们刚刚说了，爱正是一种疯狂。难道不是吗？

费：是。

苏：然而有两种疯狂，其中一种只是人类的病态，而另外一种则属神圣的狂热，让我们可以跳脱日常的习气。

费：〔265b〕正是如此。

苏：在神圣的疯狂中，我们又区分出四种类型。我们将神启①归给阿波罗②，将巫仪归给狄俄尼索斯③，将诗人的天启归功于缪斯，将狂热之爱归功于阿佛洛狄忒④与埃罗斯⑤，而狂热之爱是四种神圣的疯狂里最高尚的一种。我们自己都不清楚，刚刚你我怎么突然就陷入了这种热情的爱当中，所以在刚刚我们认识到这并非毫无说服力的言论时〔265c〕，我们可能一方面触及了某些真理，另一方面可能会借此接触其他真理。我们借着一些赞颂，通过游戏⑥，以节制且善言的方式，讲述了这个关于你、费德罗与我的共同的主人埃罗斯，这位关照少年之神的故事。

费：说实话，我听得十分享受。

---

① "神启"此处指的就是前文当中第一类神圣疯狂的活动，也就是预言。

② 阿波罗，古希腊神话中的光明之神，到了罗马时代才成为太阳神。由于预言的能力与"预见"有关，因此天启能力的守护者是阿波罗。

③ 狄俄尼索斯，古希腊神话中的酒神，与阿波罗所代表的知识与理性相对，代表以醉人的欢愉感召众人，因此作为巫仪中疯狂且有疗愈作用的守护神。

④ 前文已经说明，阿佛洛狄忒是欲爱的女神。

⑤ 埃罗斯（Eros）即此篇文章中不断提到的欲爱。在柏拉图的《飨宴篇》当中，埃罗斯由"贫穷"与"富裕"之神所生，因此永远处于不断索取、永不满足的状态。

⑥ "游戏"（paidia）这个词在此处的出现十分特别，因为"游戏"一词和今日的意义有所不同，其含义的重点不在于竞争或者娱乐，而在于"无目的性"与"无实用性"，因此在此用"游戏"一词点出稍早时苏格拉底与费德罗之间的讨论并没有其他目的，只因为双方想要讨论且在讨论中获得欢乐。柏拉图在此用"游戏"一词，也许是想强调当时言论的非严肃性，因为这只是讨论当中的切磋，尽管有其缺陷也只是过程。

苏： 正是在言论的这个点上，我们可以掌握这篇言论是如何从谴责爱过渡到歌颂爱的。

费： 怎么说呢？

苏： 剩下的都是给孩子们的游戏，这点我再清楚不过了。不过在值得追究的部分中，可以区分出两种形式，〔265d〕而若能通过这两种形式掌握这门技艺，就并非无足轻重了。

费： 哪两种呢？

苏： 第一种形式引导我们从一群散乱的元素里往单一理念前进 ①，让我们能通过界定每个环节，使每个元素变得清晰，也让我们更清楚地知道自己想探究的对象为何。如同刚刚我用来探究爱的方式，对爱的界定到底是好是坏，而〔在这个主题上〕的言论就得以有足够的清晰度让我们互相达成共识。

费： 那另一种形式呢？苏格拉底。

苏： 〔265e〕第二种形式刚好相反，是将〔相互关联的〕元素分割成子类，而且不破坏分割出来的任何一个部分，避免像劣质的屠夫一般 ②〔266a〕。就像我们在言论里面所进行的步骤，找

---

① 从这里开始，苏格拉底将讨论的方向从说服人的修辞学转到思辩的辩证法上，在多元且散乱、相互区别的元素当中，在对话中找出隐含的单一理念，在分析与综合的一来一往中，使探讨对象的全貌更清晰。因此，第一种形式在于从杂多中洞见单一，而第二种形式当然是相反的操作。

② 第二种形式，即是从概论的单一理念出发，按照理念方面的不同而区分出类别。此处的"屠夫"比喻就在于说明切割也有条理，必须按照"关结"切割。然而，此论点隐含了一个想法，就是单一理念从来不是我们想象的均值且单一，不然切割就不可能实现。既然可能切割，那么代表的是单元内部已有差异反张（ambivalence）的两股相背却又相辅的力量，才可能使切割得以实现。而辩证法在哲学史上的动态也保持了"内在矛盾作为动力"的概念，如果辩证法不预设内在反张，那么就无法说明翻转的动力从何而来。 感谢台湾大学社会系赖晓黎副教授的讨论，笔者采纳赖教授对"ambivalence"的翻译，译作"反张"，因为这一译法在保留"对反"的意义同时得以展示出一个整体的意义。

到思想中散乱、无意义的元素之间共同享有的形式，如同身体上成双的部分虽然有同样的名字，但又用"左""右"进一步做了区分，我们的言论也是如此，从瘫痪理性〔的所有状态中〕找出单一形式，接下来，左边分割出来的部分会跟右边对称。第一种形式致力于在左边这种瘫痪理性的状态中探究，直到找到一种爱，而我们正当地将其界定为对理性的诋毁。在另一个言论当中，我们则探究疯狂的右半部分，尽管左右两边都以"疯狂"命名，右边所展现的却是一种神圣的、值得赞颂的狂热之爱，〔266b〕而这种神圣的狂热之爱是成就人类最大的善的因。

费：你所言极是。

苏：在这个概念下，我说自己坠入爱河，费德罗。正是分割与综合这两种形式让我们能够思考、说话啊！如果我能在其他人身上找到这种引领人在杂多纷乱中看见单一整体的方式，"那么我定跟随他的脚步与踪迹，把他当神一样崇拜"。而那些把这种分割与综合的能力发展到极致的人，我把他们称作"辩证者"，〔266c〕我想只有神能够评断我这个称呼到底是对还是错。告诉我，我们应该怎么称呼那些向你和吕西亚斯求艺的人？他们想求取的能力难道跟演说的技艺无关吗？这种技艺让特拉西马库斯和其他人得以成为伟大的演说者，进而将此技艺传授给他人，而为了掌握这门技艺，人们不吝于献上跟给国王一样的厚礼来学习。

费：这些人的财力也许跟王室相当，但他们并不真正了解我们前面探讨的能力。我认为，刚刚讨论的这种形式的艺术，准确地说应该被称为"辩证"，而在我看来，在"修辞"的问题上，我们还有许多疑问未解。

苏：〔266d〕怎么说？你觉得在这两种形式之外，还有其他方式可以让我们习得这门〔说服的〕技艺吗？那么修辞学上我们没探讨到的部分，我们应该尽量不带鄙视的眼光去看其所谓为何。

费：苏格拉底，〔我们没探讨到的部分〕有很多，如书里面的对话与技艺的描写。

苏：还好你提起这一话题。首先，我想是"启"的部分，我们应该先讲如何起头，也就是你所称的细致艺术的部分，不是吗？

费：〔266e〕是。

苏：第二步，发展"叙事"及"见证"；第三，"线索"；第四，"推定"。另外，如果我没搞错的话，还有拜占庭来的那篇精辟言论中所提到的，"证据"及"附加证据"。

费：你是在跟我说西奥多大师吗？

苏：〔267a〕当然！他还进一步在控诉与申辩中区分了"辩驳"与"附带辩驳"。另外还有来自帕罗斯岛的才华横溢的伊凡诺①，难道我们不该在中段提到他吗？他可是第一个提出"影射"②"间接赞颂"与"间接贬责"的人，这样讲可以帮助我

---

① 根据柏拉图《对话录》当中的描述，帕罗斯岛的伊凡诺是与苏格拉底同时代的人，他在《斐多篇》当中是一个诗人，在《申辩篇》当中却是一个辩士。以上这些针对伊凡诺，以及其他作者所用的辩论方法，多半没有真实的历史文献能证明柏拉图此处所言，但此处的讨论重点其实并不在于确切的辩论技巧。

② "影射"一词为希腊文"hypo-delosis"的翻译，希腊文中"hypo"指的是"下方"，与"hyper"相对，"delo"是"清晰""明亮"的意思，因此这个组合词的意思就是光照之下。在意义之下，另一层藏在底下的意思才是该注意的地方，因此译为"影射"，希望在中文语境中，用同样的光影之间的关系来掌握这个词的意义。

们记住这个人吗？他可是个智者啊！还有提西亚斯①和高尔吉亚呢？难道要让这些将拟象看得比真相更值得称颂的人继续沉睡吗？②他们通过话语，让大看起来小，让小看起来大〔267b〕；让新颖听起来陈旧，让陈旧听起来新颖。不管要求讲什么主题，他们皆以发掘的一种可以应万变的方法应对，那就是无限简化，或无限放大③。然而，有一天我跟普罗狄科④说话，他笑着跟我说他是唯一找到演说技艺窍门的人，他说，这门技艺要求不长不短，刚刚好。

费： 真有智慧，这个普罗狄科。

苏： 我们难道不谈谈希庇亚⑤吗？我以为这位从埃利亚⑥来的外邦人十分赞同普罗狄科。

---

① 提西亚斯（Tisias），生于叙拉古，是公元前5世纪的作者，古代修辞学的奠基始祖。关于提西亚斯的历史纪录十分匮乏，但他所建立的修辞学院却有史料记载，著名的辩士高尔吉亚便是出自此修辞学院。

② 此处点出了修辞或诡辩对柏拉图来说最严重的问题，即拟象与真相之间的混淆。"simulacre"有时被译为"拟真"或"仿真"，有相似于某物却不是某物之意，比如说镜子中的影像即为"拟象"。在整段的讨论当中，一再强调诡辩用各种技巧来创造拟象，且借着一系列拟象的逐渐偏离，来引导听众将拟象当作真实。

③ 这种话术直到今日仍然十分常见，或无限简化，弥平所有差异，不断强调对象之间的同一性，将抽象概念完全与一个具体概念画上等号；或无限放大，朝相反方向操作，让很具体的概念直接等同于很抽象的概念。举例来说：无限简化的伎俩可能会说"幸福，就是要开心，开心就是能享受，能享受就是要有钱，因此幸福就是有钱"；而无限放大则把整个论调反过来，说"有钱就能享受，享受就会得到快乐，而快乐就是幸福，因此有钱就是幸福"。读者可以注意到，尽管这个案例简单粗糙，一般人可能不会被此说服，但却可窥见这样的论调之所以可行的原因：每个元素之间看起来相似，且因为没有清晰的概念区分而出现了模糊地带，这个模糊地带就让人有机可乘，用一串的"等号"来把这个相似性越拉越近，又或者用一连串的"对反"将本来相近的概念变成对立的概念。

④ 普罗狄科（Prodicos），公元前5世纪末的作家，也是辩士和语义学家。他花了许多精力在探讨词的意义上，给予词定义，并区分看似同义的词之间的差别。

⑤ 希庇亚（Hippias），公元前5世纪末古希腊时代的辩士，多谈宇宙科学。

⑥ 埃利亚（Elea）位于今日意大利半岛南部，古希腊埃利亚学派发源地，为哲学家巴门尼德与芝诺的家乡。

费： 那就谈吧。

苏： 还有保罗①？我们怎么讲述他提及"反复修辞法""简洁风格"与"图像风格"的《缪思女神之演说神坛》②？〔267c〕还有李西尼欧③的《字汇》④，他用这本书跟保罗交换了《论语言之美》。

费： 苏格拉底，这样说来普罗塔哥拉⑤不也写过这类著作吗？

苏： 完全正确，孩子，他写了《语言的性质》和其他一些精彩的文章。不过说真的，演说好到一谈起衰老或贫困就催人眼泪的大师，非迦克敦人莫属，从没见过有人跟他们一样，能用言论使群众愤怒，〔267d〕却也能立刻平息愤怒，让群众由怒转喜，而且全凭言论中的声调和表达方式就能有此效果。他们也善于诽谤跟化解诽谤，至于是诽谤还是化解诽谤，全取决于他们自己的意图。而到了言论最终，他们似乎总是能达成共识，有人称此为"总结"，有人则给出其他称呼。

费： 你要谈的"总结"，就是言论结尾时重新提醒听众刚刚所讲的内容的部分吗？

---

① 保罗（Polos），公元前5世纪人，为高尔吉亚的学生，同样教授修辞学。根据柏拉图《高尔吉亚篇》，苏格拉底在此对话录当中所阅读的修辞学手册可能是出自保罗之手，但对话录当中的时间与人物年纪都无法明确证明这点。

② 繁体版原书所写书名。——编者注

③ 李西尼欧（Licymnios），生活于公元前5世纪初，曾经是保罗的老师。根据亚里士多德的引述，李西尼欧被视为诗人和演说家，他同时撰写过修辞学手册。

④ 没有足够的证据可以确定此"著作"是著作的名称，甚至难以考证柏拉图此处所引述的内容是否真实存在。

⑤ 普罗塔哥拉（Protagoras，约前481—约前411），古希腊哲学家，柏拉图视其为辩士。柏拉图将他定义为辩士并非没有理由，普罗塔哥拉时常扮演今日的律师的角色，探讨法律上责任归属的问题。根据文献，他有一次讨论到田径赛当中若标枪误杀了人，那么该承担责任的是标枪还是丢标枪的人，抑或是承办田径赛的人。

苏：我说的就是这个。你也想对演说技艺发表你的看法吧?

费：我只有些不值一提的细枝末节可以说。

苏：〔268a〕如果是细枝末节,那我们就先摆在一边吧。至于我们刚刚谈到的技巧,让我们专心地讨论这些技艺的威力,并看看它们能用在何处吧。

费：苏格拉底,〔这门技艺的〕威力十分强大,尤其是当群众聚集的时候。

苏：没错。但是,我圣洁的朋友,你仔细看看,就会跟我一样,发现刚刚说的这些技巧十分零散。

费：你只需说给我听就行了。

苏：好吧,如果有人遇到你朋友厄里什马克①,或他的父亲阿库曼②,且跟他们说:"我这个人,知道如何控管人体温度,且让我任意使其升高或降低〔268b〕,我若试图升温,我就有办法催吐。如果我改变主意,我总是有办法帮这个人散热的,我也有很多其他方式来引发这类效应,因为我具备这方面的知识。别人把我视为医生,而我若将此知识传授给另一个人,他也会成为医生。"你想象一下,他们如果听到这些话会怎么回答?

费：他们大概会问他是否知道这些治疗方式要分别用在什么样的人、什么样的状况下,又需要几个疗程。

苏：假设他这么回答,"我不知道,但我身边这个人〔268c〕学过这些,他有能力做到你要求的事情"。

---

① 厄里什马克(Eryximachus),古希腊物理学家,生于公元前5世纪末,为阿库曼之子,在柏拉图的《飨宴篇》当中也提到过此人。

② 阿库曼(Acoumenus),生于公元前5世纪,也是古希腊物理学家,是苏格拉底的朋友。

费：他们大概会想，这个人简直疯了，不知道从哪本书或哪里听来一些药方，就以为自己是医生了，他根本不懂这门技艺。

苏：那再想象一下，如果有人找了索福克勒斯 [①] 和欧里庇得斯 [②] 来，跟他们说，"我知道如何小题大做，大题小做，任意按我的意愿来操弄同情、恐惧、威胁和其他所有情绪"。〔268d〕他同时也认为，他若传授这个能力，就是传授悲剧创作的技艺。

费：我想他们大概也会有同样的反应，苏格拉底。他们会在心底窃笑，觉得这个人居然以为悲剧就只是生产几幕戏，让前后幕之间顺畅，加在一起构成一个整体，这样就可以叫作悲剧了。

苏：但他们一定会很矜持，不会破口大骂。他们大概会像音乐家一般——面对一个只不过知道如何让一根弦发出高音和低音，就自认为是音乐家的人〔268e〕，他们不会大骂："可怜虫，你真的有毛病。"相反，他们会说："真棒，不过音乐还必须要注重和谐，但就你所受的训练，没有人能从你的音乐里听出和谐来。你也许知道在开始注重和谐之前必须要知道的所有步骤，但你对和谐毫无概念。"

费：你说得很对。

苏：〔269a〕索福克勒斯大概会跟那个跑来跟他和欧里庇得斯说自

---

① 索福克勒斯（Sophocles, 前496—前406），古希腊三大悲剧作家之一，著有《安提戈涅》（Antigone），字面意思为"不妥协"。剧中安提戈涅是国王俄狄浦斯与自己母亲乱伦生下的女儿（俄狄浦斯在不知情的状况下与自己的生母结婚），在安提戈涅的舅父当上国王之后，判他造反的兄长不得下葬，而安提戈涅坚持以古希腊礼仪去埋葬自己的兄长，在一场精彩绝伦的与国王的辩论之后，安提戈涅自请赴死。

② 欧里庇得斯（Euripides, 前480—前406），古希腊三大悲剧作家之一，同样也以安提戈涅为主题撰写过悲剧。

己懂悲剧的人说同样的话，说这个人也许掌握了所有创作悲剧之前必须有的知识，但不懂悲剧这门技艺。同样地，阿库曼大概也会说他知道行医前的一些知识，但不知道医术本身。

费： 正如你所说。

苏： 是吧，想象一下，如果今天是阿德拉斯托斯①或伯里克利②听到我们刚刚满腔热血地说的那些演说风格，什么"精简风格""图像风格"，以及其他技巧且加以检视，我们能想象他们听到这些必定也会跟我们一样，毫不迟疑地批评，〔269b〕并毫不客气地反驳那些把这几个技巧称作"修辞学"还加以传授的人。或许，他们的反应会比我们文明一点，对我们说："费德罗，你跟苏格拉底，与其责骂他人，更应该对这些人有所体谅，他们有些是因为不懂辩证而无法为修辞学下定义；有些是因为无知，只懂得一些与修辞有关的初级必学知识，就相信自己懂修辞学〔269c〕；有些把自己知道的教授给其他人，还想象自己在修辞学上的知识臻于完善，然而，不管是将每个重点讲得有说服力，还是给一个整体总论，这些他们都不教，因为他们认为这是学生自己应该做的工作。"

费： 是啊，苏格拉底，我担心这些人撰写和教授的技巧，会让大家误以为这就是修辞学，我觉得你刚刚说得很对。不过话说回来，〔269d〕这门真正让人能够说服他人的技艺到底该如何习得？

苏： 费德罗，能够在辩论中取胜的关键看起来——或者说必

---

① 阿德拉斯托斯（Adrastus），古希腊神话中的英雄。
② 伯里克利（Pericles），公元前 5 世纪左右雅典黄金时期的一位重要领导人。苏格拉底、柏拉图等人都在其统治之时活跃于雅典。

然——跟其他技艺有相同的基础。如果你天生口才好，如果你能够将知识与实践结合起来，你就会是一位杰出的演说家。但只要两者缺一，你就不会是个完美的演说家。不管怎么说，在所有看起来跟修辞有关的流派里面，吕西亚斯跟特拉西马库斯选择的道路不是我们应该追随的道路。

费：那要选什么道路呢？

苏：〔269e〕我完美的朋友，我想在所有演说家里面，伯里克利是成就最高的。

费：怎么说？

苏：所有技艺——我指的是那些重要的技艺，〔270a〕那些有严格要求而不是说说而已，而且必须对事物的本质有所思辩的技艺，看起来是从这个基础上才谈得上思想提升和精进技艺。伯里克利显然已经具备这些条件，我想是因为缘分让他遇上了安纳克萨格拉斯①（同样也属于具备这些条件的那种人），伯里克利因此被满满的思辩醍醐灌顶，更沉浸在智性的创生处，且触及本来已被思想忽略的事物，这刚好是阿那克萨哥拉花最多时间讲述的环节，而他从修辞学中撷取的对他最有用的部分就是这个环节。

费：为什么你会这么说呢？

苏：〔270b〕他也会认为医术跟修辞用的方法相同。

费：怎么说？

苏：不管是前者还是后者，我们都需要分析某个实在的本然②：医

---

① 阿那克萨哥拉（Anaxagoras），公元前5世纪古希腊时代哲学家，其思想影响了苏格拉底。

② "nature"，如第143页注②对于"本然"的翻译与概念解释的说明。

学分析的是身体，而修辞学分析的是心灵^①。如果我们不是一心只想停在使用或实践技巧上，而是探问技艺本身，那么对前者来说，管理身体需要补药或者一般营养，让身体能回到健康强壮的状态；对后者来说是，提供对应心灵运作方式的言论与实践，可以让我们的意志与德性如我们所愿地能跟其他心灵沟通。

费：没错，看起来的确如此，苏格拉底。

苏：〔270c〕不过，对于心灵的本然，如果我们不先认识万物的孕生^②，理性就没有能力充分认识，不是吗？

费：如果我们不按照你的说法，且相信希波克拉底^③——阿斯克勒庇俄斯^④的后代，我们根本没有能力治疗任何身体。

苏：说得很好，伙计。不过除了听希波克拉底的话之外，还需要用理性来研究，你是否同意？

费：我同意。

苏：那让我们来探究一下希波克拉底，还有所谓真正的理性^⑤在

---

① 在这一连串讨论之后，柏拉图借苏格拉底之口点明修辞学所作用的对象为何，并且以对比的方式来帮助理解：医学的作用对象是人的肉体，而修辞学所作用的对象是人的心灵，就如同医学用什么样的刺激引发身体特定的反应一般，修辞学研究如何用语言的特定方式刺激且引发预期的反应。在厘清这些之后，修辞学在探讨辩论技巧之前要研究的应该是心灵。

② "孕生"此处对应的是希腊文中的"physis"，也就是前文当中一直被译为"本然"的词。此处译为"孕生"，因为这里是用动词名词化的用法，孕生的动作产生出的结果，就是"孕生物"的"本然"。

③ 希波克拉底（Hippocrates，约前460—约前377），古希腊时代的医学家，活动于伯里克利时代，被认为是古希腊最为杰出的医生，被尊为"西方医学之父"。

④ 阿斯克勒庇俄斯（Asclepius），古希腊神话中的医学之神。

⑤ "真正的理性"此处为希腊文"alethes logos"之翻译，此翻译是一个选择的结果，因为"logos"在古希腊文当中的意义非常广泛，在不同的语境当中可能是"言论""话语""定义""理性"，与现代的语言与概念差异相当大。"logos"最根本的意义是"说话"，其名词因此为"话语"的意思，但因为理性是说话所必要的能力，故而也有"理性"的意思。此处翻译为"真正的理性"而不译为"真言论"或"真定义"是承接上文："不过除了听希波克拉底的话之外，还需要用理性来研究。"尽管此处的"理性"依然是"logos"，但与"听他人言"对比之下，明显采用的是"自己思索"的意思，因此译为"理性"。承接此句，来检视这两方对事物的本然到底有何说法。

事物本然的问题上说了些什么〔270d〕。要思考事物的本然就必须通过以下程序：首先，先问我们想研究的对象的形态是单纯还是纷杂的——不管是我们自己想通过这门技艺来讲述，还是教其他人使用这门技艺来谈此对象。接着，假设对象的形态单纯，我们就要探讨构成对象现状的内涵力量为何，即会对什么展现其作用力，又会被什么外力的作用影响①。相反地，假设对象的形态纷杂，我们就要将纷杂的形态一一分析出来，每一个分析出来的单一形态皆要再用前述方式检视，即其作用于何者，又承受何者的作用力。

费： 可能是这样吧，苏格拉底。

苏： 如果没有这些步骤，那我们就如〔270e〕瞎子摸象一般。当然，所有可以按照条理进行的技艺都不能被视为瞎子摸象。因为很显然，当我们教一个人这门说话的技艺时，我们就得让这个人知道，他提出的所有言论会作用于什么样的实在本然，而这个实在本然我想就是灵魂了。

费： 没错。

苏： 〔271a〕所以灵魂就是所有人角逐争取的对象——说服的战场在灵魂，不是吗？

费： 是。

苏： 所以，特拉西马库斯和其他将教授修辞技艺当作专业的人，

---

① 尽管苏格拉底没有明说此段落已经开始讨论辩证法的使用方式，但此处确实已经开始讨论如何用辩证法分析理解一个对象。对象首先会有两种情况，一是对象本身的概念很单纯，看不出是多元素组合的结果；二是对象本身杂多，已经可以从这个整体看出多个元素的混合交错。不管前者或后者，接下来都有两个方面待分析，一是其作用为何，二是其被什么作用。由此可见，辩证法一如前文中所言，其作用在于分析厘清各个环节，而且同时将各个环节之间的"关结"看清楚，同时需要分割与联结。

首先会将灵魂细致地刻画出来，以便接下来看清灵魂所攫获的对象是一致且均值，还是如其物体外形一般形态纷杂。我们将这个步骤称为厘清事物本然。

费：完全如你所言。

苏：第二，检视分析对象影响什么，又受什么影响。

费：当然。

苏：〔271b〕第三，将言论与灵魂分成各种类型，将状态配上因果关系，即什么类型跟什么类型相关联，说明哪种类型的灵魂会被哪种类型的言论说服，原因又为何，由此说明一种言论能够说服某人却无法说服其他人的原因①。

费：如果真如你所说，那就太好了。

苏：真是如此，我的朋友，只要关注所有能说出口的话，不管用说的还是用写的，〔271c〕不管探讨的是什么主题，没有其他方式能够更切合这门技艺了。那些有说话技艺并能书写下来的人，你也听过不少他们的著作，但这些人不顾一切隐藏真正的技艺，因为他们知道灵魂的所有运作方式。因此，当他们用这种方式演说或书写时，不要被他们说服，以为他们教授的方法就真的合乎这门技艺。

费：这种方法是什么呢？

苏：要找到固定的公式并不容易，不过如果是让书写更加切合这门技艺，我很愿意说明。

---

① 此处对于说话的艺术这门学问真正应该有的模样，柏拉图已经清楚展示，起作用者是"话语"，而受作用者是"灵魂"，接下来必须分析的，就是各类型的话语与各类型的灵魂之间有什么样的对应关系，而其间又如何以因果关系相联结。因此，某些类型的言论能够对某些类型的灵魂起作用，而无法对其他类型的灵魂起作用，反之亦然。

费：那就说吧！

苏：依照刚刚说的，言论的威力在于左右灵魂〔271d〕，所以那些想要成为演说家的人必须知道灵魂有多少种类型，分别是什么类型，有什么样的性质，什么样的人拥有什么类型的灵魂。在区分清楚之后，转而分析言论有多少种类型，每种类型有什么特征，什么样的人应该用什么样的言论去说服，这样的人源于什么原因被此言论说服，而其他人却不会被说服①。所有这些问题都必须仔细考量，在理论上思考过后，还必须思考实际操作上的各种情境，〔271e〕且要敏感地侦测以让自己有能力跟上线索。不然，我们就不会比那些道听途说的人知道得更多。当我们说，什么样的人会被哪一种确切的言论说服时，正是当我们在此人左右时才有能力清晰地观察到其身上的本然对应什么言论，也就是说，〔272a〕在我眼前，这个灵魂本然对应的是这种类型的言论，从而使这种类型的说服方式得以孕育而生。在获得这些讯息之后，我们就能知道如何判断时机，即是否在说话时使用"简洁风格""强硬风格"或其他之前学到的风格②的时机。这门技艺只有在此时才能达到臻于圆满的境界，〔272b〕如果在演说、书写或教授的时候，这里头哪一个环节出了错，我们就只有这门技艺的表象，而没被成功说服的人就会反击说："所以呢？结论是什么？费

---

① 简单举一个例子来帮助理解此段落：这里各类型灵魂与各类型话语之间的配对，就好比跟某些人说理必须论证才能说服，一些则需要举例，另一些可能需要证据或经历才能够说服；又或者，要说服某些人需要温言软语，另一些人则需要用仇恨言论才能激起认同等。
② 由此可见，对苏格拉底来说，这些对修辞学风格、技巧的讨论都是在对灵魂与话语类型进行分析之后才有意义，否则，若将错误的风格套用在某类型的灵魂身上，再杰出的演说家也无法取得听众的认同。

德罗和苏格拉底，你们觉得这就是演说的技艺了吗？还是有其他定义？"

费： 不可能还有其他定义了，苏格拉底，尽管要习得演说的技艺看起来并不简单。

苏： 你说得很对。正是由于这个原因，我们必须检视所有理论和论点，找到一条看起来比较容易且〔272c〕简短的途径来习得此技艺，而当我们能选择一条简洁单一的道路时，就要避免那些冗长难走的道路。不过，如果你有什么方法可以帮助讨论，因为你听过吕西亚斯和其他人的言论，试着回想一下你听到的言论再跟我说。

费： 如果只是叫我试着回想那倒没问题，但是要我现在立刻做到可能没办法。

苏： 那你希望我跟你说我所听到的这个领域的那些专家的言论吗？

费： 当然。

苏： 不管如何，费德罗，就如人们说的，正义就是要帮狼辩护①。

费： 〔272d〕那就由你来实现这句话了。

苏： 他们一口认定根本不需要这些刚刚说过的环节，也不需要绕这么大一圈，因为，就如我们在讨论开头所说的针对言论的话，他们完全不认为有必要考虑言论是否涉及真理、正义，以及事物和人按照自然生成或后天养育所展现出来的善，这些都与一个演说家的养成无关。事实上，在法庭上，没有任何人关心真理或正义，人们只在乎那些有助于说服的事物，

---

① "帮狼辩护"是一种表达方式，就如同"做魔鬼的辩护人"一般，指的是真正能够立论者必须有能力站在对立面进行辩护，厘清对立面言论的极限为何，才能够确立自己的言论不会被攻破。

〔272e〕也就是似实 ①，所有想要掌握说话的技艺的人都急着追求似是而非的表象。甚至在某些时候，必须要避免呈现事实，而只坚持所云好似真实，这个技巧不管是在控诉上还是申辩上都用得着。每当我们发表言论时，也只有似实值得追随，我们也乐于将这些似实说成真理。演说这门技艺基本上〔273a〕是由散落在各言论里面的似实所累积而成的。

费： 你说得很对，苏格拉底，这就是那些自以为专精演说技艺的人的论调。我会这么说是因为我刚好想起来，刚刚我们好像稍微讨论到了这点，这点对这些人来说似乎是一件非常要紧的事。

苏： 尽管如此，你还是很看重提西亚斯。提西亚斯还会这么跟我们说，"似实"的意义别无其他，〔273b〕即等同于最多人认同的意见 ②。

费： 不然还能是什么？

苏： 这看起来就是他最天才的发现，同时也是他那门技艺的关键。他写道，假如一个瘦弱却勇敢的人因为衣服或其他东西被抢走而攻击了另一个强壮却懦弱的人，那么不管是被攻击的一方还是攻击的那一方，在法庭上都不会说真话。懦弱的那个必然会说攻击他的人不止一个，而勇敢的那个就会反驳他说他俩是一对一，而且会有此言论：〔273c〕"像我这样瘦弱的人，

---

① "似实"为"pithanos"的翻译，是中文中没有词可指涉的一个概念。"似实"非事实，取其相似的发音，一方面强调两者之间模糊相似的空间，另一方面也强调"似实"毕竟只停留于"看似"是真实实在的地位。苏格拉底在此表示，法庭之上，没有人在意何为真实的正义或真理，只需要看起来像是正义和真理即可。

② 这里苏格拉底借由提西亚斯的口下了一个论断：最能以假乱真的似实，就是最多人认同的意见。意见并不是知识，它蕴含着错误的空间，但说服的伎俩之所以能够颠倒黑白，是因为其操弄的是最多人认同的意见，而由于这些意见缺乏精确的知识，且保留了许多模糊和无知的地带，因此也保留了操弄心灵的空间。若意见能够精确掌握定义而无模糊地带，就是知识而非意见。

怎么可能去攻击像他那样的人呢？"懦弱的那个绝不会承认自己的懦弱，但会不断尝试用谎言来驳斥对手。我们可以找其他例子，但他们所谓演辩技艺不就是这些吗，费德罗？

费：没错！

苏：呼！这门技艺看来被隐瞒得很好，提西亚斯或另一个人将它发掘了出来，不管发掘这门技艺的人在何时何方、又是何名何姓都没有差别。不过，我的伙伴，对这个人我实在不知道该不该说……

费：〔273d〕说什么？

苏：我想说，在你刚刚介入讨论之前，我们正好说到似实为众人所用，因为似实相似于真实，而说到这个相似性，我们刚刚才说过，只有那些真正认识真实的人才能够侦测、发觉哪些是似实。因此，你如果在演说技艺上还有什么要说的话，我洗耳恭听，如果没有，我们就信服刚刚我们讨论出来的结果。我们认为，如果一个人没有能力将听众的本然加以分析列举，按照类型来分割所研究的实在〔273e〕，再按照每个分割出来的单元实在，综合出一个单一理念与其对应，那么其就还没有达到人类能够掌握的演辩技艺的最佳程度。然而，这门技艺只有在极端的劳心劳力之后才可能专精。如果只是为了和其他人沟通互动，这等辛劳毫无必要，人们承受如此辛劳是为了能够极尽所能让自己言语殊圣、举止庄重。你自己也看到了，提西亚斯他们，〔274a〕那些比我们还有智慧的人都说了，知性，不是跟自己同属奴隶的同伴相濡以沫可以达到的，同伴只有辅助功能，〔相反，知性〕要和美好高贵的主子①〔交流才能达到〕。这就是如果这门技艺要求绕远路，你不用感到太惊讶的原因。当目标崇高时，那么必然路途遥远，跟你所想象有所不同。有一点十分明确，根据我们刚刚所言，只要有人愿意〔付出看似多余〕的辛劳，那么结果必然更为美善。

费： 不管怎么样，你刚刚所言在我看来精彩绝伦，苏格拉底，不过前提是我们有条件做到。

苏： 当我们想撷取美好之物时，〔274b〕面对随之而来的加诸我们的后果，我们也甘之如饴。

费： 的确。

苏： 在言论充分或缺乏技艺的问题上，我们的讨论已经足够了。

费： 当然。

苏： 然而，这个讨论是否适用于书写？在何种条件下适用，在什么条件下又不适用？这个问题还没讨论，不是吗？

费： 是。

苏： 那么，你知道要怎么组织和演说言论才最能荣耀神灵吗？

费： 完全不知道。你呢？

苏：〔274c〕我又要来说说我从前人那里听来的内容了，因为他们知道什么是真理。不过，如果我们可以自己找到真理，难道我们还需要考虑凡人的意见吗？

费： 你这个问题也太荒谬了。你就说你到底听来了什么吧。

苏： 我听说，在埃及诺克拉蒂斯之地，有一个古老的神灵，这个

---

① 古希腊文中时常将人类比喻为神灵的奴隶，在此处"主子"指的就是神灵。

神灵的象征是一只他们称作伊比斯①的鸟，而这尊神灵的名字是赛斯②。传说中是赛斯发明了数字、〔274d〕算术与几何，另外最重要的，还有文字。然而，当时塔木斯统领着整个埃及，且盘踞在埃及的这个巨大城邦里，希腊人称此人为埃及之泰伯，就如同他们称呼神灵艾伯一般③。赛斯来到此地，演练他所发掘的这些技艺当中的一种给塔木斯看，并且要跟其他埃及人交流此技艺。塔木斯问赛斯，他所发掘的每一种技艺用处为何，赛斯一一做了解释，而塔木斯依照自己的判断，认为解释有效就加以赞赏〔274e〕，反之则予以批评。人们说，塔木斯多数说的都是他自己的观察，他将赛斯详细评论的每种技艺的正反两面，两者之间的关联详细写成了一篇长文。当他将此言论书写下来时，赛斯说，"国王，这就是让所有埃及人享有更多知识、更多科学、更多记忆的技艺，〔让人拥有更多〕记忆与科学的灵药找到了"。然而，塔木斯如此回应："赛斯，精湛技艺者有二，一者在于用此技艺创造，另一者在于判断此技艺对使用者所带来的用途与损害为何。〔275a〕你作为文字之父，赋予了书写某种跟它本身相反的威力。书写这种技艺在使用它的灵魂中制造遗忘，因为在书写的同时灵魂不再锻炼记忆，转而信任文字记载下来的内容——这些外在陌生的印记，而非从内在自己身上开始回忆，因此你找到的灵药是给回忆的灵药而非记忆。至于科学，这门技艺所追

---

① 伊比斯（Ibis），埃及圣鹮，这种鸟类在古埃及文化当中被视为圣鸟，有着长而弯的喙。
② 赛斯（Theuth），古埃及神话当中的智慧之神，掌管医学、数学，传说中赛斯是古埃及文字的发明者。
③ 古希腊文本所留存的文献，无法让后世确切知道柏拉图此处想表达的究竟为何。

求的是相似〔于实在的记载〕，而非实在本身。感恩于你，让大家能够听和说很多事物，而不必受到相对应的训练，大家表面上看起来好像具备丰富的科学知识〔275b〕，但实际上完全不懂科学，而且大家在人际交往上也变得令人难以忍受，因为大家都带着智者的表象①，而非真正智者。"

费：苏格拉底，你如此毫不费力就编造出了这些埃及或其他国家的故事。

苏：我的朋友，反正那些城市之东的宙斯神殿里面的神职人员都认同神的话语最初是从一棵橡树中传出来的。因此，那个神庙里的人们，自知不是智者，而是跟你们这些年轻人一样，会去倾听树木与磐石之人，宛若它们是〔275c〕唯一会说真理之物。但对你来说，重点无疑在于谁从哪个国度来，以及他说了些什么，若只说故事是如此这般或别种样貌，皆无法满足你。

费：你教训得是，且对我来说，书写的故事就如赛斯神谕所云。

苏：所以，那些用书写这种技艺来将书写之道传诸于世的人，以为他们的记载确凿且坚如磐石，这些人不仅过于天真，而且误会了赛斯神谕的旨意。就如同那些深信〔275d〕书写下来的言论，不仅是帮助人们回忆起他们对相关问题已经拥有的知识的工具，〔更是知识本身，〕这些人也同样天真。

费：说得很对。

苏：可怕的是，书写真的就像绘画一般，费德罗。每一个被画

---

① 苏格拉底在此讲述的关于书写的起源与评述的神话，在后世的讨论中便被称为"赛斯神话"（Myth of Theuth）。

赋予生命的图像都好像活生生的事物一般，但如果你检视、探寻画中物，图像却庄严寂静〔毫无反应〕。言论也是一样，你知道你所说出来的就是你的思考内容，所以如果有人检视这些说出来的内容——因为其想要通过被说出来的内容来理解〔你的想法〕——〔他会发现〕言论本身跟思考内容永远是同一个东西。然而，〔275e〕一旦你书写下来，这写下来的言论就不管到谁手中都一样，对那些懂的人或一无所知的人毫无差别，被写下的言论也无法得知到底该对谁开口、对谁闭嘴。因此，只要书写内容里面有点不和谐的声音，或言论没有受到公正对待，便需要〔那个写下它的〕"父亲"来解救它，因为它无法自己提供解决方式，更无法自我辩驳。

费：你刚刚说得真的很对。

苏：〔276a〕是吗？那我们再来看看另一个跟前面这个言论相似的书写言论，看看通过什么样的方法能够让书写言论得到改善且更有威力。

费：你想要探讨什么言论呢？这个言论又是怎么被创生出来的？

苏：那种能够传递知识，书写在学习者的灵魂〔而非纸板上〕的言论，才有能力自我辩驳，也知道对什么样的人该开口、对什么样的人该沉默。

费：你是想讨论那些有知识的人的言论，那些有生命且有灵魂的言论吧，我想我们能正大光明地说这样的言论的书写本身就是一种影像。

苏：〔276b〕你说得完全正确！告诉我，如果有个有智慧的农人，对那些他牵挂且想要使其开花结果的种子，他会怎么做？这个农人是会急着在暑热中到阿多尼斯①的花园中播种，引颈期盼八天之后就能有好收成，把种植当作娱乐②，并欢庆其所作所为；还是会遵照农耕技艺，若在播种八个月之后每个种子都修成正果，他就感到欢天喜地？

费：〔276c〕后者吧，苏格拉底，就如你所说，前者操之过急，后者则踏实做事。

苏：难道那些在公正、美与善上具备真知的人的智慧还不如农夫，不会对他们自己的"种子"等同处理吗？

费：不太可能。

苏：所以他们一定不会将这些写在水上，好像播种在墨里，再把墨粘到一片芦苇草纸上，使其成为一篇没有能力自我辩护，也没有能力用适当的方式教授真理的言论。

费：看起来是如此。

苏：〔276d〕没错，他们不会这么做。因此，在我看来，这些人都是在文字的花园里用娱乐的方式播种与书写。他们每一次书写出来的内容，都是将从前珍藏的宝藏通过回忆唤出，以防自己哪一天衰老健忘，同时也让其他人能够按图索骥，用同样的方式耕耘出自己的结果。当其他人被其他娱乐吸引，在类似的娱乐中尽兴时，这些人则偏好在我们刚刚说的这种娱乐方式中度过一生。

费：〔276e〕你刚才所描述的〔书写这种〕娱乐真美，苏格拉底，

---

① 阿多尼斯（Adonis），希腊神话中掌管植物生灭的俊美男子，是女神阿佛洛狄忒的情人。
② 此处的"娱乐"一词在希腊文中是"paidia"（游戏），在前文中已稍作解释。"游戏"一词蕴含非严肃性，无目的性的意味。此处刚好凸显出矛盾：在一次有目的的行动上，用无目的性且严肃的态度执行，必定会让最终目的难以实现。

我们可以自娱于书写言论，讲述关于正义或其他的神话。

苏：很可能是这样的，我的朋友费德罗。然而，我相信有比这更美的方式可以处理相同的主题。对那些气息相近的灵魂来说，当我们使用辩证技艺时，我们便播下了那种能够传递真知的言论之种子，这种言论有能力自我辩护〔277a〕，且不但不贫瘠还很多产。这种种子能创生出更多其他言论，这样一来，种子的永生不朽就有了保障。而拥有种子的人就有能力成为达到人类所能拥有的最高幸福的人。

费：你这话说得比刚刚更美了。

苏：现在，费德罗，我们已经在这一点上达成共识，所以我们可以讨论下一个问题了。

费：哪个问题？

苏：就是那个我们希望检视得更清楚，一路引导我们谈话至此的问题。刚刚我们对吕西亚斯的〔277b〕书写言论多有批评，谈了这些言论本身哪些遵循了技艺，哪些毫无技艺。在我看来，我们刚刚已经演绎过怎么判断言论符合技艺与否这个问题了。

费：我也认为刚刚已经讲过了，不过在继续讨论之前，可以帮我回忆一下刚刚我们是怎么界定的吗？

苏：在我们认识我们说或写的每个对象各自的真理之前，我们能够先按照每个对象本身来界定它们，然后才能知道如何将同一个对象分析出不同类别，直到无法分割下去。接下来，我们会用相同的方法分析出灵魂的各种本然，〔277c〕再将言论也分类且对应到灵魂的类别。举例来说：要对复杂的灵魂给出复杂的言论，对单纯的灵魂给出单纯的言论，如果我们无法做到以上这些，我们就无法真正熟悉演辩技艺——不管是用来教学还是说服他人。这就是我们刚刚讲的内容。

费：没错，我们刚刚是这样讲的。

苏：〔277d〕在某言论到底是美是丑，我们对它的批评到底正当不正当这个问题上，刚刚还有些没说清楚……

费：哪些地方？

苏：不管是吕西亚斯还是其他人发表的言论，不管是已经书写还是正要书写的言论，也不管是写来用作私人用途还是公开发表的言论，抑或创作政治作品来制订规范法条，只要以为作品当中的内容坚若磐石且清楚明白，这种行为就应该被批评。因为不管是醒是梦，〔277e〕对正义与不义无知，对善恶无知，就不能逃过被批评的命运，也不值得让群众为这种言论喝彩。

费：这么说没错。

苏：所以，有人认为书写下来的言论就一定蕴含重头戏；有人认为没有任何言论值得被书写下来也不值得人们朗诵——不管有格律还是没格律，因为这些言论是吟游诗人的作品，这些言论只有一个目的，不是教学也没有任何检验，完全只用来达到说服的目的〔278a〕；还有一些人认为最好的言论是为帮那些已经有知识的人回忆起这些知识而创作出来的言论，他们同时认为那些用来教学、培育的言论实际上是写在灵魂上的言论，即在灵魂中探讨正义、美与善，只有这样的言论才能达到臻于完美且清楚明白的境界，才值得被认真看待；另外，还有一些人认为，这种类型的言论应该作为作者的子嗣，因为言论首先是在其灵魂中被创生出来，接下来才在其他灵魂中刺激出其他子嗣和手足言论〔278b〕，且依照每个人的性质各有不同的产出，如果其具备引导其他人创生言论的能力，他就有可能是你我都希望成为的那种人。

费： 完全没错，你刚刚这番话完全道出了我此生所愿。

苏： 我们竟然在这里对言论本身有所讨论，还挺神奇的。现在换你去告诉吕西亚斯，我们一起走到了水仙之境，且听到了缪斯女神的话语。〔278c〕针对吕西亚斯和那些跟他一样书写言论的人，荷马和那些跟他一样写诗不配乐或写来唱的人，以及梭伦和那些跟他一样写政治言论并把自己的作品称作"法律"的人，缪斯的话语让我们得以对这些人说：若作品是在知晓了内容真伪以后才创作出来的，若言论在遭受驳斥时总能自我辩驳，那么书写不过是言论的附属品；若言论能够自我解释、演绎并书写下来，那么这个言论并不会被赋予更多的重要性，〔278d〕创作如此言论的人的称呼不能由其书写来界定，而应由其专心致志的活动来界定。

第八回　结语〔278e~279b〕

费： 所以要如何称呼这种人呢？

苏： 若称他们为"智者"，在我看来这个称号太过誉，它可能只能用来称呼神灵，费德罗。若我们称他们为"爱智者"（哲学家），或给他们一个类似这样的名称，我想是最适合的，听起来也最恰当。

费： 没错，这样称呼没什么不合适的。

苏： 相反地，生命里面没有比书写或创作的文章更珍贵的东西的那些人，他们花了大量时间在文字中打转，〔278e〕将字句相互拼凑或分节，我想称他们为"诗人""言论撰写者"或"法律撰写人"，这样的称呼很公正。

费：没错。

苏：这就是你该去跟你的同伴说明的部分。

费：那你呢？你又应该做些什么？你的同伴也没有一个可以遗落。

苏：谁呢？

费：美男子伊苏垮特啊！苏格拉底，你会给他什么样的消息？你又如何确定〔他属于哪一种人〕？

苏：伊苏垮特还年轻呢，费德罗。不过我可以跟你说说我的预测〔279a〕。

费：你的预测为何呢？

苏：在我看来，若从言论上的天资来看，跟吕西亚斯比起来，伊苏垮特的天资较好，也拥有较多优良的品性。因此，他在逐渐成长的过程中，在目前研习的那类言论上远远超越同龄孩童，也没什么好惊讶的。而且，如果他不满足，就会有一股超越他的冲力带着他向前，让他的作品更接近神圣的境界。因为，我的朋友，他的思想中与生俱来就有对知识的爱慕〔279b〕{对知识之爱，也就是哲学}。这就是我，在这个充满圣灵之地，要给我的伊苏垮特的信息，就如同你也要给你的吕西亚斯的信息一样。

费：我会做到的。我们走吧，暑气稍微散了。

苏：我们不应该先在这神圣之地留下祝祷再离开吗？

费：当然。

苏：亲爱的朋友，潘和其他此地的神灵，赐我以内在之美，至于外在，〔279c〕就请赐予我与内在相慕为朋的外表。愿以智为富，而予我多金，外人若非节制者，则对我的财富既无法取亦无法夺。我们还有什么其他要许的愿吗，费德罗？我的祝祷至此大致得当。

费：我跟你和合共修，所愿相同，因为朋友之间休戚与共。

苏：启程吧。

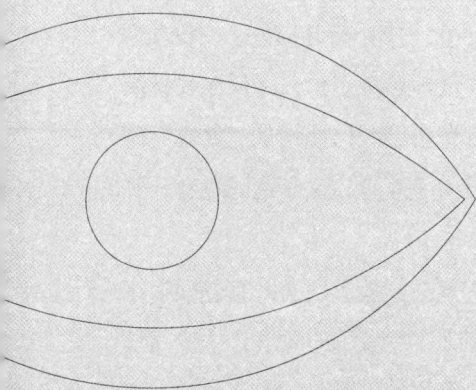

跋：
你的爱，足够多吗

Phaidros

法国哲学家让－保罗·萨特（Jean-Paul Sartre, 1905—1980）在《存在与虚无》（*L'Être et le Néant*）一书中曾经描述了一位咖啡厅侍者的故事，他观察到侍者反射性地熟练工作，好似演员扮演着这个角色一般。但差别在于，侍者自己深信他就是"咖啡厅侍者"，除此之外别无其他，这个工作完完全全定义了他的存在，好像他注定只能是个咖啡厅侍者。

我在法国巴黎第一大学教授《费德罗篇》期间，有位同学在期末报告时提到了萨特的这个"咖啡厅侍者"的故事，这位同学认为，这位侍者因为没有"升华"他的爱，所以只能停留在不理性的热情与欲望上。我留下如此评语：咖啡厅的侍者不是因为停留在不理性的热情与欲望上，才以为自己只能是咖啡厅侍者，他之所以像机器般将自己框限在一个角色内，是因为他的生命缺乏非理性的热情、爱与欲望。

读者也许会感到疑惑，哲学给人的刻板印象就是理性，这里为什么反而批评那些缺乏非理性之爱的人？

这正是为什么"爱"在哲学思想中一直有着非常特殊且独特的地位。因为爱，理性才可能自我超越；因为爱，人才得以自我突破。"欲望""爱""意志"其实都在解释为什么一个主体能够追求一个尚未实现的目标，换句话说，实现自我的能力也许在于理性，但任何突破、超越自我的动力却在于爱所激起的强烈渴望。而追求的目标越近、越具体，追求所需要的动力与突破就越低。

因此，所有生命都有欲望，渴了欲饮，饿了求食，无聊了欲求消遣时间，追求的目标都是离自己很近且具体的消费，所有生命都在被动地追求欲望的对象。"爱"是狂热失控的吸引力，但在柏拉图眼里，正是这股近乎疯狂的渴求为灵魂提供了充足的动力，让灵魂能无视理性所建构起的、在习惯中巩固且强化的规则，不管多么艰难，遇到多少挫折，都要不顾一切地向目标奔去。

　　缺乏了爱的热情，就如同生命缺少了积极的动力，只能被需求与习惯催促着前进。在现代社会中，人们自然而然地将"爱情"与"热情"相区别，且自然而然地认为两者无关。爱情的对象是活生生的人，而热情也许只是一个目标、一个念头。柏拉图的《费德罗篇》正是希望展现爱情与热情相互联结的部分，爱情所牵挂的对象，宛如一面镜子，让我们通过其看到热情想追求的目标。因此，钟情于表象之美者，会迷恋容貌姣好之人；热衷于一枝独秀者，会为鹤立鸡群者痴迷；将热忱系于探索的人，会被探索者吸引。这些描述或许简化了真实状况，多数时候大家对自己心之所向其实只有些十分模糊且复杂的念头，且极为容易受到他人、社会的言论的左右。爱，也许就如同所有热情一样，是一股不理性的动力，但爱所追求的对象，却是个能够用知性选择的结果。

理性的牢笼

谈情说爱强调非理性，这听起来也许完全颠覆了一般人对哲学家的既定印象，也颠覆了我们通常赋予理性的正面评价——视其为"明智"的同义词，且将感性视为人性之弱点。理性（reason），事实上是一种不完美知性（intellect）所展现的能力，换句话说，知性也可能不用理性的方式展现。理性之所以不完美，是因为理性非常有限，只能通过将认识的对象切割成小部分，进行重组之后才有办法消化理解。换句话说，理性的工作在于分析与综合，或用柏拉图的话来说，理性就在于切割与联结。在这些理性的活动下，我们逐渐建构起一套方便快速的理性与反应的系统：看到阴天要带伞，看到对方面露凶相就先提防起来……理性的能力，也许会允许我们不断扩展知识的版图，理性的产物却由于贪求快速便利，而进入了为习惯所统治的、反思难以触及的领域。就像男女有别，主外难于主内，黄金比例才是美，这些都是理性从前的产物，一旦安稳地根植于社会所有成员的思想中，加上机构与典籍的巩固，就自然而然让理性变得不容置疑了。理性的这套分析与综合的工作，不只要提出判断，还要慢慢地构筑一个系统，让判断变成计算，将所有生命都囊括进这个系统，让它能有效率地兵来将挡、水来土掩。

理性的成果因此像一把双刃剑，一面用分析让所有判断变成不需要思索的反射动作，一面又建构一个不反思的系统，让人们以为生命本该如此，没有其他可能。历史上多少人物，正因他们的满腔热血，愿意以执着甚至偏执，奉献甚至牺牲，勇敢甚至"知其不可为而为之"等不理性的热情，让人性挣脱理性建构的牢笼。理性少了热情，就如同机器一般，即便有很高的效率，也无法走出系统之外，就像少了动力的生命，起床、工作、娱乐、休息，所有行为在有限的选择内排列组合，像是扮演着某个特定的角色。

因此对柏拉图来说，"爱"的关键在于生命的动态与自我突破的可能。突破，正在于执着去做理性本来判断不可行、不值得的事，追求理性本来判断效益低、成果不确定的目标。然而，正如理性的双刃剑，不理性也会因为其爆发出的两种极端情形而令人畏惧。

爱，为何纵欲？为何勇敢？

自古以来，哲学家对爱便没有一个简单的答案。同样的狂热席卷而来，有时候爱会幻化成纵欲、耽溺享乐；有时却使人勇敢地放手一搏，突破原本束缚自己的界限。《费德罗篇》中的苏格拉底就在寻求一种能理解爱散发出的两种极端且相互矛盾的现象的方法。不同于《对话录》中也许代表着社会中多数人想法的吕西亚斯的言论，即认为爱只会让人盲目、让人不顾一切地成为对方的奴隶，苏格拉底强调，这种不顾一切，这种狂热与冲动，同时也是人类最美好的创造力的源头。然而，光是认知到爱的两面性还不够，热爱求知者还想知道"为什么"，为什么同样是爱，某些会展露出天使的脸庞，某些却让人感觉宛如堕入地狱？

苏格拉底给了这样一种说法：追求的对象若是镜花水月，就算热情如火终究会物换星移；所求之爱若稳如泰山，那么情谊也会绵绵无绝期。这样的说法看似要人慎选追求对象，实则是追求者将爱慕的对象当作什么来爱决定了追求对象的性质。更进一步来说，苏格拉底想表达的是，将自己理解成什么模样，就会将吸引自己的源头视为符合自己模样的目标来追求。举例来说：喜爱同一个人，有人只爱其身体，有人爱其性格，有人爱其作为，有人爱其社会地位，尽管指涉的是同一个人，追求的对象却都不同，而这些差异却反映了追求者本身自我追求所着重之处。

换句话说，受社会地位高者吸引，正反映了自己希望成为社会地位高的人。然而，一两个特征永远不可能定义一个人，社会地位高的人，除了社会地位高，其人生也有要追求的目标、有价值观、有优缺点、有擅长与不擅长的方面。如果我们爱的只是这个人身上的某一个特点，例如社会地位、穿衣风格，那么也许我们爱的就只是其社会地位、穿衣风格，并不是爱这个人。因为在这个人身上，社会地位可能会时过境迁，穿衣风格的变化也许会跟不上时尚的速度，那么追求者也许这一刻还爱着其社会地位与穿衣风格，下一刻那个展现其所爱的社会地位与穿衣风格的人就会成为其他人。在这样的状况下，我们爱的不是一个人，而是一个影像，也就是说，我们爱的是那些暂时符合这个影像的人，一段时间过后，这个影像可能就没这么新鲜动人了，见异思迁是必然的结果。因此，也许表面上看起来这些爱恋关系并不稳定，换了许多不同的人，但其实爱的对象，这个影像，却一直很固定，只是承载这个影像的人一直在换罢了。

认识自己

把一个人当人来爱，而不是将其当作一具美好的皮囊、胴体、荷包等来爱，这本身就是一件很哲学的事。我们必须扪心自问：到底如何定义一个人？每个人都有这么多的特点与特质：高矮胖瘦、严肃诙谐，到底哪些能够代表这个特殊、独立的个体呢？反过来，我又该如何定义我自己呢？"我"又是谁呢？"认识自己"，是苏格拉底为哲学留下的一个永恒的课题，但是，究竟要如何认识自己？苏格拉底在《费德罗篇》中谈论灵魂时，想探讨的就是灵魂自我认识与灵魂追求自我实现之间的关联：如果身体给了我们第一层限制，那么习惯就制约了我们部分的思想与行动方式，习惯的堆积塑造了我们的过去，追求的目标投射出我们的将来，每个当下就在欲望、习惯与想要成为的自己之间拉扯。生命就在过去所沉淀下来的我与未来投射出的自己这两股势力的拉扯之间画下了有规律可循的轨迹，这个规律提供了认识自我的基础，但此基础却永远不会反过来限制自我的发展或穷尽对自我的认识。柏拉图和许许多多的哲学家都相信，人类之所以独特，是因为人无法像定义物品一样被定义，永远无法穷尽人的所有特质，而人类永远具备开创新的可能的潜力，能够抵抗钳制——就算只是概念上的钳制。

由此可见，认识一个人的关键在于明确他想成为什么样的人、他如何在行动中实现这一目标。一个人想成为的投射影像可以反映出其独特的价值排序，而其行动实现的方式则反映出其自我想象与实际之间的距离有多远，对自己的信念能坚持到什么程度。爱一个人，将一个人当作人来爱，爱的就是其眼中的自己，换句话说，就是爱其投射出的反映着某种价值排序与行动模式的自我。尽管我们爱的是某个独特的个体，但实际上却是因为我们自己同样追求着相似的价值排序，通过对方的眼睛，我们看到的是自己想成为的模样，是我们自己人生追求的部分倒影。

　　追求所爱，追根究底是追求自己人生中向往成为的自己，自我认同所蕴含的信念，而所爱之人就像一面镜子，映照出我们自己的人生真正重视却不一定意识到的事物。这样听来，柏

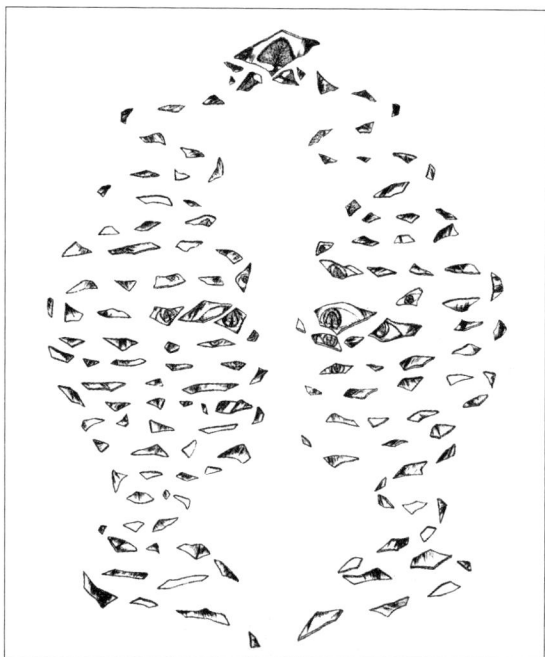

拉图式爱情说到底还是爱自己，爱精神所追求的理念。但实际上，对柏拉图来说，所爱之对象这面镜子与欲望在爱情当中都是不可缺少的，因为是这个人、这个活动或这个事物对我们展现出了自己的生命所求。我们欲求对方，因为对方唤醒了且不断激发着我们对自己生命所求的热爱。

柏拉图谈爱的目的并不是在爱的对象与方式中区分优劣，并不是说追求肉体之美不如追求精神之美，他在这一系列的讨论中想确立的概念十分简单：当我们追求的是个影像，而不是这个人时，爱所巩固的关系就是跟这个影像的关系，而非与这个人的关系。和影像的关系也许稳定（总是偏爱相貌姣好的人），但符合这个影像的对象却十分无常（看到更漂亮的、审美观改变或对方年老色衰），因此跟这个人之间的爱情关系也会随之发生变化。若我们追求的是对方投射出的自己，而对方所追求的也是自己投射出的那个人，那么两个人就会在所好相似、志同道合中成为对方人生的伴侣。爱什么对象，是人生的选择，哲学的角色在于把每个选择所引申出的来龙去脉、必然或可能的结果分析清楚，让人在抉择时更清楚自己想要的人生为何。

爱与生命

爱，因此不只是与人之间的爱情，更是找到自己生命的热忱，差异只在于在两人的爱情关系中，这种热忱会与两人的共同追求相互鼓舞；反过来说，其实是共享的热忱巩固了两人的爱情关系，两人因此不但是爱人，更是伙伴。这么说来，哲学中谈爱，与其说是为了追寻真理，不如说是为了理解生命展开的模样。

爱若是动力，爱的对象便是我们所选择追求的目标，那么我们实际上费尽心力追求的东西，就称得上是我们的人生所爱。每个人的目标都会因为客观条件、各种诱惑而在实现的过程中有所偏离，如果理智无法抵挡其他诱惑，那就代表我们对自己的目标的爱也许不如我们所想的那般热烈，甚至实际上就是因为抵挡不过对诱惑的向往，展现出的人生就在对理想的向往与对自我行动的失望之间拉扯。正因为爱是动力，柏拉图才将自己的行动理论与伦理学都建构在爱与追求对象所交织出的无限可能上，因为没有动力而只有行动的理由，人类的行动就会跟物理学一样完全遵照法则、毫无例外。但因为有了爱中的狂热与不理性，所以才有了例外；有了不可预期，才有了翻转创新的可能。因此，热爱文字的人，若在行动中体现了热爱，其就实现了被我们称为"作家"的那种生命；热爱知识者，若在行动中体现了对知识的热爱与追寻，其就实现了爱智者的生命形态。

这份生命之爱说来简单，柏拉图却一再在《费德罗篇》中强调灵魂将视线锁定在理念上是多么困难的一件事——在肉体的影响下自然而然有需求，受各种享乐诱惑，偏好安逸舒适而厌恶劳碌受苦，思想也因为倚赖只能撷取表象的感官，而常常将表象当成实在。因此，柏拉图认为人类在自然、不特别努力与刻意的状态下，会自然而然地将感官撷取的影像当作实在，活在差不多就好、似是而非的状态中。因此每一个坚持、不向其他诱惑让步，都是灵魂内在的一场斗争的胜利，也是灵魂对活在表象的、实在不分的、被动被感官牵制的生活的抵抗，每一个实现正念的行为都因此难能可贵。在这场与诱惑的争斗中，明智能让我们更有能力分辨虚实、看清追求对象的本质为何，却无法给我们不畏艰难的动力，只有对目标的热爱能让行动者有足够的动力战胜困难，承受难熬的训练与过程，此外的任何道德律令、理性说服都无法激发这种动力。

爱智慧

现代社会的生活中充满了理性计算和评估，买什么先问划不划算，做什么先问有没有用，每一个行动都是评估衡量后的选择，不顾一切的爱——不管指的是追求理想的热忱还是追求对象的渴望，在这个社会都日益稀少。人们害怕爱，害怕理性无法理解与预期的行为，因此就算有些渴望、有些梦想，也仍然会遵照前人的轨迹"安全"地向前走，或找些较为安稳的选项或有限的替代物来满足自己，最终仍然难以踏出自己的安全网、舒适圈。

苏格拉底也许难以想象，哲学到了现代社会最常遇到的问题居然是：哲学有什么用？哲学并非无用，但其意义却不在于服务哪一种特定的用途，更不会被框限在哪个特定的需求之下。在《费德罗篇》中，苏格拉底说了哲学为什么叫"爱智慧"（philo-sophia），而这个名字刚好让哲学这门科学站到了与用途相反的位置。然而，哲学并非无用，只是它不是一门因为用途而得以发展的科学。人们研究哲学，是因为好奇，因为想追根究底，因为想不断探寻，因为想弄清楚我们所认知的自己、他人、世界，这些思维活动旨在用不同的角度看世界，突破惯性思维对生活、存在、知识设下的教条性限制与边界，不断挑战思想的极限，创造新的认识空间。思考，并不会让生活大富大贵，却可能让自己成为自己生命的主人，决定自己的命运，而不在时代的习俗、习惯、社会条件、他人偏好，甚至他人的话语中随波逐流。

《费德罗篇》这部对话录注重教学方式，一步一步在对话中探讨如何检视社会中流行的言论的可信程度，如何找到这些流传的言论背后真正重要的问题，如何用推论的方法来呈现自己的思想，进而找到应当如何思辩问题、厘清想法，最后组织出自己的思想，且清楚、有逻辑地表达出来的方法。在一个极为不理性的主题——爱——上，柏拉图通过苏格拉底与费德罗的对话展现出如何思辩、分析而不被混淆视听，如何在理智的引导下，放手去爱、去追寻那个自己想成为的人。

附录：论述与写作

——《费德罗篇》教我们如何进行推论思考

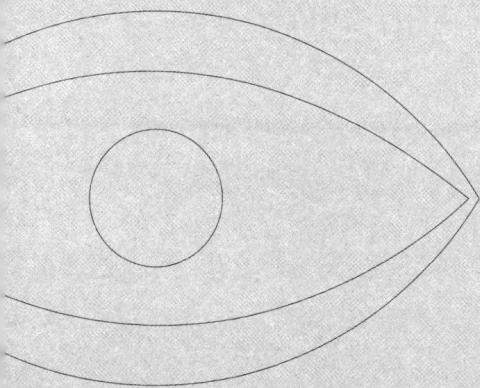

Phaidros

柏拉图的《费德罗篇》中涵盖了两大主题：爱与写作。读者也许觉得奇怪，这两个看似毫无关系的题目，为什么要同时呈现在一篇对话录里面，而不干脆分成两篇对话录？

《费德罗篇》充满了柏拉图的巧思安排，通篇对话录以"爱"为例来示范如何思考一个主题，以及最终如何让思考即便脱离了主体——也就是说，即使将思考写成了作品，作品本身仍然具有自我辩护和继续进行思辩的能力。

如果仔细检视这篇对话录，就会发现内容与结构的安排让作品分别探讨了两个不同的哲学问题。内容上显然在探讨爱，结构上却在探讨思想与论述，因此从开头的第一篇谬误论述开始，苏格拉底的第一篇言论就驳斥了谬误论述的论证形式，将吕西亚斯的言论的推论顺序重新调整，让本来一篇只有意见没有思想的言论转变为有推论过程的论述。而苏格拉底的第二篇言论则是在批评吕西亚斯的言论的内容，也正好指出了一点：不是推论有效，论证遵循逻辑就叫作有思想。最后，以爱为例来凸显论证结构与内容的重要性之后，再用整个第二部分来探讨思想的论证动态在什么样的前提下能以理服人而不是挑动情绪操弄听众，什么样的写作能让文章有论证的活力，什么样的写作能使作者一旦离开作品就落得只能任人宰割的地步。

什么是论述

柏拉图认为论述的极致就是思想能够独立于作者之外，为自我进行辩护，如同思想本身变成了一个独立的生命一般。[①] 因为这样的思想言论不只要乘载一个特定的内容，更要刺激读者的思想活动，让读者自身在思想活动中辩证真伪。正因为这样的言论能刺激思想与自我问答对话，因此必然以论述为核心。

在柏拉图的时代，"论述"和"论证"的概念都尚未有确切而严格的界定，在《费德罗篇》当中也不见柏拉图清楚定义何谓论证，因此我在这里借助几个现代论证的定义，来分解柏拉图对论述的探讨。

以上的介绍没有区分论述与论证之间的差别，此处分别用其各自组成要素来区分。论述，就字面意思来说，就是以论理的方式来表述，因此这个概念主要针对的是表述的方式。一个论述过程通常包含三个部分：主题、论说、论题。主题决定讨论的范围，论说提供论证与说明，最后的论题则是作者通过这一整个过程想要表达的核心思想，也就是英文中的"thesis"。不同于论述这个较广的概念，论证指涉的是以严谨、逻辑相对封闭的推论方式证明

---

① 参见《费德罗篇》276c~277a 段落。

某命题的真伪。论证的过程也包括三个部分：前提、推论、结论。

在《费德罗篇》当中可以看到，柏拉图认为一个好的论述本身就应该完全符合论证的形式，也就是主题和概念作为推论的前提必须界定清楚，论说必须符合推论的逻辑规则，论题必须在最终得到推论的支持，也就是得到推导出来的结论的支持。以下就针对这几点重新整理《费德罗篇》中促进读者思考如何论述与书写的部分。

从何论起——开始前，先把题目想清楚

在成长的过程中，不管我面对任何课业问题，我的父亲都会先讲一句话："题目在问什么？把题目看清楚再写。"想不到多年后，我在柏拉图的《对话录》中又重新找到了这句话：

> 孩子，要知道，在所有事情上，只要目标是要议论出个结果，那么就一定有个起点：必须要知道你是为了什么议论，不然必定全盘皆错。[①]

不管是一个人发表论述，还是多人参与的讨论，我们都可能发现讨论常常完全失焦，甚至偏离主题，因为大家以为自己在讨论同一件事，但却是各自用同一个词指涉着不同的概念，使讨论离题，只留下一句"我的定义跟你的不一样"。论述到了最

[①] 《费德罗篇》237c。

后，落入了正如柏拉图所说的"既不同意自己，相互之间也不认同"①的窘境当中。

因此，论述开始之前的工作就是严谨界定论述对象，更准确地说，就是确定探讨的主题为何，使用的词被哪个概念定义，从这个定义出发才能够开始进行推论。我们常常在尚未弄清楚主题时就急着开始讨论，最终让自己的言论毫无逻辑可言。因此，在《费德罗篇》中，苏格拉底第一言论的第一部分237d~238c段落，在开始推导"爱的效应"是好是坏之前，先定义了这里的"爱"指的是什么。苏格拉底先从最为普遍的想法开始慢慢提炼出定义，因此说"爱是一种欲望"。然而，说爱是"一种"欲望并不足以界定爱，所以苏格拉底接下来继续检视爱是"哪一种"欲望，并最终用欲望的对象来将爱定义为"肉体之美上的纵欲"。②从这个定义开始，苏格拉底的论证才正式开始。只有界定了讨论的核心概念，推论才可能从同一个基础上推导出来。

安排与组织思绪

在导论之初，我强调苏格拉底的第一言论的存在意义在于展示一个论证的形式要如何组织，此处的论题最后在忏颂③被推翻后又重新做了定义，由此可见柏拉图在此想要示范的是如何从散乱的思绪中组织论述的方法，而非内容。

---

① 《费德罗篇》237c。
② 参见《费德罗篇》中238c段落。
③ 苏格拉底第二言论中241d~243e段落。

吕西亚斯的言论[①] 在此对话录中的作用不仅是为苏格拉底第一言论提供所有元素，更是作为论述失败的例子，让苏格拉底得以检讨论述的构筑方式。事实上，吕西亚斯言论是每一个人进行论述前都会做的一个步骤：寻找与论述主题相关的所有元素。当我们有了题目，界定好了讨论的主题，并不代表我们立刻就能得到讨论主题的内容，因此在开始讨论时，必须将所有元素平面地摊在眼前。例如在吕西亚斯的言论中几乎是条列式地描写出他对爱的观察：爱是纵欲、使人盲目、判断错误、冲动等。换言之，在呈现自己的论述之前，要先有想法，而想法不会凭空出现，必须先进行搜索——不管搜索的对象是自己脑袋中可联想到的思绪，还是得在文献、资料中找寻。在进行思绪组织之前，必须先找到能够拿来组织的元素。挑选哪些元素，如何衡量每个元素的轻重缓急，则跟每个人的分析综合能力相关，属于学会论述方法之后提升论述能力的层次。

推论——给思想一点秩序

苏格拉底对吕西亚斯的言论的批判的核心在于这是一篇只有元素而没有任何组织的言论，因此不构成论述，只是凭借一些共同经验或演讲者的名气来说服听众。吕西亚斯的言论没有组织的原因，正如苏格拉底所言：

---

① 吕西亚斯的言论指的是 230e~234c 段落。

> 难道没有人觉得这篇文章就像一堆元素载浮载沉吗？文章里呈现的第二点难道有什么必然性，让它一定要被摆在第二点，而不是让其他点先呈现吗？如果你问我的意见，我觉得他好像是想到什么就写什么，尽管这些思绪本身并不糟糕。而你，你写文章没有什么必须注意的规则，但一定会让文章内的元素的呈现方式有所安排，前后有序。①

换句话说，如果一篇论述当中的每个论点调换了顺序，也不会有任何差异的话，那这就只能算是元素的堆积，如一盘散沙，毫无推论可言。就定义来说，"推论"指出了元素之间特定的逻辑关系，因为有特定的逻辑关系，所以调换元素的位置后，意义也会随之改变，除非调换后仍能维持逻辑上的等价关系。②比如，"如果爱是一种欲望，那么爱必然蕴含了渴望"，调换元素位置后成为"如果欲望是一种爱，那么渴望就必然蕴含了爱"，前后两句话所表达的意义截然不同。换句话说，论述的过程就是将各个元素依照它们之间的关系组织起来，将秩序引入思想当中，让每个元素由彼此之间的逻辑关系巩固、组织出结构。

这样讲或许太过抽象了，柏拉图也帮我们准备了例子，苏格拉底第一言论的第二部分（238e~241d）就把吕西亚斯的言论当中的元素组织成一种有头有尾的论证。在此将其论证整理成命题形式：

---

① 《费德罗篇》264b~264c 段落。
② 此处不再赘述逻辑上的所有关系，读者若有兴趣可以参考相关逻辑书籍。有两种情况元素位置相对换意义不会改变，如等号的两边相互对调不会改变，充要条件两边对调也不会有意义上的改变。

　　前　提：爱是对肉体之美的纵欲，而纵欲指的是当欲望主导理性，过度追求欢愉的状态。①

　　推论一：如果纵欲者过度追求欢愉，那么他一定会想办法使欢愉最大化。②

　　推论二：要让欢愉最大化，就得避免所有会引发不悦的状态，而欲望对象比自己高等，或是与自己平起平坐都可能引发不悦。③

　　结　论：因此，爱恋者打压所爱之人，要他永远处于比自己低下的状态。④

　　此处仅节录论证的第一个部分，但由此可见，同样将爱情定义为纵欲，所有元素之间却有了因果逻辑关系：爱为纵欲，纵欲则追求最大欢愉，最大欢愉只可能在欲望对象较自己低下的情况下出现，爱因此必然让所爱之人维持低下的状态。必须再次提醒读者，此处的重点并非推论的内容，而是此推论的过程。换句话说，柏拉图认为所有论点都能找到逻辑论证来证成，但逻辑有效的论证并不足以成为好的论述，好的论述一定要有逻辑论证的支持。就此案例来说，柏拉图在忏颂里面推翻了这个论证的前提，也就是爱的定义，既然前提被推翻了，那么推论也自然会遭到否定。

---

① 《费德罗篇》238c 段著。
② 《费德罗篇》238e 段著。
③ 《费德罗篇》238e 段著。
④ 《费德罗篇》239c 段著。

结论——论说写作宛如画藏宝图

论述表达或写作都在于将立体结构的思想用平面的话语或文字表达出来。之所以有立体与平面的差异，是因为在思想当中，所有相互支持的命题都存在于一个无时空限制的思维领域当中，然而，若将其转换成文字或话语，则一次只能说一句，一次只能读或听一个字，本来能够并存、同时呈现的结构，就必须经过安排，让一个整体的思想以由"开头"走到"目的地"的方式呈现出来。人类智能在掌握学习事物时的动态也是如此，尽管构筑好的思想是一个完整的体系，构筑或者理解的过程却只能一部分、一部分慢慢进行，而无法一次掌握一个未分析的整体，否则思想掌握到的就只是一个十分模糊、大概如是的印象。

因此，论述的前提是清晰地厘清每个元素之间的关系，然后才能依照各个元素的逻辑关系，重新组织成一个有头有尾、推论完整的思想。如同在本篇对话录的最后，柏拉图借苏格拉底之口多次强调辩证法的意义在于分析与综合："分析"，即将相异者进行区别；"综合"，即将相异元素用彼此之间的关系重新联结。举例来说：当我们说"爱是一种欲望"时，就已经区分了爱与欲望，而所谓"一种"又点出了两者之间有多种关系，也就是欲望包含了爱却不等同于爱的关系。

论述因此就像用语言画藏宝图一样，有起点，每个元素之间的逻辑关系就像藏宝图上的标志，意味着向前、向后、向左、向右，标志整体体现了一套可以引领读者从起点走到终点的规则。唯一的差异在于，论述的重点从来不是最终的结论，结论只不过是一个判断句，除了沦为教条之外没有任何意义。而论述本身之所以让言论有了生命、能自我辩护、不任人宰割，是因为整个起点（前提）、路程（推论）和终点（结论）都要求想要理解的人，在自己的思绪中按照指示上的每一个环节，重新将论证过程思考一遍。

　　一篇好的论述，就如一张好的藏宝图，读者跟着论述里的每个逻辑关系，最终能找到论题有效的基础，而不会迷失在茫茫思绪里不知所终。

参考书目

其他译本

Plato., & Rowe, C. J. (1986). *Phaedrus*. Aris & Phillips.

Platon, Derrida, J., & Brisson, L. (2008). *Phèdre Suivi de La Pharmacie de Platon / de Jacques Derrida*. GF Flammarion.

Plato., & Heitsch, E. (1997). *Phaidros*. Vandenhoeck & Ruprecht.

研究专书

Capra, A. (2015). *Plato's Four Muses : The Phaedrus and the Poetics of Philosophy*. Washington, D.C. : Center for Hellenic Studies.

Carvalho, M. J. de., Caeiro, A. de C., & Telo, H. (2013). *In the Mirror of the Phaedrus*. Sankt Augustin : Academia Verlag.

Givón, T. (2014). *Mind, Code and Context : Essays in Pragmatics*. Psychology Press.

Griswold, C. L. (1996). *Self-knowledge in Plato's Phaedrus*. Yale University Press.

Hyland, D. A. (2008). *Plato and the Question of Beauty*. Indiana University Press.

Nicholson, G.（1998）. *Plato's Phaedrus: The Philosophy of Love.* Purdue University Press.

Perissinotto, L., & Ramón Cámara, B.（2013）. *Wittgenstein and Plato : Connections, Comparisons and Contrasts.* Palgrave Macmillan.

Price, A. W.（1990）. *Love and Friendship in Plato and Aristotle.* Oxford University Press.

Scott, D.（2008）. *Recollection and Experience : Plato's Theory of Learning and its Successors.* Cambridge University Press.

Sinaiko, H. L.（1969）. *Love, Knowledge, and Discourse in Plato.* University of Chicago Press.

Werner, D. S.（2012）. *Myth and Philosophy in Plato's Phaedrus.* Cambridge University Press.

Grabowski III, F. A.（2008）. *Plato, Metaphysics and the Forms.* Bloomsbury Academic.

研究文献

Bett, R.（1986）. Immortality and the Nature of the Soul in the "Phaedrus." *Phronesis,* 31（1）, 1–26.

Bluck, R. S.（1958）. The Phaedrus and Reincarnation. *The American Journal of Philology,* 79（2）, 156–164.

Brownstein, O. L.（1965）. Plato's Phaedrus: Dialectic as the Genuine Art of Speaking. *Quarterly Journal of Speech,* 51（4）, 392–398.

Delcomminette, S.（2008）. Facultés et parties de l'âme chez Platon, *Plato,* 8.

Ferrari, G. R. F.（1985）. The Struggle in the Soul: Plato, Phaedrus

253c7-255a. *Ancient Philosophy*, 5（1）, 1–10.

Fóti, V. M.（1978）. Eros, Freedom, and Constraint in Plato's Symposium and Phaedrus. *Auslegung*, 5, 66–100.

Griswold, C.（1981）. Self-knowledge and the "ἰδέα" of the Soul in Plato's "Phaedrus". *Revue de Métaphysique et de Morale*, 86（4）, 477–494.

Gulley, N.（1954）. Plato's Theory of Recollection. *The Classical Quarterly*, 4（3）, 194–213.

Irwin, T.（1979）. Plato's Moral Theory. *Zeitschrift Für Philosophische Forschung*, 33（2）, 311–313.

McGibbon, D. D.（1964）. The Fall of the Soul in Plato's Phaedrus. *The Classical Quarterly*, 14（1）, 56–63.

Murray, J. S.（1988）. Disputation, Deception, and Dialectic: Plato on the True Rhetoric（"Phaedrus" 261-266）. *Philosophy & Rhetoric*, 21（4）, 279–289.

Nehamas, A.（1975）. Plato on the Imperfection of the Sensible World. *American Philosophical Quarterly*, 12（2）, 105–117.

Paisse, J.-M.（1972）. La métaphysique de l'âme humaine dans le "Phèdre" de Platon. *Bulletin de l'Association Guillaume Budé : Lettres Dhumanité*, 31（4）, 469–478.

P., C. J. F.（1992）. The Unity of Platonic Epistemology: Divine Madness in Plato's Phaedrus. *Southwest Philosophy Review*, 8（1）, 99–108.

Ramsey, R. E.（1999）. A Hybrid Technê of the Soul?: Thoughts on the Relation between Philosophy and Rhetoric in Gorgias and Phaedrus. *Rhetoric Review*, 17（2）, 247–262.

Reeve, C. D. C.（2011）. Plato on Friendship and Eros. In E. N. Zalta（Ed.）, *The Stanford Encyclopedia of Philosophy*（Spring 2011）.

Robert W. Hall. (1963). Ψυχή as Differentiated Unity in the Philosophy of Plato. *Phronesis*, 8 (1), 63–82.

Santas, G., & Mathesis Publications, I. (1982). Passionate Platonic Love in the Phaedrus: *Ancient Philosophy*, 2 (2), 105–114.

Schipper, E. W. (1965). Souls, Forms, and False Statements in the Sophist. *The Philosophical Quarterly*, 15 (60), 240–242.

Smith, D. L. (1991). Erotic Modes of Discourse: The Union of Mythos and Dialectic in Plato's Phaedrus. In *Ingardeniana* III (pp. 233–241). Dordrecht: Springer Netherlands.

Stoeber, M. (1992). Phaedrus of the "Phaedrus": The Impassioned Soul. *Philosophy and Rhetoric*, 25 (3), 271–280.

Terence, I. (1974). Recollection and Plato's Moral Theory. *The Review of Metaphysics*, 27 (4), 752–772.

Williams, T. (2002). Two Aspects of Platonic Recollection. *Apeiron*, 35 (2), 131–152.

Young, D. (2013). Soul as Structure in Plato's Phaedo. *Apeiron*, 46 (4), 469–498.